不到长城非好汉！

——摘自毛泽东的诗词，1935 年

不爱长城非好汉！

——威廉·林赛自造句，2004 年

新时代的
马可·波罗

长城和美玉

我的中国之爱

[英]威廉·林赛 著

吴琪 译

五洲传播出版社

图书在版编目（CIP）数据

长城和美玉：我的中国之爱 /（英）威廉·
林赛著；吴琪译 . -- 北京：五洲传播出版社，2021.4
（新时代的马可·波罗）
ISBN 978-7-5085-4724-4

Ⅰ . ①长… Ⅱ . ①威… ②吴… Ⅲ . ①威廉·林赛—自传 Ⅳ . ① K835.618.9

中国版本图书馆 CIP 数据核字 (2021) 第 227957 号

"新时代的马可·波罗"丛书

出 版 人： 关　宏

长城和美玉：
我的中国之爱

著　　者： [英] 威廉·林赛
译　　者： 吴　琪
责任编辑： 王　玮
装帧设计： 北京正视文化艺术有限责任公司
出版发行： 五洲传播出版社
地　　址： 北京市海淀区北三环中路 31 号生产力大楼 B 座 6 层
邮　　编： 100088
发行电话： 010-82005927，010-82007837
网　　址： www.cicc.org.cn　　www.thatsbooks.com
承　　印： 中煤（北京）印务有限公司
版　　次： 2022 年 1 月第 1 版第 1 次印刷
开　　本： 155×230mm 1/16
印　　张： 20.75
字　　数： 273 千字
定　　价： 89.00 元

本书献给：

我的"美玉"妻子吴琪

和我们的两个儿子杰米和汤米

目 录

地图：前环衬、198 页和后环衬

序 011

自序 013

前言："野长城"由来三部曲 017

第一部分
重返长城
1994—1998

1. 在中国日报社工作的时光 024

2. 骑行去长城 026

3. 乔治的长城地段 029

4. 为绕道骑行去"长安"做准备 034

5. 此地不对外开放 036

6. 从山西到陕西 040

7. 在新华社当编辑 047

8. 在长城历史上漫步 051

9. 扑朔迷离的九眼楼 055

10. 在北京买房子 062

11. 英国使者路经古北口 065

12. "偶遇"威廉·盖洛 070

13. 长城脚下的农家院 073

第二部分

保护长城
1998—2007

14. 我"美化"了长城 086

15. 长城,这座露天博物馆有馆长吗? 090

16. 穿越长城时空的享受 095

17. 首个"野长城周末" 100

18. 保护长城远离现代化冲击 106

19. 千禧年的跨年时刻 110

20. 荒野与长城对峙 118

21. 箭扣长城的四季 121

22．长城急救落崖女 126

23．在挪威使馆里讨论长城保护问题 131

24．涞源长城上不愿离开岗位的敌楼 135

25．长城奇遇 138

26．濒危的长城景观 144

27．寻找最古老的长城 149

28．长城有禁区？ 154

29．我们也是志愿者！ 167

30．大雪纷飞宁夏行 169

31．长城——世界新七大奇迹之一 175

32．《怀柔长城徒步指南》 181

33．英国大使馆里的长城展 192

34．重摄长城中的新故事 199

35．出乎意料的消息 206

36．在白金汉宫的一天 210

37．北京首个"万里长城 百年回望"展览 215

38．长城的"显赫时期" 225

39．在"老龙"的心脏里 230

40．寻找木长城 234

41．戈壁滩遇险 240

第三部分

长城使者
2008—2020

42. 北京奥运会带来的机遇 248

43. 在美国寻找长城探险第一人 261

44. 有关"成吉思汗边墙"的问题 270

45. 惊恐与惊喜 281

46. 我的几件长城宝贝 289

47.《中国长城建造时》 297

48. 蒙古国东部草原的神秘历史 301

49. 长城上的涂鸦 309

50. 鸟瞰万里长城 314

跋 232

致谢 331

序

　　在我的人生中，特别是在中国工作期间，最令我难忘的莫过于与威廉和吴琪一家人在长城脚下农家院里度过的日日夜夜。寒冬腊月，我们每人手捧一杯热茶，围坐在火炉旁，与"黑君"（一只黑色拉布拉多宠物犬，威廉60岁时收到的生日礼物）争抢沙发上的地盘；仲夏时节，我们在院落里的银杏树下，享受习习微风带来的凉爽。抬头，满眼星空；远望，隐约可见高山上长城的剪影。威廉用他生动的语言讲述着长城和他的探险故事，我和其他客人听得入迷，每每流连忘返。

　　在这本书里，威廉主要写的是他整个精彩人生中的第二个阶段——在中国的长城生活。自1987年威廉独步长城之后，他与吴琪结婚，之后带着大儿子杰米回到中国，并长居北京。威廉夫妇通过探索、研究和宣传，做了许多保护长城的项目。威廉作为国际长城之友协会的创始人，凭借其为保护长城所作的贡献，获得了中国政府相关部门的认可和嘉奖，也获得了英国女王伊丽莎白二世授予的帝国勋章。威廉在长城保护和宣传工作中曾多次遇险。例如，他在给参观长城的慈善团做向导时，险些被一个借长城牟利的农民扔的砖头砸中；在戈壁沙漠拍摄纪录片时，他差点因缺水而丧生……

　　在本书中，威廉除了描写长城，还分享了一些家庭的日常生活。比如2000年小儿子汤米的出生，2008年全家迎接北京奥运会和对付北京雾霾，2016年"黑君"的到来，等等。

　　从这本书中，读者还可以了解到威廉接待过的客人带来的"惊恐"和"惊喜"。有"糟即是好"的斯巴达勇士，也有"外表与内心一样美"的著名电影演员乔安娜·林莉。这里剧透一下，威廉最欢迎的客人是荷兰人。

作为写作者的威廉，具有摄影师寻找细节和光线的慧眼，历史学家用事实说话的严谨，以及小说家用文字生动描述事物的细腻。他还在书中回答了为什么长城改变了他的一生，为什么人的一生中一定要去造访长城，哪怕只有一次。

书中还记录了威廉在箭扣长城上救下 19 岁落崖少女戚娟的故事。这一事件使威廉感悟到：人生苦短，不要浪费时间。对威廉来说，长城如同家人，一直是"挑战身体极限、躲避管制禁区和寻找浪漫情怀的事业"。

这本书也传达了这样的信息：我们只有全神贯注、无私奉献和坚持不懈，才能取得巨大成就。古希腊诗人曾说："狐狸观天下事，刺猬以一事观天下。"威廉就像那只刺猬。30 多年来，威廉对长城的激情不减，这与他早年在英国利物浦瓦勒塞的生活是分不开的。那时他始终如一、坚持不懈地进行体能训练，为后来探索长城、写出 8 本有关长城的书打下了基础。

威廉在中国长城上找到了自己的使命。他认为，这些寂静无声的砖石不能没有代言人。他说："长城大舞台是我的栖息地，这个古代遗迹是我的精神家园。它是一部分人类的历史，是我搞研究的天堂。"

我很高兴看到威廉在这本激励人心的书中分享了他探索的生活和对生活的探索。这不仅是中国长城的故事，也是他研究长城的故事，同时还是林赛一家人的故事。无论生活得好与坏、事业成功或者失败，他总是对生活本身充满了热情。

虽然我现在远离万里长城，但当我打开书页，就会回忆起与威廉、吴琪和"二米"（威廉和吴琪的两个儿子——杰米、汤米）在长城上一起度过的美好时光。我记得威廉说过："当我独自站在长城上，花上一整天时间在这座世界上最壮观的露天博物馆里徒步时，我再想不出有其他什么方法欣赏得到这份壮美和伟大。"我真心希望，来自世界各地的朋友和读者能够共享这份愉悦。

前英国驻华大使吴百纳女爵士
2021 年 3 月 15 日

自序

万里长城和美玉都是中国的"特产"。无论从精神层面还是从物质层面，无论在价值上还是在体量上，它们都彰显出美与强。在我看来，长城和美玉最完美的结合，是在古丝绸之路的长城关隘—玉门关。

玉门关，并不是现代人熟知的建于14—17世纪的明长城的一部分。它建于公元前150年前后，曾是汉长城的重要关隘，中亚通向中原的大门。它坐落在北京向西1500千米以外的戈壁滩上，距离敦煌市区约100千米。塔克拉玛干沙漠南缘地区盛产的玉石，经过丝绸之路上这道关隘的大门，在长城的守护下向东被运往汉都长安(今西安)，这座关隘因此被取名为"玉门关"。入关的美玉被做成各类配饰、器皿等，深受皇室与达官显贵的喜爱。

1986年，为了实现儿时"从长城这头走到另一头"的梦想，我第一次来到中国独步明长城，但是那时我并没有走到汉长城的玉门关。独步长城并不容易，我不但要挑战身体的极限，还要面对当时困难重重的环境。我用双脚丈量了2470千米的长城，但这趟旅行对我来说实际上是在"禁区"穿行，因为当时长城沿线的大部分地区不对外国人开放。我历经过两次失败，第三次才成功。其间，我跟警察玩了9次"捉迷藏"，最终还是被"捉到"了，由于种种原因被驱逐出境。我去香港办了新护照后，又兜回来重返独步长城之路。一路上，我被万里长城的雄姿震撼，被长城沿线父老乡亲的善良感动，也与爱情不期而遇。我花了4年时间徒步长城并且将探险途中的奇遇写成了一本书。用一句话来概括：我的独步长城之路是挑战身体极限、躲避管制禁区和寻找浪漫情怀的事业，更是我人生方向的拐点。

1987年，我在北京与一个漂亮姑娘相遇。我俩第一次约会时，她告诉我她叫吴琪，并且解释"琪"是一种美玉的意思。她说的不错，在我看来，她就是一件令人倾倒的美玉。她用微笑缩短了我俩的距离，用热情滋润了我的心田。认识她两个月之后，我就接连三次向她求婚！最终她同意做我的妻子。婚后的头两年我们住在英国，这期间我开始写作。1989年，我的《独步长城》在英国出版。1990年，我们回到中国，我开始重走红军长征路。我利用在西安理工大学教授英语课程之余完成了旅行、采访、研究、写作，并在1993年毛泽东诞辰100周年之际出版了另一本书《与毛泽东一起长征》。之后，我和吴琪认真思考我们的未来：将来住在哪里？要做什么？以什么为生？

从1988年到1993年，婚后的头5年里，我和吴琪从未谈过要孩子的事。当时光靠我教书的收入无法承担我俩生活加养孩子的费用，我们就想等养得起孩子时再生不迟。然而就在1993年，我们准备回英国为《与毛泽东一起长征》的出版做宣传时，吴琪发现她怀孕了！西安理工大学支付了我们赴英的路费，飞机在伦敦降落后，我们又收到了出版社2500英镑的预付款。更巧的是，4年前吴琪曾在英国利物浦附近的一家医院（Arrowe Park Hospital）接受过胃溃疡治疗，效果很好，而且医院设备先进、医务人员友善，她在做胃镜检查时，从麻醉中苏醒后的第一句话就是："这个医院太棒了，如果将来生孩子，我就要在这里生。"这个愿望居然出乎意料地实现了。这样一来，第二年春天从英国回北京时，我们将带上刚出版的新书和新生的宝宝，真是双喜临门！

1994年，我想换一份工作，因为我已经厌倦了教书——每周5天、每天4个小时的讲课令我精疲力竭，我希望我的生活有所改变。俗话说得好，"树挪死，人挪活"。我想回到北京，回到长城边上。当我开始考虑找新的工作时，发现《中国日报》上有一则寻找外国专家做报刊编辑的招聘广告，条件是有大学学历、至少12个月的新闻编辑经验。对于这两个条件，前者我有，后者我没有。但是我写过两本书，为我出书的出版社在英国也很有名。我把个人简历寄给了中国日报社，给我来电话的是一位姓王的主任，他说我需要来北京参加一项考试。这事儿说起来容易，做起来困难。一是我有课在身，二是当时西安到北京往返的火车票一票难求。我告诉王先生我去北京最早也得等到学校放暑假了，他竟然回复我："可以把试卷寄给你。"他们寄来的大牛皮纸信封里装有一个密封得严严实实的小信封，里面就是考试内容和规则。

我首先阅读考试规则：

"修改这些稿件是有经验的外国专家在中国日报社 2.5 小时的工作量。请用 HB 铅笔对稿件进行修改，重写的部分请使用信封里的纸张。完成考试后，请在信封上写上所用的时间，并把所有材料寄回中国日报社。"

我把所有需要修改的稿子都先"扫"了一遍，以便掌握时间。篇幅最长的一篇文章是讲包头钢铁厂的一名"普通工人"有一个古怪的爱好—收集火柴盒，足足占了 5 页 A4 纸。这篇文章结构混乱，拼写、语法错误比比皆是。说白了，就是一篇糟糕透顶的文章。花了 1 个小时，我才把它理顺些，然后干脆重新写了一篇。加上其他几篇有关中国外交方面、经济方面的报道，和几则体育赛事短讯的修改，一共花了我 6 个小时。考试结束后，我把材料装回原来的信封里，在信封上写下修改用时：2.5 小时多一点。寄回邮件后，我寻思着这份工作应该是没戏了。

可是几天之后王先生来电话告诉我，我被中国日报社录用了。3 个月的试用期，每月 2500 元薪酬；如果试用期结束后继续留用，可以签署一个 1 年期的合同，月薪增至 3500 元。他们还会为我提供一套三居室的住房，合同期满离开报社时再补给我一个月的工资和回国差旅费。

真是太好了！现在一切都是新鲜的：新书、新工作、新宝宝和新家，全新的生活在前面等待着我们。

在我写这本书的时候，时间一晃已经到了 2020 年底。这么多年的时间都去哪儿了？发生了哪些事儿？请接着往下读，你会了解到我以各种奇特的方式，用半生的时间做了各种与中国万里长城有关的事情。

威廉·林赛
2020 年 10 月于中国北京

野长城

17 世纪中叶，作为国家防御工事的长城被弃用之后，大部分地段逐渐被覆盖于植被之下，有的坍塌，有的损毁，有的消失殆尽。1994 年，英藉地理学者威廉·林赛首次提出将这些被废弃在荒野中的长城命名为"野长城"。

前言

“野长城”由来三部曲

一、1644 年，从早春到初夏几个月的剧变

万里长城是如何演变成“野长城”的？长城是怎样由受驻兵戍守到被废弃，从防御工事变成历史遗迹的？这些疑问都与明朝覆灭及清军攻破山海关紧密相连。

1644 年是农历甲申年（猴年），是明朝末代皇帝崇祯在位的最后一年。2 月 8 日（公历—译者注）的清晨，橘红色的霞光穿过北京上空层层的尘烟，洒向紫禁城黄色琉璃瓦屋顶，高大红墙边护城河里的冰还未融化，宫廷中心的皇极殿里正张灯结彩，迎接春节的到来。

这是自 1368 年赶走蒙古人以来，大明王朝统治中原地区的第 276 个年头。对崇祯皇帝来说，这一天的开启似乎就有不祥的征兆。按照以往，金碧辉煌的大殿里，早已站满了前来恭贺新年的满朝文武大臣。可今天大臣们不是故意找理由不到，就是婉言推辞，到场的寥寥无几，因而迎春大典不得不取消。往年最重要的仪式都在太庙举行，可这会儿骑马飞奔的信使却带来了皇上取消仪式的旨意，太庙里立刻变得嘈杂无序、混乱不堪。祸不单行，老天爷也来捣乱，刮起了沙尘暴，让人睁不开眼。崇祯皇帝对新年雨露滋润、丰收在望、和平富饶的期许已经成为奢望。宣誓效忠、庆典仪式、传统惯例、宗教信仰统统无

暇顾及，所有人的内心只剩下守财逃命这一念头。

大明王朝的一切即将终结。对皇帝大臣、政府军队的威胁来自各个方向，天上地下、东南西北。往年，如果皇宫收到某处出了天灾人祸的消息，皇帝会以赈灾济贫、减租减息的方式解决。但是自 1637 年以来，举国上下灾害遍地、国库空虚，大明王朝危在旦夕。

年复一年，全国各地少雨干旱，民不聊生，人们将之归咎于皇帝和朝廷的无能。1637 年到 1643 年在史书里被称作"崇祯大旱"之年。黄河中下游因干旱颗粒无收，老百姓食不果腹，这些受灾严重的地区成了滋生民怨的温床。实际上，当时人们还没有从近一个世纪前明嘉靖年间（1556 年）的大地震中恢复过来。地震毁坏了包括运河在内的大型水利设施，像长城这样几代人修建起来的军事设施也缺乏维护。民众相信天怒人怨的现状源自朝廷的贪婪和无能。在京师的皇帝丧权之际，李自成在西安竖起了"大顺"王朝的旌旗。

称帝之后，李自成随即挥师进军北京，推翻明朝统治。然而，另有一支军队也怀有相同的野心——在长城以外的东北，满洲人建立的清政权已经替代蒙古人，成为明王朝最大的威胁。清兵正等待时机，攻破山海关长城，入主中原。

中国历史上通常有三种情况可以引发改朝换代。其一，接近最高皇权的宫廷内部争斗；其二，遭受自然灾害后的农民起义；其三，北方"夷人"势力攻占。1644 年春天，后两种情形同时在起作用。

位于紫禁城以北 70 千米的明长城，一路蜿蜒东去，连接至 300 千米外的山海关。它高大雄伟、壁垒重重，是地球上最宏大的边防工事，在以后的几个世纪里，它被称作长城（The Great Wall）并闻名世界。可在当时，偏远的长城地区已经谣言四起。往年到了 3 月，长城沿线的军屯家庭已经准备好维护、戍守长城，粮草和修护长城的原料已经到位，即将在春暖花开时节开工，但今年到了这会儿还没有一点动静。

到了 4 月，传言说崇祯皇帝已经在土匪洗劫京师时被杀。5 月底传来更加令人难以置信的消息——驻扎在山海关的辽东总兵吴三桂亲自打开了山海关的大门，引清兵入关。长城守城将士们疑惑不已："这些都是真的吗？""如果敌人已经大摇大摆地进关了，还有啥必要守长城呢？"消息真假难辨，将士们人心惶惶。

多数将士虽然心怀疑虑，但依旧登上长城敌楼，坚守岗位。指挥所设在海拔 1000 多米的山脉峰顶上。晴空万里的时候，站在那里向南遥望，华北平原一览无余。清晨时刻，甚至还可以看到洒在紫禁城红墙黄瓦上的第一缕阳光。到了冬天，整个京师上空常常飘浮着一层烟雾，仿佛是被风徐徐吹起的锦旗。

6 月初的天气暖洋洋的，从长城上向京师方向望去，京师依旧平静，似乎给了这些守城人一些信心。但是 6 月 5 日的上午，放哨的士兵发现京师方向浓烟滚滚。"快看啊！京师着大火了！"尽管准确的消息晚些才传到这里，但是站在长城上的人心知肚明，紫禁城完了！大明朝完了！

曾一度夹在清军和李自成农民军之间选边站的吴三桂，最终抛弃了后者。清军长驱直入京师的同时，农民军大败而归。从此，满洲人成了中原新的统治者。在他们眼里，明长城已毫无用处。

6 月 5 日之后，守军的最后一班岗也终结了。如果继续坚守岗位，将被看作对新主人的大不敬。等这些常年驻守于此的将士及其家人再次回到长城上的时候，他们的目的与以往已经大相径庭。长城遭到废弃，任由大自然处置。那些生死于此地的守城人留了下来。为了活命，他们不得不寻找生存资源。除了像以往那样种地，他们还开始了长城外的狩猎生活。另外，长城上一切可以利用的东西他们都不会轻易放过。

长城建造起来很难，但摧毁起来容易。将长城上的东西拆除并运下山，远比将修筑长城的原材料运上山容易得多。敌楼已开始被洗劫，从水缸到米缸再到箭箱，无一幸免。敌楼的木制门和箭窗拆起来要费一点事，最难对付的是那些笨重的石碑和石匾。纪功碑上面镌刻着已经过世的官员或者将领的名字，他们的后裔总想将这些碑匾搬回家留作纪念。不到几个星期，一切有用的、值钱的东西都不见了踪影。

在之后的几年、几十年和几百年间，长城上见不到多少生灵。人们攀爬长城，不是到山的另一边狩猎，就是把它当成通往东西的道路。而在随后漫长的年月里，大自然又成了改变长城面貌的主要力量。

二、从 1644 年到 1994 年，几个世纪发生的事情

每年春季的干风从北方卷来了黄土，抛撒在长城的步道上；夏天的暴风骤雨浸入任何细小的缝隙；秋风扫落叶的同时也将种子扬撒下来；寒冬腊月里所有积水成冰的地方都造成了长城砖石拱起、变形，乃至大块地脱落。长城就这样一点一点地被"毁容"了。

年复一年，循环往复。种子在雨露的滋润下发芽成长。几年之后，长城步道上用方砖铺就的地面出现了一层绿色；又过去了几十年，绿色的小苗长成了幼树，幼树长成了大树，有的比长城垛口墙还高，有的还长到了敌楼顶上。

长城变"野"的过程除了渐变，还有突变。1679 年的 8 级三河大地震，震中距离北京仅仅 50 千米。不少垛口墙被摇撼倒塌在长城顶端的步道上；还有整段的长城向外侧轰然坍塌，砖石推搡着山坡上的树木一道往下滑落。约 300 年之后，另一场大地震在唐山发生。长城更多地段毁于一旦，原先的垛口墙、烽火楼化成了一堆砖石。

三、1994 年 10 月，几分钟内发生的事情

长城变"野"的第三部曲，纯属偶然。在 1987 年独步长城几年后，我开始在中国日报社做英文编辑工作。1994 年秋天，我经常利用周末骑行去探索长城。每周一上午的工余空闲时间，办公室里的同事们经常互问刚过去的周末大家都做了哪些活动。

"嗨！威廉，你周末都干了什么？"

"我去了长城……"

"威廉老是去长城！"另一个人说。

"我是个北京人，自己从来不去长城，除非有亲戚朋友来访需要带他们去。"另一位插进来说。

"就是嘛，人那么多，人挤人……"

"我没见到几个人，等我把照片洗出来给你们看。"我回答。

几周后，我选了几张照片给同事们看，他们都看呆了。

"长城上长了那么多植物，墙都塌了。"一个说。

"我从来没有见过这么破的长城。"另一个说。

"长城需要维修了……"还有人说。

"是啊！你们都了解中国的历史，1644 年明朝灭亡，北京周边许多地段的长城就被废弃了。清朝不用长城，也就不修长城。这些明长城就被大自然造化成了如今这副荒芜的模样。我管它叫'野长城'，它与旅游景区重修的长城很不一样。"

"威廉，你解释得好！我今天学到了一个新词——'野长城'。"

第一部分

重返长城

1994—1998

1

在中国日报社工作的时光

　　我们的第一个宝宝出生在 1994 年 1 月 22 日，顺产。宝宝刚刚来到这个世上，活泼爱动，体重七斤九两。待产的最后几天，吴琪一直在给肚子里的宝宝做一个十字绣品。宝宝的出生日期和体重都绣上去了，唯独名字还没有起好。我在西安当老师的时候，已经给几百个学生起了英文名字，但给自己的亲生儿子起个合适的名字似乎难住了我。吴琪变得越来越不耐烦，因为我每提议一个名字，她都要结合名字的发音翻译成中文，看看叫起来是否顺口、写起来是否漂亮、是否饱含寓意。最后，我们决定给宝宝取名詹姆斯（James），这个名字在林赛家族里很时兴，昵称杰米（Jimmy），中文意思也不错，"杰出的大米"。我还给他取了一个中间名——阿勒斯特（Alistair），这是苏格兰人经常使用的一个名字，用这个名字也是为了谨记我们家族的根在苏格兰。

　　我们一家在中国日报社为我们提供的第 13 层楼上的公寓里开始了新的生活。报社大院位于北京市朝阳区惠新东街，坐落在元大都遗址公园北面，离故宫 8 千米。这里的生活十分便利，大院附近有商店，可以购买油盐酱醋、米面蔬果及日常生活用品；对面的对外经贸大学里有一个标准的体育场，可供我跑步和遛孩子；去中日友好医院只需要走 5 分钟的路；如果想款待自己，购买像奶酪、黄油、牛角面包一类的西式食品，可以搭乘黄色面包车，40分钟即可到达友谊商店。这种"面的"既便宜又实用，10千米的路程才花10元人民币，还有足够大的空间将婴儿车和宝宝一起抬进车里，满足了我们一家人远足的需求。

我已经厌倦了之前在油田和校园里的工作，如今在新闻室里改稿觉得很是新鲜。我们每个外国专家被分配给报纸的不同版面，每天都一排排地坐在电脑前工作。中国记者把写好的新闻稿或专题稿发给负责这个版面的外国专家进行编辑，这个专家就修改文章里的文字错误，必要时整改一下内容，但是不能变动文章大意。我们修改的地方，都以红色字保留在页面上，还会经过进一步的审核。

我面临的主要挑战是如何提高打字速度。同事敲击键盘的声音如同发射机关枪，而我从来没用过文字处理器，更谈不上电脑了。我第一天上班，就需要别人的帮助。协助我的保罗是一个二十来岁、满脸胡须的美国小伙儿，他曾经在费城的一家报社工作。他给我的建议是：把文章通读一遍，查看截稿日期，不要画蛇添足，对那些与主题无关的胡扯，可以大刀阔斧地砍掉。但是他没有告诉我每编辑一部分文字，需要立即保存起来。结果，我因为没有及时保存编辑好的文章，浪费了很多时间。为了赶交稿日期，常常弄得我连吃午饭的时间都搭了进去。

如此工作过一段时间之后，我的编辑速度才真正达标。与此同时，我和吴琪也在努力当好父母。我们每天早上天不亮就起床，吴琪做早饭时，我先是洗尿布，再推着杰米去对面的操场，趁着他还在醋睡时跑上几圈。用完早餐后我再去新闻室开始一天的工作。自从我们有了孩子，想要睡个回笼觉，已经不可能了。

2

骑行去长城

一天，我走进新闻室，遇到一个刚从美国科罗拉多州来的小伙子——斯科特·厄本。我俩一见如故，非常投缘。我们约定找机会一起骑单车北上去长城。所以，当听说自行车制造商捷安特落户北京时，我们准备前去一睹为快。

那时，北京街道上跑的大部分还是自行车，这些自行车多是中国国产产的，价格在200元以下，清一色的黑色，车型单一，重得能压弯你的腰。路边的自行车修理摊是一个重要产业，每隔几千米就有一个。一个人，一桶水，加上几件工具，就可以开张了。走进捷安特自行车店，我们发现每辆车都价格不菲，相当于普通北京人好几个月的工资。我一眼看中了一款叫"骑兵"（Trooper）的自行车，售价999元，超出我一周的薪水。它又轻又结实，还漂亮，是我梦寐以求的代步工具，或许在未来什么时候我还可以骑上它游历中国。我毫不犹豫就将它买了下来。

那是1994年6月，我和吴琪回到中国已经3个月了，但是我还没空去长城。我的借口很多：我要熟悉新工作，要学着当爸爸，还要练习写汉字，等等。加上我去郊区的交通工具——公交车，缓慢而且肮脏，令我望而却步。这下好了，有了"骑兵"，我可以自由自在地去长城了。

我第一个想去的地方就是八达岭。它在我们家西北方70千米处。斯科特也刚刚开始体验在中国道路上骑车，他动不动就发火，咒骂道路和其他骑行者。"他们不看路，还突然拐弯！"他说，"开始我还觉得好玩儿，后来我差点被撞上，真不容易。"

不久，我发现骑自行车并不是看上去那么容易和潇洒。作为一个长跑运动员，我对自行车运动员的耐力从来没抱多少敬意，但是现在我才意识到，做一个优秀的自行车手也并非易事。汗流浃背不说，胯部、腰部、腕部、手掌和脚指头都得轮流受罪。

一次，我们在 1990 年举办亚运会的昌平自行车赛场馆外停下来，自拍了一张照片。看着当时拍的这张照片我意识到，我们连头盔都没有戴，另外还需要添置短裤和手套。

等一切准备就绪，我们就再次"出征"了。我们又骑行到昌平，然后往西去南口，心里琢磨着再远还可以骑到哪里。能见度好的时候，我俩会爬上居庸关，欣赏被日出映红的长城，如同粉红色的丝带飘在山脊上。这是斯科特头一回以这种方式感受长城的美，以至于他在中国工作的 3 年里，时时刻刻都在惦记着去长城看更多地段。然而，我们这次并没有爬到长城上面，而是仔细考察了居庸关村边上两座面对面的敌楼。它们如同两个守卫长城的士兵，日日夜夜地站在这里，忠于职守。

我们把自行车藏在树丛里，顺着长满干枯植被的山坡往上爬，来到东边那座敌楼。站在敌楼顶上，满眼景色，美不胜收。北面是蜿蜒的长城，南面是北京城。我向斯科特解释长城上的烽火台是如何传递信息的。在我脑海里出现了这样一幅画面：500 多年前，烽火在一个烽火台接着一个烽火台接力式地传递着，穿过灰蒙蒙的华北平原，敌人来犯的消息传入我们南面的那座金碧辉煌的宫殿——紫禁城。

在回家的路上，斯科特虽然疲惫，但是那难忘的景色使他兴致高昂。他一路笑声不断，有时还情不自禁地与路人打招呼。然而，我的能量已经消耗殆尽，感觉有点儿像跑马拉松时跑到 35 千米处，倍感疲惫（在全程 42 千米的马拉松比赛中，跑到 35 千米处是对运动员的一个巨大考验）。骑行与跑步相比，使用的是不同部位的肌肉力量，不只是腿部，上身、胳膊、腰背都要使劲。往常我总嘲笑自行车运动员的行头——紧身、绷着屁股，在自己亲身经历了以后，才感觉到要是浑身上下每块肌肉无法运用自如，就别想当自行车运动员。我们总结经验，下次出行还要多带些食物和水。另外，无论去哪一段长城，都不要离北京城太远。

骑行去长城还是得买张好地图。我俩去了北京牛街附近的白纸坊街，那里有地图出版社自己开的商店。从1987年我为独步长城来这里购买地图到现在已经过去七八年了，我希望这七八年间，地图的质量也有所提升。不出所料，我买到了一张一米半长、一米宽的北京地图，这是迄今为止我见过的最精确的北京地图。

我把地图摊开，用手指沿着长城雉堞线，从西到东仔细查看长城走向，同时将其与我在1987年独步长城时使用的那幅杂志大小的地图路线做比较。那时，我从西边过来，经过横岭地区，通过延庆的八达岭和明十三陵，直到在昌平附近被公安人员"抓住"。这份新地图对长城标注详细，让我意识到北京以北的长城分布是多么复杂。我想，搞好长城研究，要做的工作多着呢！

距离北京最近的一段长城叫黄花城，比去居庸关还要近。从安定门向北，骑车60多千米就到了四海村，就在黄花城长城脚下。为了仔细考察这段长城，我俩觉得需要来个"迷你探险"——晚上在长城上过夜。斯科特来自美国科罗拉多州的丹佛市，那是进行户外运动和采购户外用品的天堂。他带来一个名牌睡袋和防潮垫。我有1987年独步长城时"山野装备"（Mountain Equipment）公司赞助的超轻睡袋。这些户外装备堆在一起，使我们意识到，我们需要车载包来装这些东西。再次出发前，我们在车载包里装满了够吃两天的食物和所有户外装备。我感觉到我1987年的探险之魂又重新附体，又要开始挑战极限了：骑车去长城，上山下山，徒步长城，再骑车回到北京的家。探索长城的新纪元就要到来了！

3

乔治的长城地段

一天早晨，我从对外经贸大学操场跑步回来，遇见了刚从美国田纳西州来的新同事布瑞斯·敏尼斯。

"你就是那个长城伙计威廉吗？"他问道。

新来中国的外国专家大多数对中国不甚了解。有的想当然地认为中国贫穷落后，上厕所连手纸都没有。所以他们来时大包小包，恨不得把家都搬来。而布瑞斯则不同，他好读 Fodor's 黄金旅游指南。他来中国，不只为工作，还为了解这里的文化。他年轻力壮，一看就跟我们一样，是个户外运动狂人，骑行 100 千米对他来说绝对是小菜一碟。他想和我们一起骑车探索长城，而且越早越好。"周六吧！"我建议，同时告诉他到哪里可以买到捷安特自行车。这次我们要去居庸关。

我们仁的骑行如同一个主车群，每隔 1 千米就交换一次骑行位置。我告诉他俩，我之前来过两次居庸关，一次徒步，一次乘坐火车路过。"居庸关建于悬崖峭壁之上，你们看了一定会惊叹不已。"我喘着粗气说。但是，到了地方，让我们感到惊奇的却是，云台周围的村落堆满了建筑材料，居庸关正在修缮。

我们开始爬坡。看到路旁有一个中英双语指示牌，上面写着：禁止游客上城墙。布瑞斯问，为什么这里说的是城墙而不是长城？我解释 "Wall" 在中文里可以翻译成 "长城" 和 "城墙"，这个地方用得不准确。布瑞斯担心我们会因为不理会指示牌擅自登长城而遇到麻烦。我说我们又不是游客，我们是政府雇员，而且我好歹也算个长城研究学者。

骑行 70 千米之后，攀爬在这陡峭的山坡上，我们全身上下都在用力。最终来到修缮地段，那里堆满了一摞摞新烧制的灰砖、一袋袋水泥，还有水管和几头骡子。我们惊奇地发现，在干活的也就 20 人左右。我立即进入"外交"状态，主动介绍自己，用还算流利的汉语赢得了工人们的好感。

长城的修缮工作几乎快完成了，剩下的是维修敌楼，这是最费时费工费钱的活儿。除了用滑轮车来吊装在敌楼上层的木梁之外，其余修缮都是手工活。我们问工人长城为什么如此残破了。他们犹豫了好一阵，其中一个才说，长城被南口人拆了不少，在抗战期间也被损坏严重。

斯科特和布瑞斯对中国人破坏自己长城一事感到很惊讶。我解释说："自从 1644 年长城被废弃之后，它遭到破坏的原因有很多，他刚才说的只是近儿十年发生的。"

布瑞斯很好奇："威廉，你问一问，重修长城要花多少钱……一定很贵吧？"我传达了他的这个问题。

"很贵？哪里，建筑材料不贵，我们的工资也很低，每天我们只吃馒头和方便面，都很便宜。"一个工人说。

布瑞斯很想知道一个工人一天到底挣多少钱。

"一天 15 元，要干 10 个小时。"工人回答。

布瑞斯接着说："站在刚修的长城上，你不觉得缺少了点什么吗？"

我说："是啊！我觉得长城的'灵魂'被拿走了。你看那些砖又轻又小，手指甲一抠都能划出道道来。他们不用古法的白灰，而是用现代的灰色水泥。干活的不是工匠，都是当地农民。"

"对，"斯科特也说，"重修的长城质量远不如当年。"

布瑞斯接着说："我可以理解，中国作为发展中国家，节省成本是应当的。我不明白的是，那边的八达岭长城景区有好几千米是重修过的，为什么还要修。我都不愿意去人头攒动的景区。"

无巧不成书。几天后，一位中国记者写了一篇关于居庸关长城修缮的文章，要登在《中国日报》的"北京周末"版面。版面编辑知道我的长城情结，让我来编辑这篇文章。我告诉她我上周末刚去过居庸关，于是她问我要图片，还说："你就根据自己的看法编辑这篇文章吧。"

居庸关是明代通往京师的重要关城，是长城沿线上特殊的建筑群，在抗战时期遭到严重破坏。有关修缮居庸关的造价问题，记者在文中写道每米需要 2500 美元。我依照这个数据，计算了一下整个明长城6700 千米（2009 年中国官方公布的长城测绘数据之前的数据）的造价，将全部金额分摊到每个中国人的头上（中国 13 亿人口），每人应出约 13 美元。

外国专家偶尔也自己写文章投在《中国日报》上。我的"酒鬼记者"同事菲尔是个苏格兰人，有一次他问我："你知不知道埃里克·利迪尔？他以前在中国生活、工作，最后还死在这里。"菲尔解释说，《格拉斯哥先驱报》请他写一篇关于利迪尔的文章，纪念他逝世 50 周年。他知道我能写文章，还能拍照，也热爱跑步，希望我跟他一起去利迪尔待过的潍坊市探索他的故事。我同意了，也希望通过这个机会自己写一篇关于利迪尔的文章。出发之前，我说服了中国日报社和《跑者世界》杂志社接受我的投稿，这样也解决了我的路费问题。

利迪尔是个传教士，也是一名田径运动员，他的故事颇具传奇色彩。1924 年，在巴黎奥运会上，他报名参加的 100 米跑比赛被安排在7 月 6 日举行，是个礼拜日。赛程表一出，利迪尔出于对信仰的坚守（安息日应停止工作），毫不犹豫地放弃了比赛。后来在 400 米跑决赛中，他不但拿到金牌，还打破了世界纪录。在第二次世界大战期间，利迪尔死于日本人在山东潍坊建的集中营里。他的故事被拍成电影《烈火战车》，获得了奥斯卡金像奖的多个奖项。山东作为孔夫子的故乡闻名于世，潍坊的风筝节也享誉天下，但是这里并没有多少人知道《烈火战车》的原型人物埃里克·利迪尔的故事。

我和菲尔乘火车从北京去潍坊，下车后直奔修建在集中营遗址上面的潍坊中学。学校外面有一个小博物馆和一块专门从苏格兰运来的石碑，上面刻着赞扬利迪尔的金色碑文："你像雄鹰一样展翅高飞，你是永远不知疲倦的奔跑者。"我带领一些学生，在"埃里克·利迪尔跑道"上奔跑。

从潍坊回到北京后，我又回到日常生活模式中。一个偶然的机会，我认识了对外经贸大学的交换学者、来自美国明尼苏达州卡尔顿学院的经济学教授乔治·格兰姆森，后来他成了我家的常客。我们对中国经济的讨论分析，加深了我对中国的了解。为了破解长城修缮造价的未解之谜，我们决定一起骑车去一趟长城，于是乔治借用了斯科特的"骑兵"。

周五午饭时间，我和乔治离开北京，不停地骑行，直至怀柔区大棒峪长城脚下的小村庄。天气一直不好，阴雨连绵，好在晚上有三条清蒸虹鳟鱼解馋。第二天，天气依旧糟糕，我们等啊等，雨还是下啊下。我们哪也去不了，能做的事就是午餐和晚餐都接着吃虹鳟鱼。根据天气预报，周日的天气依旧糟糕。

等到周日上午10点，我俩决定带上食物和相机，冒着小雨，穿越湿漉漉的灌木丛徒步上山，权当锻炼身体。谁承想，我们在无意之间看到的景色却十分养眼，令人难以忘怀。雨越下越大时，我们快速钻进最近的一座敌楼。风力似乎又增强了一个等级。我抬头一看，天空中的云朵开始移动，而后瞬间开裂，几束阳光从缝中射出，在黑灰色的山上和谷底留下一片一片的亮色。往下看，长城蜿蜒曲折，不断向远处伸展。我迅速把背包扔在地上，掏出相机和三脚架，笨手笨脚地支起相机，调整好焦距。从镜头里看，戏剧性的景色变幻还在持续。

云朵从这里飘到那里，又不知不觉地消失。金色的长城清晰可见，背景仍暗淡模糊。墙体和它右边的影子一起弯弯曲曲，一上一下地伸向远方。咔嚓！咔嚓！咔嚓！我按下快门，拍出了一张又一张精美绝伦的长城美照。

乔治热爱中国，他说他那天欣赏到的长城景观，是任何其他景色都无法超越的。他回美国之前邀请我有朝一日去他工作过的美国卡尔顿学院拜访他，但遗憾的是，在一次由学生陪同赴四川藏区的旅行中，他得了重感冒，加上高反等因素，病情突然恶化而离世。

乔治非常喜欢我拍的一张照片，我把它选进一套明信片里，也用在了我的两本著作里。后来，我应乔治妻子的邀请，去卡尔顿学院做了一场有关长城的讲座，这也是对乔治最好的纪念。20多年之后，一位哈尔滨的油画家想画一幅长城油画，他看上了我的那张照片，写信来征求我的同意。他画的那幅《乔治的长城地段》现在就挂在我书房的墙上，当我写下这段文字时，感觉乔治正在注视着我。

4

为绕道骑行去"长安"做准备

我在中国日报社一年期的工作合同即将到期，下一个工作是回到阔别两年的西安理工大学任教。为了与下一份工作无缝衔接，我申请在中国日报社继续工作3个月。吴琪父母住在西安，我们回去，他们也可以和唯一的外孙相处，享受天伦之乐。不过，这次回西安，我想换一种方式。我与斯科特和布瑞斯商量，准备说服捷安特赞助我们每人一辆优质自行车，我们要骑行去西安！

捷安特车店位于北京中心交道口，店员对我们很熟悉。我们向他们说了自己的打算，请他们赞助一些产品。我看上了车店橱窗里展示的一款碳纤维车架配禧玛诺变速装置的车子，但是价签上的标价令人咋舌——9999元！这是我在中国日报社3个月的工资，是一个普通北京人一年的收入。

捷安特车店经理林先生来自台湾地区，曾是自行车队教练。他会说英语，所以沟通起来很方便。我告诉他我们的主意，他很感兴趣，并约我们去工体附近的 Frank's Place 西餐厅见面。我们聊得很投缘，他还请我们前往捷安特昆山工厂参观，并且同意赞助我们每人一款 Cadex 的碳纤维车架的车子。

布瑞斯很细心，他对斯科特说："我发现，去长城骑行时，威廉一见到长城就精神抖擞。他离不开长城，你说是不是，斯科特？"斯科特回答："你说得太对了！这趟我们一定要骑一段有长城的路。"

"太棒了！"我说，"谢谢你们为我着想……我们可以出北京后北上，探访河北境内的长城；之后往西进入山西北部，那里有两道长城；再过黄河进入陕北，也就是红军长征的终点，参观革命老区；最后南下骑到西安。"

按照新的规划，我们的骑行路线从1100千米增加到了2000千米。"我们也不能浪费性能这么好的车子和减震装置……我们要找崎岖不平的山路，避开拥堵的卡车路（我在中国日报社工作时，经常读到这方面的信息）。"布瑞斯说。"太好了，这叫绕道去西安！"斯科特插话，"我们去山里找小路。"从那时起，我们仨不仅经常骑车去长城，而且总是骑得更远一些，为绕道去西安做准备。

我在报社的主要工作是编辑专题文章，从上午10点半开始，连续工作到下午。斯科特和布瑞斯都是晚间通宵修改新闻稿。为了有效训练，又避开酷暑，我们决定在他俩下班后，趁天不亮就出发；骑行回来之后，他们可以睡觉，我也正好赶上上班时间。

早上4点半，斯科特和布瑞斯就来到我家。吴琪做的煎培根、香肠和鸡蛋饼刚出锅，我泡的几杯咖啡也摆上了桌子。我们狼吞虎咽地吃完早饭，5点就骑车出发。清晨空气凉爽，道路空无一人。不到7点我们就来到南口敌楼附近。我们向居庸关方向骑行的路，与西伯利亚国际列车北京段铁路平行。爬上关口顶端需要骑19千米，要经过居庸关、水关（一段倒 V 形的城墙）、青龙桥火车站，然后于8点20分到达八达岭。几分钟之后，我们俯冲下山，直到平原，时速达到50千米。早晨吃的食物都化作骑行能量，这会儿已消耗殆尽。路上遇到一个蹬三轮车的小贩，她的车上飘出一股香蕉的清香味，我立马停下来，递给她10元，拿了一把新鲜香蕉，大约有20个。小贩高兴地咧嘴笑了，我们也补充了能量，继续前进。

回到中国日报社院子已经10点10分了，我跟吴琪和杰米打了招呼，冲了一个冷水澡，双手拿着吴琪准备好的三明治和速溶咖啡，10点半准时迈进了新闻室。

5

此地不对外开放

1994 年 8 月中旬，我们仨带齐装备、全副武装绕道奔向西安。一路上，每当我们停下来休息，总会有人围拢过来。他们通常会问两个问题："你们的自行车多少钱买的？""你们要去哪儿？"

我们仨事先商量好了不泄露自行车的真实价格。当时我们的车子每辆零售价为 2500 美元（相当于 17000 多元人民币）。普通人绝不会花 18 个月的工资去买这种自行车，顶多愿意花 40 美元。我们回答问题时，把车子的价格说成 40 美元的 3 倍。至于去哪儿嘛，听说我们要去西安，也没有人指出我们走错了路——按常理来讲我们不该向北走，而应往南去。

我们先骑行去了北京与河北交界的古北口长城，赞助商捷安特自行车公司希望我们能拍到我们和坐骑在长城上的镜头。虽然理解赞助商的用意，但我们也有难言之苦。我们仨的背包和驮袋都装得满满当当的，外加自行车零部件，已经是不堪重负，再让我们把车子扛到长城上去，真是让人很为难。正值 8 月盛夏，在闷热的雷雨天气里，野长城到处灌木丛生、泥泞不堪，唯一的解决方案就是选择在修缮过的长城上拍摄。离古北口最近的就是金山岭长城。为了把这组照片拍好，也为了不在骑行路上耽误时间，我们出发前几周就先去了一趟金山岭。我们没有走正门，而是从旁边的村子迂回进入景区。尽管碳纤维材质的自行车很轻，但是带着一大堆装备扛车上长城时，每个人还是被压得龇牙咧嘴。然而，长城上仅有一段50米长的路可以骑行。不管怎样，最终我们完成了任务。

在古北口，我们仨向那里的长城立正致敬，然后从巴克什营镇向西进入山区——这是整个西安之旅经过的最美区域。那年8月的天总是阴沉沉、雨绵绵的，而这一天是我们从北京出发后的最后一个艳阳天。

在爬陡坡时，我经常给斯科特和布瑞斯讲故事提精神。我讲的大都是独步长城和后来重走长征路时遇到的事情，特别提到我曾寄宿过的农民家庭对我的友好和善行。此时距离我1986年徒步长城已经过去8年了，中国国情也发生了变化。我感觉在这趟西安行中遇到的大部分人还是友好的，对我们所做的事也表示敬意，不过情况也有一些变化。当年我独步长城时，改革开放政策实行不久，人们还处于好奇阶段，对挣钱想得较少，对建立友谊想得很多。在邓小平号召让一部分人先富起来后，经济建设成了人们的首要任务。我提醒他俩："1987年那会儿，我独自一人，谁也不收我付的钱，如果我坚持给，他们会觉得我看不起他们……但是现在不同了，我们三个人都要付费吃喝和住宿。"

一次，在狭窄的土路上骑行一整天之后，我们准备找个歇脚的地方。前面有一间孤零零的小屋，主人是一对60多岁的夫妇。我们上前打听是否可以让我们仨在这里吃饭，并在他们家过夜。"我们给钱，只要我们付得起……20元一个人，包吃包住，怎么样？"我说。

"我家只种了茄子，只有米饭，"女主人说，"我怕你们吃不惯。"这是中国人常常间接说"可以"的方式。她看上去很善良，我们马上都说没问题。

几个紫茄子刚从房子边的地里摘下来，白白的大米在手摇出来的井水里冲洗着……老两口一个把茄子切成块，一个把大蒜剁成末，不一会儿的工夫，一顿可口的饭菜就摆上桌了。我们仨也把车子架好，洗手洗脸。

我自我介绍："我叫洋红军……"

斯科特接着说："我叫崔向东……"

布瑞斯："我叫李红旗……"

我们进屋上炕（估计晚上我们仨会睡在这里），炕桌上还有啤酒！我从未品尝过如此美味的茄子，搭配热气腾腾的白米饭，简直是绝配。我狼吞虎咽，一转眼一碗米饭就进了肚子。我一连吃了六碗饭！这是我在中国期间最难忘的一顿简餐。对我来说，这顿简餐胜于美宴。

我们吃过饭不久，有三个兄弟赶着骡子车路过这里，一看就知他们是三胞胎，简直就是一个模子里刻出来的。他们要去市场运送蔬菜，饭点儿到了过来找吃的。我们互相介绍后聊起天，得知他们仨姓周，有时会往北京送西瓜和其他果蔬。斯科特很有礼貌地递上他的名片，还客气地说如果下次他们来北京，就到报社找他。没有人会把这种客套话当真，但一年以后的一天，斯科特正在新闻室改稿，报社传达室打电话来，告知斯科特有三位姓周的农民朋友来访。真是意想不到！斯科特还是客气地让他们把骡子车停在报社停车场，用一顿午餐招待了他们。

下一段长距离骑行是奔向刚刚对外开放的张家口。除了长城，那里还有一个必须去的原因——那是吴琪的出生地。然而，闷热的天气和一路曲折蜿蜒的山路让我们精疲力竭，于是就近在离张家口 40 千米外的一个运输公司借宿。谁知警察找上门来，说这里不对外开放，并让我们坐公交车离开。

"从 1987 年至今，这种'外国人禁行'的规定没有改变是吧，威廉？"斯科特垂头丧气地说。

"明摆着。不过伙计们，我不想让这种事情搅乱了我们的骑行计划，更不想刚刚离开北京三天就发生这种事。"我说。

我们仨一直在商量解决方法，晚饭都没好好吃。我们决定，睡觉前装好行囊，早点上床，凌晨 3 点起来，把行李扔过墙，再把自行车递过去，趁着夜色逃走，6 点钟到达张家口吃顿早餐——葱油饼。

计划成功实施之后，布瑞斯得意地说："现在为止我们和警察的'比赛'是 1:1，我很想知道等到这场旅途下来最后的比分。"

6

从山西到陕西

在山西大同南边一个地方，有段 20 千米长的路，弯道持续不断，数不清的上坡下坡，是我骑行经历过最难走的一段。外面下着雨，我们的身上流着汗。整整两个多小时，我们都闷头骑车，没人说笑，只想着绝不能停下来，坚持，再坚持，直到看见这段坡路终结的曙光。但是接下来的下坡又迎来了更大的困难。因刹车片潮湿刹不住车，在泥泞的道路上，我们与一辆又一辆在弯道随便超车的大卡车过招。

我先骑到了"制高点"，凉风习习，清爽舒坦。我松弛了一下肌肉，缓解一下浑身的酸痛感。"砰"的一声，震耳欲聋。"我的天！"我立即刹住车，想象着最坏的结果——撞车了。回头只见布瑞斯身体摇摇晃晃，一脸焦虑。一片片黑色碎片在他身后飞舞，原来是他的轮胎出了问题。由于车轮变形，刹车片磨透外胎，扎破内胎，引发内胎爆炸并从外胎洞口进出，又被车轮的辐条"咬碎"了。

华北地区 80% 的雨水集中在盛夏。倾盆大雨下个不停，这一段坑坑洼洼、煤灰铺地的路面灌满了水。平地上的水都已经没到了我们的脚脖子。我们的重装自行车压在路上，陷进泥水里，有时被水淹过了车毂。

在这样糟糕透顶的路上骑行，即使有减震器也无法缓解手腕的震痛。车轮变形引起了车胎爆炸，这要在平时想都不敢想。虽然我们每人都带了两个备用内胎，但外胎我们仨总共才有一个。还有一个棘手的问题就是润滑油短缺。平时可以用一年的润滑油，现在几天就用完了。小城镇的自行车修理铺使用的润滑油，不是机车废油，就是炒菜油。在山西，我们不得不用猪油代替润滑油。

为了预防更糟糕的事情发生，我们检查了所有的车轮。问题很清楚，如果我们不想因故障放弃原计划，就要想办法找到新外胎。一般在大一些的城镇自行车修理铺都能买到外胎，但不幸的是，我们的车轮尺寸比较特别，无法使用普通的车胎。正在绝望之际，我们看到路边有一个五金商店，门口像耳环一样悬挂着一串串的轮胎，有大有小，有粗有细。最下面的就是适用于我们自行车的外胎，由天津第二独轮车厂生产，真是"天无绝人之路"。

解决了车子的问题，我们又开始找吃的。首先，我们在一个叫"光武"的地方停下来。这里的建筑很特别，院墙高大，院门古朴典雅。小商贩们做着各种生意，有的烤饼，有的打铁，还有的代写信件，让人感觉仿佛回到了 19 世纪的中国。之后，我们来到一座高大的烽燧脚下。这个烽燧修建于 16 世纪，登上它可以将光武镇尽收眼底。烽燧下面的四个角上曾经包的砖头都已经不知去向。一看便知，这种破坏不是自然力所为，而是人为的。烽燧旁已经立上了山西省文物局提示"保护文物"的牌子。

烽燧内部空间极大，地面铺着砖，扫得干干净净。我留在烽燧里看管自行车，布瑞斯和斯科特到镇上采购食物。在此期间，我拍了这个建筑保存完好的上层、被毁坏了的下层和那块牌子。不久，他俩回来，带回了挂面、调味包、辣椒、大蒜和老陈醋，还有当地啤酒。

回忆当年独步长城时，我曾告诉他们我与警察"捉迷藏"和得痢疾等疾病的惊恐场景。我不想让他们重蹈我的覆辙。但是，在山西的最后一天，布瑞斯病倒了。我们准备向西跨过黄河进入陕西吴堡县时，布瑞斯肚子疼起来，脸色苍白如纸。我们决定马上停下，就地找医生救治，但是周围能看到的只有煤矿工人及其家属的工棚。一会儿工夫，布瑞斯开始上吐下泻。矿工夫妇帮着叫来了矿上的医生，他穿着白大褂，戴着口罩，挂上听诊器，给布瑞斯看病。

"痢疾。"他说。

医生出去一会儿就回来了，带来了打点滴的装置。他推进来一辆自行车，把它支在昏暗的吊灯下面，把打点滴的瓶子挂在自行车把上，然后将针头扎进布瑞斯的手臂里，过了一会儿，他又出去了。

当他再次回来的时候，手里攥着几个用报纸包的小纸包。他小心翼翼地打开每一个纸包，给我们看里面花花绿绿的药片，告诉我们何时服用、服用多少。

"我从来没有见过这样的药片，又是紫色，又是橘黄色，还有黑色的！天哪！这些玩意儿怎么能吃进肚子里？"斯科特说。

"我不吃药！"布瑞斯低声呻吟着。但在医生的监督下，他还是服下了几种药片。3个小时之后，布瑞斯奇迹般地坐了起来，脸色也恢复了正常。

我们由衷地感谢了矿工夫妇和医生，支付了治疗费和药费，一共只有两元六角，便宜得令人难以置信。此后布瑞斯坚持跟着我们骑行了20千米，到下一个城镇过夜休息。

第二天启程之前，我们所谈论的都是关于在哪里过黄河、是否能过黄河的问题。因为刚听说黄河发水了，甚至冲毁了桥梁。基于在山西趟泥浆的经验，在我们看来，万事皆有可能发生。我的脑海里浮现出四川的铁索桥，特别是泸定桥，那里有着传奇的历史。

在离吴堡黄河大桥还有两千米处，道路只有两米左右的宽度，而且紧紧贴着河边。河水携着黄泥滚滚而来，还裹着它的"战利品"——原木、破箱子、塑料制品、床单、树干和灌木枝子等。我们骑行的路上空无一人，这似乎是不祥之兆。然而，到了大桥边我们终于放下疑虑，那里的水位标识显示，当前水位距离危险红线还有1米。我们有时间安全地过黄河，从山西这边过到陕西那边。

我们经常会被所闻所见吸引，这会儿吸引我们的是一阵高亢的唢呐声。

"听上去好像是喜事，不像奔丧。"我猜。

"也不太远，200米左右吧。"斯科特说。

"我想休息休息了，咱们去看看？"布瑞斯加上一句。

这又是一个中西文化差异的典型例子。在西方，我们不能想象这样的事情会发生：在一个200人左右的婚宴上，3个陌生人不请自来。吃着宴会上的羊肉、面条和各色糕点，冲洗自己的自行车，还脱掉骑行鞋，换上当地人的拖鞋晾干脚丫子，最后加入演唱卡拉OK的队伍，唱的却是猫王埃尔维斯·普雷斯利的 *The Wonder of You* 和弗兰克的 *My Way*。斯科特还用中文唱了一首《南泥湾》，大受欢迎。

"在美国，这种事情不可能发生，如果你硬要这样做，就会吃枪子！或者，他们会叫来警察惩罚你！"斯科特说。"英国人可能会说：'对不起，这是一场私人聚会，马路那边有个酒店……'"我说。

下一站是陕北绥德，我听说那里已经对外开放。我们仨商量着，在绥德应该住酒店，洗洗澡、晾晾脚，整理一下行装，准备迎接南下西安的挑战，那里黄土高原上的土路弯弯曲曲。

我们办了入住手续，一人要了一个单间。晚餐前我想好好洗洗，就把房间里的电话话筒搁在一边，避免有人打扰，然后立马冲进热气腾腾的淋浴间。这时响起一阵敲门声。我猜想是我那两个哥们来搞恶作剧，大声喊："谁啊！"听到的却是一个女人的声音。"呵呵，他们装女声还挺像的……"我刚这样想，就听到那个女人回答："我是公安局的！""警察？"我赶紧用毛巾裹住身子，开了门。三个警察站在那里，其中那个女人亮出证件，不请自进，看样子她是个"头儿"。"把衣服穿上！"那女人说。

我不情愿地让他们进来。她边翻看我的护照，边宣布这里不对外国人开放。"又来了,"我想,然后狡辩说:"我不是外国人,是为你们政府工作的外国专家。我正在换工作,离开北京的中国日报社,前往西安教书。我在骑自行车去西安。"

在我穿衣服时,他们去了斯科特和布瑞斯的房间。我们的护照都被收走了,并被告知第二天早上9点钟要去公安局学习法律、写自我批评,并每人交500元罚款,之后他们会送我们坐汽车去西安。

除了面临着行程被停止的坏运气,还有另外一个问题,我们仨没有那么多钱,就是把口袋都掏空,也凑不够1500元。斯科特想,那个女警察可能好说话,他要施展一下美式"蜜嘴"的本事。

第二天9点,警察们都到齐了,还带来个"翻译官"。她是个20岁左右的学生,英语说得一塌糊涂,还不及一个孩子说话流利。

"外星人不能走在中国人的地上。"翻译官开口了。

"外星人?"斯科特,"我们不是来自另一个星球的人,我们是外国专家……"

布瑞斯接上:"我们没有走在中国人的地上,我们在骑车。"

我们还解释没有1500元,最多每人能拿出300元。

对方坚持我们必须在这里待三天学习法律。斯科特态度软下来,他请求说:"作为老师,威廉必须在开学第一天到达西安,不然会在学生面前丢脸。"

"绥德不对外国人开放!"女警察严厉地说,"我们对你们一视同仁。"第二天,我们开始学法律。他们坚持说每人罚款500元,如果没有钱,就和我们的工作单位联系,搞清原委,再把我们送回山西。

"她的态度真强硬。"我说,"我真不敢相信,我三次长途旅行都碰到这种事。陕西的警察最不留情面。"

"我们的钱不够,凑也凑不齐……"布瑞斯说。

"如果他们给中国日报社打电话,我们的工作就有可能保不住,威廉也一样……"斯科特说。

"斯科特，我注意到她喜欢和你说话，或许你能让她放我们一马，威廉总是正经八百，他经历此类事太多了。"布瑞斯说。

那天晚上，我们被禁止出酒店，于是开始讨论解决方案，并想好了一套说辞：我们听别人说绥德对外国人开放，我们犯错完全是因为相信了虚假信息；我们在中国工作，工资不高，付不起500元的罚款；我们为中国政府工作，为的是中国早日实现"四个现代化"；最后，如果我们被送回山西，就要耽误时间，威廉无法按时教课，不但丢面子，可能还会丢工作。

第二天，我们假装在阅读《中华人民共和国出入境管理法》，斯科特准备好了用他的方式"求饶"。他的方式果然有效，每个要求好像都被答应了。最后，我们的罚款被减少到每人300元；公安局不会与我们的单位联系了，我们也没必要回山西，但都将被送上去延安的公共汽车，因为延安是离绥德最近的开放城市。

"我们的自行车怎么办？"布瑞斯问。

"放在车顶上。"一个警察说。

没有被严厉地惩罚，我们都舒了一口气。但想到自行车要在汽车顶上碰得叮当作响，又都非常郁闷。我们别无选择，只得认命。

斯科特和布瑞斯在中国还从未体验过如此凶险和令人沮丧的汽车之旅。我给他们讲过我1987年乘坐长途汽车的"恐怖"经历，来到绥德长途汽车站一看，证明了我没有夸大描述。这里的环境实在糟糕，我们只想尽快离开。

汽车司机转动点火装置，试图启动发动机，试了几次都没有成功，又试了几次，汽车终于在我们一个前仰后合的动作之后缓慢地出发了。刚刚开出长途汽车站的拐弯处，车又猛地停了下来。路边背着大包小包的人一拥而上，有的把行李扔到车顶，压在我们的自行车上！很长时间里我都搞不懂，那些人为什么不从汽车站上车。后来有人给我解释，在车站上车和在路上搭车的票价是不一样的，在路上搭车要便宜一些。

还有一个怪事是，汽车在加油站加油时，所有乘客都必须下车等候。

我们终于"全须全尾"地到达了革命圣地延安。我问我的两个伙伴对中国革命历史是否有兴趣，斯科特立马哼唱起了《南泥湾》。听说南泥湾是陕北黄土高原中的一片绿洲，我们去西安的路上能看到它，骑车需要 4 个小时。"逃离"了长途汽车后，我们回到了自由的骑行路上，心旷神怡，引吭高歌。

来到了南泥湾，我们看到的景色正像歌词里描写的那样，满眼绿色，一片阴凉。到处是庄稼，遍地是牛羊。的确，南泥湾是个好地方！

到达西安后，我们仨就分道而行了。8 年之后，我在香港又见到布瑞斯，他已经成为美国加利福尼亚《山地自行车》杂志的主编。后来，我又和斯科特一起骑车探索长城。

当时回到西安教书是个错误的决定。从家属院到教学区的路上正在修一条高速公路，断水断电成了家常便饭。路上到处都是泥潭，有一次小杰米还连人带车翻了进去。我的合同没有被续签，假期工资和旅行费也没有到位。我面临着第三次失业的窘境。

听说北京的新华社要招编辑，我便去应聘了，同时去了一趟外国专家局，说明我与西安理工大学的纠葛。到了 1995 年 5 月，一切都明朗了。我赢了"官司"，还获得了新华社的工作，月薪 3800 元，比之前的工作收入都高。另外，我还可以享受友谊宾馆里的一套现代化设施齐全的公寓。这样的条件对我们一家人来说，真是个惊喜。我们开始打包回北京。

在西安火车站排队买票时，一个外国人认出我来。他在《中国日报》上读过我的故事。我们交谈了几句，竟又乘坐同一趟列车回北京。他叫查林·霍波斯玛（Tjalling Halbertsma），是个荷兰人，住在北京，是个研究环境、考古、历史和宗教的自由职业者，经常出入中国和蒙古国。我告诉他，回到北京后，我要进行更多的长城骑行，他对此很感兴趣。我很开心结识新的骑行伙伴，因为当时斯科特不久后就要离开中国了。

7

在新华社当编辑

在英国曼彻斯特工学院工作时，我是跑步上下班的。在油田、大学和中国日报社工作时，我的办公室或教室与住宿的地方在一个院里。而在新华社，我首次体验了乘坐班车上下班的乐趣。我们的班车是明黄色的，司机风雨无阻，天不怕、地不怕，是个"战士"。他开起车来喇叭声声、行色匆匆，在拥堵的车流里穿梭前进，总能把我们按时送到上班地点。

当车外各式车辆轰轰隆隆的声音大作，车里却洋溢着温情友善的气氛。我们这些乘班车去新华社上班的外国专家，来自不同的国家，有着不同的历史背景、文化水平和宗教信仰。在乘车上下班的第一周，我曾想象着国家元首们围坐谈判时，因立场不同和意见不一常常争得面红耳赤的场面。然而，在新华社，我们这些外国专家不谈政治，只共同对中国的历史怀有好奇，对中国未来的发展充满期待。除新华社之外，在世界上其他任何地方，我还没有见过像我们这样的一群人。我们共同为一家通讯社工作，这是用英语、法语、西班牙语、俄语和阿拉伯语等语种向世界传达中国新闻的最佳途径。

我与同行的其他专家不同，他们都在新华社大厦 3 层的新闻部上班，每人每天至少得编辑处理 30 条新闻，而我在 14 层的中国特稿社工作，那里是一个特殊的小社区。相比数量，我们更加重视质量。

我一周修改编辑 3—5 篇特稿。这些稿子都是经过认真研究和撰写的具有一定水准的专题文章。我喜欢远离新闻"生产线",那里做的是计时计件的工作。而我们这边的形式不同,当有外国杂志付钱购买我们特稿社的专稿时,就是对我们工作的认可。跟我在同一个小办公室的两个同事,一个是资深编辑李竹润,50 多岁;还有一个是刚从新闻部调来的女孩儿,名叫潘晓颖。办公室在高层对我有一个好处,就是我每天可以两阶并一阶地从大厦底层一直爬到 14 层,这不仅节省了等电梯的时间,还锻炼了身体。

李竹润曾在北京外国语大学学习英语和英国文学,1965 年毕业后被分配到新华社工作。30 年之后,据说他成了社里最好的笔译快手。对我来说,他是名副其实的、触手可及的"中国历史百科全书"和"中国文化的公开读物"。他有幽默感,而且平易近人。后来他为我的书做中文翻译,从来没有被我令人恐惧的长句子吓倒。

在新华社中国特稿社工作与在中国日报社工作有很大的不同。在中国日报社,不论工作时间还是下班之后,中国同事和外国专家总要保持距离。而在特稿社,中国同事平等待我,我不觉得自己是个局外人。不忙的时候,大家常常一起喝杯咖啡、喝口茶,或者一起吃午饭。我和两个年轻的记者走得比较近,一个叫张丹,来自重庆,热爱体育;另一个叫孙笑天,来自福建厦门,擅长摄影。跟他们一起聊中国文化的时光不仅增加了我的知识储备,还增强了我的理解力和观察力。新华社摄影部有一位长城专家成大林,1987 年我独步长城后曾在伦敦远东书店买到他的一本大部头画册,请他给书签名是认识他的好理由。从那以后,我经常拜访和请教成先生有关长城的问题。

住在友谊宾馆对我们一家来说也是件极好的事。与我们为邻的都是真正的"老中国通"。在园中柳荫和银杏树下,我常常能享受到与戴乃迭女士(英国汉学家)和杨宪益先生(中国学者)聊天的时光。这两位老者在英国牛津大学相识相爱,之后结婚生子,是中国最著名的文学翻译家。杨宪益对毛泽东《六盘山》里那句"不到长城非好汉"的英译"Who are we if we cannot reach the Great Wall"更忠实于毛泽东诗词原意，不是"不到长城就不是一个真男人"，而是"如果我们不能到长城脚下，我们算什么好汉！？"另一个名声显赫的邻居是1941年来到中国的美国记者伊斯雷尔·爱泼斯坦先生。他支持中国革命，成了马克思主义者，加入中国籍，见证了中国经历的战争、革命和改革开放。

公寓内部厨房、洗澡间、客厅和卧室完备，家具齐全，干净整洁。地毯厚厚软软的，杰米可以在上面尽情玩耍。暖气和空调都正常运转。公寓外面的院子里绿树成荫、曲径通幽，还有一片空地，杰米可以在那里学骑自行车。吴琪开始展示她的持家本事。我们添置的第一个高科技产品是电脑，一台最新款的、灰绿色的宏碁牌台式机，我们用它来写作和发送电子邮件。那时，电子邮件还是个新事物。一年多前我在中国日报社工作的时候，修改的一篇文章里面提到 e-mail，我还不知道那是什么意思，问新闻室的同事，也没有人能解释清楚，于是我就把 e-mail 改成 E-mail，理解成了 Express mail（快递）的缩写。之后，总编没有提出异议，读者也没有指出错误，这事儿就这样过去了。一年之后，斯科特给我看他的新式手提电脑，并解释 e-mail 的作用，我才意识到我犯了一个愚蠢的错误。斯科特说："你没有必要懂它，只要会用就够了。"

一天，北京电信的工程师来家里"链接"我们，问我们要什么样的邮箱地址。

"是要友谊宾馆的地址吧？"吴琪问。

"邮箱的地址经常是邮箱所有者的名字……"工程师说。

"嗯，让我想想……那就用 wildwall（野长城）吧，我想把这个作为邮箱地址。"我说。

我发送邮件的第一个对象就是斯科特。我还记得当时的情景：我写好邮件，点击"发送"，电脑先和调制解调器联系，不时地发出"哔哔"声，之后传来如同打通电话时的"嘟嘟"声，接下来又是古怪的"咔咔"声，这时，我的邮件就飞出我家大门了！

　　斯科特回复了我的邮件，告诉我他决定留在北京学习中文！我们马上开始计划下一季度的北京周边长城探索。我把"骑兵"卖给了那个叫查林的荷兰人。捷安特赞助我的那辆碳纤维自行车过于昂贵，放在田间地头、灌木丛中太不保险，于是，我又买了一辆半山地半公路的自行车，我叫它"指挥官"。

8

在长城历史上漫步

1994 年到 1995 年间，我们骑行探索长城的目标地点主要是居庸关和黄花城。1996 年我和斯科特决定借着北京秋高气爽的天气考察长城的更多地段。西边到怀来长城，东边到古北口长城。我们计划用 8—10 个周末完成这一计划，每次来回骑行 150—200 千米，外加几千米的爬山，自带食物、水、露营装备和摄影器材。

因路途遥远，周五我利用新华社两个半小时的午休时间做完手头的工作，下午一点半就离开办公室。我们向西挺进门头沟，那里对我们来说是个未知区域。一路上，我们不是沿着河道骑行，就是沿着铁道骑行，然后转向北，进入山区。长距离的爬坡使我们精疲力尽，终于在天黑前推着自行车走进了一个濒临倒塌的古城门边，这就是镇边城村。这里只有一家小商店，我们把坐骑留给老板照管，没有耽搁分秒就开始爬山。

镇边城村安卧在笔架山脚下。之所以叫笔架山，是因为这里山脊的轮廓如同架毛笔的瓷质笔架。幸运的是，爬山的道路清晰可见，不容易迷路。一小时之后，我们借着夕阳西下的微光，在即将累瘫之际找到一座仅剩基座的残破敌楼，好在上面的空间足够我们露营之用。"欢迎归来……我们可以在这露营。"斯科特高兴地说。是的，离上次露营已经过去一年了，那次还是在山西烽燧上。

我们享用着花生酱香蕉三明治、吞拿鱼罐头、苏打饼干，每人还有一瓶啤酒。我在小商店卸车的时候，斯科特已经在商店里包揽了这些美食。美景当前，我们一面享用美食，一面开始聊各自国家的户外活动。

斯科特说他在美国科罗拉多州的家人都是户外运动爱好者。他擅长徒步、滑雪、骑山地车，户外经验积攒于高山雪岭和亚利桑那州的沙漠区域。

"你知道，我们的旅行令人兴奋的原因是什么吗？就是我们具有一种探索精神，随时随地都在想办法解决难题。我们看着地图找长城的位置，然后出发，问路或找路，最后再想方设法爬上长城。"斯科特说。

"对呀，这方面的旅行指南很难找。我们是出于好奇心，靠强烈的愿望去看长城、了解长城的。"我说。

"我猜，你们英国应当有精确的地图，对吧？"斯科特说。

是的，英国人喜欢山野徒步由来已久，各式地图样样俱全，最有名的是 20 世纪 30 年代出版的"OS"地图，我收藏过这种地图。它们印在防水的油纸上，非常结实耐用，而且每张地图上都有一个迷人的插图封面，以此来吸引人们走出家门、享受户外。我爸爸和两个哥哥都用过这种地图。我给斯科特描述这种地图的模样："英国湖区地图是以立体的视角，用从山顶俯瞰的视角做封面，而威尔士的斯诺登山地图则是用一张'红梳子'山峰图片当封面，因为那座峰的形状就像梳子的牙齿，而且山的颜色泛红。"

斯科特又问："英国有没有登山指南一类的书籍？"我的脑海里立即出现了温莱特先生的《湖区登山指南》。艾尔夫雷德·温莱特出生于英国北方，机缘巧合下他来到湖区，立马就爱上了这里。他走遍每一个山谷，登上每一座山峰，勘踏每一条小路。他用自己的钢笔手写文字、用画笔描绘方位图、插画，笔迹优美而无瑕疵。每本指南形式各异、大小不同，适合不同的人群，不仅提供了登山徒步的信息，而且每一页都堪称艺术之作，饱含了温莱特对山峦湖泊的热爱之情。

斯科特没有作声，他已经进入了梦乡。而我的脑子里开始构思，或许我也可以写一本《长城旅行指南》，成为长城方面的"温莱特"？整个晚上，我都在想着这件事，要不要做？怎么做？直到透过睡袋的洞口，看着天上的银河系，感到一丝寒冷时，我看了一下手表，还早。我把头转向一侧，天际深蓝的底色上浮现出紫红色，太阳在半小时之后就要升起来了。我从睡袋里爬出来，腿脚因为头一天的长途骑行还有些酸痛，走起路来跟跟跄跄。我套上一件衣服，抓起我的奥林巴斯OM2相机、三脚架和几卷富士胶卷，去追寻将要映照在这座石墙壁垒上的第一缕阳光。

长城顶上长满了厚厚实实的灌木丛，但还是能看出小路的痕迹。几个世纪以来，这些"路"被当地人作为交通要道，连接着一个个村庄；这里还是农民寻找山珍草药的快捷之道。大约走了200米之后，我来到一个不寻常的拐角处，上面矗立着一座四角突出的敌台，蜿蜒的长城向山谷里俯冲直下。我站在这里，可以拍到它雄伟壮丽的全景，便架起三脚架，安装好相机，倚在城垛上静静地等待。

东方的颜色变幻莫测。从召唤我起床的紫色，到我走至转角台时的淡紫色，到现在呈现的丁香色，我估摸着下一秒钟将会是粉红色。习习微风摇动着灌木，搅动了宁静的空气，一场大戏的幕布正在徐徐拉开。随着太阳冉冉升起，一束束金光打在长城的垛口上，然后缓缓地向下移动。光线所照耀的地方越沉越低，长城也就越升越高，越来越雄伟。这座"伟大的墙"背后是无数座壮丽的山峰勾勒出的"海洋"。几个世纪之前，守城将士每天清晨所看到的景色与我现在看到的一模一样，现在的我和故去的人们都是在迎接新的一天到来，既神秘莫测，又命中注定。

我漫步在长城上，享受着阳光的温暖。镜头一会儿对准这儿，一会儿对准那儿，拍个不停。我记录下这段长城有意思的地方，找到它与农业和考古相关的独特之处（如长城和小路的交汇处等），掂量它的利用价值，寻找能够拍摄出精彩的全景照片的机位。另外，我还要搞清地面上是树木还是灌木，是整段的砖石还是遍野的碎石，是位于长城的内侧还是长城的外侧。同时，我还速描出一幅地图。一个多小时过去了，我只考察了这段长城不到一千米的范围。当时我并没有意识到，这些勘探得来的记录，虽然粗糙简易，但却都是我写"温莱特"式"指南"时不可或缺的信息。

上班时，我经常有闲暇时光，有时无事可做，然而又不能离开办公室。越待着无聊，越觉得办公室是我写书的好地方。除了有时间，还有电脑和打印设备，加上安静的环境。野外的笔记就在手边，新鲜的记忆自由流淌。

我为书取名《在长城历史上漫步——用双脚丈量北京周边长城》。在这本书里，我将描写我去过的每一段长城。我要告诉读者如何到达、如何探索这些长城，以及那里有什么样的景色，解释这些长城的历史和考古信息，长城周边的农业和自然植被情况。书中描写的范围仅局限于北京周边，面积相当于英国的威尔士或美国的新泽西州那么大。面向的读者将是一些特定的人群，如来华旅游的外国人、驻华侨民、驻华外交人员。那时，爱好研究长城的人群比较有限。有一个叫"中国长城学会"的机构，他们大多是拍摄长城的摄影师和画长城的艺术家。普通的中国人还没有把去实地看长城当作充实心灵和强身健体的活动。北京居民一说去长城，就认为是去人头攒动、拥挤不堪的长城旅游景点，而且大多数人没有兴趣、钱、时间或便利的交通工具。

我知道，这本书只是记录北京地区的长城，它不会大卖，但会持续引起人们的关注。我希望能找到一个出版社愿意出版这本书。

9

扑朔迷离的九眼楼

　　每到周末，我和斯科特都要登上北京周边的某段长城，一次不落。要不接着走之前去过的地段，要不就看地图找新的路线。每到一处，无论天气好与坏，无论见到的是惊还是喜，从来都不会失望。我们已经有了出行的经验，有了一套骑行和爬山的攻略。

　　查看北京地图，延庆和怀柔边界上的一串长城标识引起我的兴趣。有一道长城从东面过来，在某点分成内外两道，再继续西行。我咨询新华社成大林先生，得到的回复是：这是明代守护北京的南北两道长城，这个分叉点名叫"北京结"，奔向北边的长城上有一座特殊的敌楼，名叫九眼楼。

　　巍然屹立的敌楼如同忠于职守的哨兵，又像一串串明珠，凸显长城景观的雄伟。九眼楼，貌如其名，这座敌楼的每一面都有九个箭窗。大多数敌楼有"三眼""四眼"，"五眼"的都不多，我只见过一个"六眼"的。我很惊奇这个敌楼为什么有"九眼"，是其规格高、空间大之需，还是因为"九"是个吉祥数字？或许是在明代第九位皇帝统治期间修建的？不管什么原因，我都想亲眼见识一下。

　　金秋十月，我们开启了第一次寻找九眼楼之旅，野外光照、温度适宜，到处洋溢着丰收的景象。清晨6点出发，到中午时分，我们骑行至坐落在长城北侧的庄户村，把自行车存放在村里一个老太太家里。

她热情地招呼我们洗手洗脸，给我们的水瓶灌满水。我们还见到了村支部书记，他指给我们九眼楼的方位。虽然道路不太清晰，但还是可以估算出徒步至少需要两个小时。

距离天黑还早，我向斯科特建议，先直接上庄户村南边的那段长城。在那里，我曾经和乔治一起拍到后来被画成油画的长城景色，附近的一座敌楼里面还保存着一块完好无损的大石碑。

我们出发了。走了不久才发现，这条小路并不通往长城，而只是把我俩引到一块块梯田坝子边。梯田后面是密密的树林，而我们脚下是一片被砍倒在地上晾晒的树枝，我们不得不在树丛中披荆斩棘。一根树枝横在我的小腿前，我没有撅断它，而是用脚把它扒到一边，谁知它反弹回来，像牛皮鞭子一样抽在了我的小腿肚上。我掀起裤脚一看，不到一分钟的工夫，小腿上就鼓起了一个葡萄大的包。

自认为装备专业又齐全的我们，这会儿才意识到没有准备急救包，连包扎的纱布和止疼片也没有。我只得忍着痛，试图用其他事情转移注意力。我想，只要登上长城，拍出能用在明信片上的好照片，就会觉得这点疼痛没什么了不起了。

我们终于登上长城了。在我的取景框里，顶部就是那个里面有石碑的敌楼，与之相连的长城与我相向而行，我上它下；两侧长着橘黄色苔藓的垛口墙也弯弯曲曲地向我"走"来。我举起相机，郑重其事地拍摄了一张照片，我知道效果肯定非常好。的确，之后它被收入我的一套明信片中。

拍到了好照片，我心满意足，腿上鼓起的包似乎也消失了。我们快速下山，回到村里，我用井水把伤口又冲洗了一下，之后再次出发。我们沿着山沟向东走，抬头可以看到长长、平平的一段长城，山对面的村民称这段墙为"西大墙"，估计山这边的人管它叫"东大墙"。

上山的路开始的时候清晰可见，在爬过几个巨大的岩石之后，就难以寻觅了。这时，前方两个农民赶着两头骡子朝我们走来，每头骡子身上都背负着沉重的原木。这是一幅难得的景象。当他们刚要与我擦肩而过的 30 秒钟里，我停下来，把背包扔在地上，调整好相机的光圈，"咔嚓"一声拍下了这幅景象。

再向前，我们几乎是在大石头缝隙中攀爬。接近傍晚 6 点，几乎丧失了继续向前的信心，但还是不顾疲惫和伤痛，朝想象中的长城上的完美营地前进。

"快看，威廉！"透过树林里的一点点缝隙，可以看到天空中密布的黑云，斯科特喊道，"如果不赶快爬到那个敌楼里，我们非得淋个落汤鸡不可！"然而，现在我想得更多的不是下雨，不是小腿的伤痛，而是我的登山鞋。我的鞋尖已经裂开一个小口，在与湿滑的大石头的对抗中，我的脚站不稳，只能用劲儿插入石缝的稀泥里，靠着双手抓住树枝，把身子向上拽。不一会儿，我那宝贝鞋底已经扯开一半，勉强挂在鞋帮上。

很快，雷电交加，噼噼啪啪的似乎在给湿漉漉的红叶拍照。我马上撅断两根树枝，帮助我这个"赤脚大仙"快速向山下移动。我们靠地球重力和激增的肾上腺素，仅用了上山十分之一的时间，就跌跌撞撞地下到大岩石下面。突然间风停了，雨住了，周围一片寂静，我俩面面相觑，庆幸逃过了一劫。

"你的脚怎么样了？"斯科特问。

"我光顾着下山了，把脚的事全忘掉了。我饿极了，咱们就在这露营吧。"

"你有开瓶器吗？"斯科特问。

"你要开瓶器干什么？我的瑞士水果刀上有……"

"你还记得明天是什么日子吗？是你的生日！我带了一瓶葡萄酒，咱俩来干一杯，庆贺一下，计划下周该去哪儿！"

斯科特从背包底部掏出一瓶"长城牌"干白，我拿出一大块奶酪、几块苏打饼干、西红柿和黄瓜。这会儿，雨过天晴，星星闪烁，葡萄酒瓶的软木塞拔出来了。

"生日快乐！野战指挥官，干杯！"

"多谢了，干杯。下周我们从这里开始，继续上九眼楼，怎么样？"斯科特和我都愉快地笑了。

回到北京，我查看地图，想找到爬九眼楼的近路，这条路骑行花费的时间要长一些，得经过一个叫"四海"的大村子。我见过很多村庄的房屋上有一部分砖石取材于周边的长城，但是四海村大多数建筑用的材料几乎都来自长城！

我们停下来向在玉米地里劳作的农民问路："去九眼楼怎么走？"回答却是："不清楚。"没办法，我们只得凭直觉继续往前骑，进到一个叫涝洼子的村里。这个村子正像它的名字一样悲惨，到处都是废墟。几个晒太阳的老人斩钉截铁地说"九眼楼在上面""那很危险""去那里没路"。

我们又继续骑行了一千米，马路消失了，转而是只能步行的小土路。前面出现了一个废弃的破房子，我们把车子存放在里面。抬头往山上看，天空开始暗下来，天气预报不准，大雨可能又要不期而遇了。

我们忍着饥渴和疲惫一路披荆斩棘，终于到达"长城"。从未见过如此残破的长城，它只能算一条坍塌了的、长长的碎石埂。在北京周边，因材料和修建水平不同，长城等级也就不同。我们看到的"龙墙"大多数属于一等墙或二等墙，镇边城和横岭一带应当算二等墙，这里估计只能算三等墙。

还没有开始爬墙，雨就下了起来，淅淅沥沥下个不停，天也渐渐黑了。这种次等的长城，本来就是用干打垒的石头堆起来的，整个建筑在400多年风风雨雨的冲刷下早就坍塌了，更没有供我们遮风避雨的敌楼。

大石头上长满了青苔，非常湿滑。我们随身携带的手电储电量有限，只能在紧急情况下打开。无奈之下，我们只好就地停下，用防潮垫遮雨。我们坐在垫子的一头，另一头从背后拉到头上，一直盖到胸前，还要保证垫子不会滑落。

雨点噼里啪啦地打在防潮垫上，在渺无人烟的沟里，这雨声似乎被放大了几倍。

"几点了，威廉？"斯科特问。

"6点45。这雨可能会一直下到明天早上。"我回答。

"如果雨停了，我们可以掏出睡袋，躺倒，伸展一下。"斯科特说。

我俩聊啊聊，聊到我们的孩提时代，最喜欢的食物，户外经验，使用过的户外用具……雨还在下着。

"现在几点了，威廉？"

"7点25。"

"我们真该投资买露营帐篷了。"

"同意，再多几件衣服。"

"我真想现在就去REI商店搜刮一下。"

"REI? 是一家户外装备店吗？"

"那是一家优秀的户外商店……如果我们现在能去，那简直是进了天堂。"

"吃点花生吧。"

我们随身携带的食物都冷冰冰的，花生至少还能咽下去，让胃舒服一点，如果能再喝上一杯热茶就更完美了。于是，我们在户外用品清单上再加了一项——简易户外炉子。

雨又下大了。我们讨论着是否出去找一个敌楼躲雨，只带上贵重物品（相机等），其他的就留在原地。但是周围漆黑一片，平日北京城射出来的"光污染"这会儿也不见踪影。石头湿滑，我们别无选择，只能坐着受苦。

每10分钟的聊天，仿佛过了一整夜。接近晚上10点，我俩又累又饿，冷得发抖，但还得熬上七八个小时，不知不觉迷糊了。我突然意识到，我们正面临着"失温"的危险。于是决定暂时放弃寻找九眼楼的计划，下山骑车到村里找食物、求温暖。

泥巴像糖浆那样粘在鞋上。下山时几乎站不住，唯一的办法就是滑行。我们双手揪着树枝，身子顺势在石头上向下滑。还好，自行车还在，没淋着雨。下山的路上，转动的车轮飞溅起泥浆。回到柏油路上，车胎干净了，天也亮了，我们顺顺当当地回到了四海村，来到头一天吃饭的餐厅前。

敲开餐厅的门，刚6点半，店老板依旧笑脸相迎。老板娘开始蒸米饭，做西红柿炒鸡蛋。我们在雀巢咖啡里加了红糖，一连喝了五六杯，并蹲在一个不大的电炉子边取暖。1小时之后，我们浑身干爽如初，精神焕发，骑上车子，俯冲回北京。就如期盼的那样，我们直接去甜甜圈店，来一打甜甜圈、一大杯咖啡。后来，去吃甜甜圈成了我们长城骑行返京路上的必做之事。

18个月以后，我们终于从山的对面登上了九眼楼。发现最难受的那一晚所至地点实际上离目的地仅有500米。我们从此得到教训——即使在最熟悉的地区，仍然需要优良的装备、齐全的户外药品，以及应对极端天气的措施。正是明白了这一点，我们才开始关注户外装备。

经中国日报社前同事介绍，我们认识了在户外装备圈工作的杨肖。我与杨肖第一次见面是在城里一家咖啡店。他骑着山地车，背着双肩包，身着抓绒衣和裤腿上缝着大口袋的裤子，一看就是个户外达人，我称他为"装备佬"。

几天之后我们又见面了。他从背包里掏出一个铜座的、小巧的酒精炉，说这种酒精炉10分钟之内可以烧开两茶缸水，酒精燃料也很容易买到。自从认识了"装备佬"，我们的装备变得越来越好，越来越安全可靠，在长城上的户外活动也越来越愉快。

实地考察长城时经常能看到石碑。时间越长，发现的石碑越多，我越觉得应当把这些碑文做成"拓片"。这种复制技艺可以追溯到两汉时期，是一种研究和保存碑文的好方法。我想把碑文拓下来，一是可以用作《在长城历史上漫步》一书的素材；二是从长远来看，还可以作为档案收藏。如果这个石碑被盗或被毁，其拓片也就成了文物。

为了把拓片制作得精美，我试图找到一位技艺高超的专业拓印师傅。在北京，想找数学、钢琴、书法或者绘画方面的辅导老师很容易，但专业的拓印师傅去哪找，我心里真没底儿。我猜想，去北京孔庙和国子监博物馆找找应该会有收获。于是，在一个午饭时间，我独自来到国子监博物馆转悠，正巧看见一个男士踏在一座石碑前的梯子上制作拓片。我被拓印"砰砰"的敲击声和扑鼻的油墨香气所吸引，于是走近细细观察。他手里的棉质"铺子"有节奏地落在石碑的表面，一行行汉字逐渐清晰起来，整个过程十分神奇。

这个拓印师傅叫侯荣贵。听完我的介绍，他很爽快地答应了随我去长城做拓片的请求，并接受了我支付的少得可怜的"劳务费"。我们一起去过不少地方拓印。我经常帮他拿拓印用具——水瓶、铺子、宣纸、刷子，有时还得扛把梯子。有的石碑之所以被留在了原地，要么是太重无法搬走，要么就是太高够不着。黄花城的石碑属于第一种情况。我第一次与它邂逅，就是在与斯科特一起骑行探索长城的时候。这块石碑是明代隆庆年间（1567—1572）制作完成的，已经在此地沉睡了几百年。它是一块纪事碑，告诉人们明朝哪些官员在 1570 年来过此地考察长城。

侯师傅很谦虚地表示，拓印很容易，只要稍作指点，谁都能拓。我特意仔细观察了拓印的过程：第一步，把石碑擦干净；第二步，用湿布将宣纸一点一点粘贴到石碑上；第三步，用硬刷子在宣纸上敲打，让纸完全与石刻表面接触；第四步就是上墨。侯师傅将一杯墨汁倒入一个浅盘里，再把两个自制的棉铺子蘸上墨汁，从左到右、从上到下，轻轻地在宣纸的表面进行"敲点"，直到整面宣纸都着上墨汁，接着就是"砰砰"一阵敲打，直到宣纸表面渐渐由灰变黑，阴刻的部分依旧不改颜色。这样，一张黑底白字的拓片就制作完成了。

10

在北京买房子

1997 年的一天，我两个哥哥都从英国打来长途电话，告诉我母亲近来身体状况不佳，可能熬不过这个冬天，建议我赶快回去见她最后一面。我决定调休我所有的假期马上回国，但我没有足够的积蓄支付从北京到曼彻斯特 800 美元的往返机票，不得不向我的工作单位新华社预支工资，真是令人难堪。

如愿以偿回到英国后，我与我母亲单独待了两个星期。在我回到北京 3 个月之后，母亲就过世了。我无法再向工作单位预支工资了，所以没能回英国参加她的葬礼，内心的愧疚总挥之不去。

已经年历不惑之年的我，还没有一份长期、稳定的工作，也没有多少积蓄，更谈不上保险、退休金等福利和保障。以前我在油田或学校工作期间享受过这些待遇，但近 15 年来我已经脱离了"主流"职场。虽说有个"外国专家"的称号，但其实收入并不高。与许多英国同龄人相比，我一年大约 3500 美元的薪水仅相当于他们一个月的收入。虽然我时常嘲笑他们三十出头就开始谈论保险、退休金，但我的问题是工作不稳定，合同只能一年一签。一旦合同到期，就要再找工作、找住处。更紧迫的是，我已经是有家室的人了，必须得承担起养家糊口的重任。

大多数时间里，我对当下做的事情充满了激情。我对编辑工作很满意，热爱长城研究，喜欢写作，但是随着时间的推移，这种生活状态变得越来越不稳定。杰米已经 4 岁，当被问到他以后在哪里上学等问题时，我会不加思考地回答："可能回英国。"但其实，我并没有好好考虑我们将来在哪里生活以及如何生活这些问题。

中国人经常说：种瓜得瓜，种豆得豆。我上大学期间，曾在银行定投一笔保险，每月支付 35 英镑，20 年后可以收到一张 25000 英镑的支票。1998 年这笔保险到期了，本来我已经忘了这事儿，但在银行工作的二哥尼克提醒了我。他建议我把这笔钱取出来。用这笔钱做什么？买房子恐怕是首选，但是在哪里买，是在英国还是在中国？中国的房地产改革在 20 世纪 70 年代末已经开始，国家提供免费住房的供应制转变为房产的商品化，当时北京周边房地产开发已经颇具规模。我和吴琪商量后都觉得，我热爱的长城在中国，我们的未来也在中国，房子就应该买在中国。

我们参观了三四处房地产开发公司的工地，也看了两套完全建好、随时可以入住的现房，最后看上了天通苑附近的一套三居室。随后我们马上准备好现金，用报纸包好，装进一个旅行箱里，一周不到就签订了合同，一次性付清了房款。我们第一次有了属于自己的房子——虽然眼下还用不上。

为了增加收入，我开始为中国香港的一家旅游出版公司撰写主要有关长城的文章。同时也有其他公司找我，其中最大的是孤独星球公司，他们希望我写一些有关"野长城"的介绍。

孤独星球公司出版的旅行指南已经成为业界的标杆。其创始人托尼·惠勒先生坚持着一种向旅行者介绍真实的世界的理念，并倡导人们加入保护环境的行列。他们给了我撰稿的机会，但也给我带来了尴尬。我不太情愿写"野长城"的细节，因为我想留着在我那本《在长城历史上漫步》里用。我给孤独星球公司提供的黄花城自助游文稿只有 3 页内容，除了文字，还有根据照片绘制的素描插图和一张手绘地图。读者的反馈非常好。"野长城"不仅风景优美，远离喧嚣，还保存了长城部分原貌，使游人在享受自然的同时，还能见证历史的真实遗迹。

然而这种正面反馈并没有持续太久。1994年黄花城还是真正的"荒野"地段，但是到1997、1998年间，她已经成了中国"驴友"的最爱。虽然他们不是成群结队而来，但是人数一直在攀升，特别是在周末。通过敌楼和长城上越来越多的垃圾可以计算人流量，因为那时大部分人都会在长城上随地丢垃圾。看到越来越多的游客来到黄花城，当地人纷纷想方设法从中盈利。由于缺乏管理，一些人开始不择手段。看到这些变化，我感到十分痛苦，再看这些变化发生的速度，我更是万分震惊。我、斯科特和"装备佬"杨肖再次来到黄花城时，看到我们多次徒步的山间小道变成了收费公路。截路的栅栏旁边歪七扭八的自制标牌上写着：经过此地，5元一位，否则罚款200元。最令人尴尬的是，在安四路到北京市区的高速公路边的长城脚下，一间餐厅开张了，它的英文名就叫"The Lonely Planet Restaurant"（孤独星球餐厅）。令人失望的事情越来越多，长城上的垃圾剧增，英文、法文和德文等文字的涂鸦遍布。

我不禁自问，难道向游客介绍"野长城"是个错误的举动？我是否应该放弃出版《在长城历史上漫步》一书？

11

英国使者路经古北口

　　暂停了《在长城历史上漫步》一书的写作之后，我开始整理这些年拍摄的反转片和负片。我的新华社同事孙笑天是个摄影记者，也是摄影器材方面的"装备佬"。我俩经常在一起聊户外和摄影方面的话题。一次，我邀请他与我一起拍长城。

　　之所以选择古北口作为出行目标，是因为我想寻找一座结构特殊的圆形敌楼。骑车去办不到，孙笑天的摄影设备有 15 公斤。但是可以乘坐从北京到承德、途经古北口的火车去那里。路上，我给孙笑天讲了一个 200 多年前大英帝国与大清王朝交手的故事。

　　18 世纪，清代最著名的三位皇帝康熙、雍正和乾隆为了避暑，在承德建造了热河行宫，也就是今天的著名旅游景区，承德避暑山庄。1793 年大英帝国派往大清帝国的马戛尔尼使团到达中国，在热河行宫觐见了乾隆皇帝，试图与清政府建立新的外交关系，打开中国市场。这是来到中国的第一个英国外交使团，此行是中英早期最重要的一次交往。在前往承德的路途中，他们意外地发现并考察了古北口长城，而且收获颇丰。

　　尽管英国使团对古北口长城的地理位置并不清楚，对这里的考察也只是走马观花，但是他们对中国长城深深的敬仰有着一段历史根源。1584 年，在亚伯拉罕·奥尔特留斯绘制的《寰宇全图》图集中的中国地图页上就标出了长城，下面还用拉丁文写有说明：这堵墙长 400 里格（里格是欧洲旧时的长度单位，400 里格约等于 1800 千米——译者注）。之后不到 10 年，长城就出现在科尼利斯·德·乔德绘制的全球第一幅公开出版的《世界地图》上。1708 年，康熙皇帝下令对中国北部包括长城在内进行测绘，并在三位耶稣会传教士指导下完成了中国地图的绘制。这些测绘信息传回欧洲，更多人见识了长城的雄姿。这次出使的英国使团就有画家、绘图师跟随，他们将卧虎山上的古北口长城和与之相连的古北口镇用水彩画、剖视图和文字的形式记录了下来。

英国人向来有发掘和收藏的癖好。兼任使团秘书的副大使乔治·斯当东在他的著作中描述了使节们如何在古北口详细记录长城的信息，并带走了一些城砖留作纪念。关于长城的总长度，他们向当地人打听并写在一本素描簿里：万里城。于是，长城的总长度就自然被认为是 10000 里（实际上超过 40000 里），并被换算为 3750 英里。当他们问及古北口长城的修建年代和朝代时，得到的回答是：2000 多年前由秦始皇下令修建的（实际上这是一段具有 500 多年历史的明长城）。使团回到英国之后，这些错误信息被发布出来，造成了 200 多年来欧洲人对长城的误解。

虽然文字记录出了问题，但当时由威廉·帕里什绘制并保存下来的长城水彩画和测绘结构图（现存英国大英图书馆）却相当精美、准确，为后世留下了珍贵的研究资料。这会儿，我正乘坐火车前往古北口，准备再次验证这些绘画和插图的真实性和准确度。若干年后，我启动了"虚拟长城展：50 件长城文物"的研究项目，威廉·帕里什的作品也成了项目成果《50 件长城文物》一书中描述的一种文物。当时我在《华夏地理》杂志上以每月介绍两件长城文物的文章连载，后来再由企鹅出版社将这些文章集结出版。

古北口长城和八达岭长城比起来，各有各的优势。如果要看景，就去古北口；如果想仔细观察长城的建筑，就去八达岭。所以我说："远看古北口，近看八达岭。"这次与孙笑天来古北口，我们先从一个小得不能再小的火车站下车，抬头一看，陡峭的卧虎山正注视着我们。我们在长城的内侧，踩在松软的落叶上钻过桦树林，向有长城的方向攀爬。这里没什么人，也没什么路，只有一条不起眼的羊肠小道。我们向上攀登时还得不时扒开带刺的野枣树枝。但不多时，高耸的卧虎山就已经尽收眼底。

这里的长城景观可以从东西两面尽情观赏。我们首先发现，在接近山顶300米处，人造的工事不见了踪影。"利用现成的山体'借山'防御，这可是一个节省人力、物力、财力的佳例！"我对孙笑天说。第二个发现是多数敌楼损毁严重。在抗日战争时期，古北口长城是日本地面部队从东三省南下进入北京的主要通道，长城在被废弃几个世纪之后重新派上用场，处于制高点的敌楼正好为阻击日本侵略者提供了有利地势。

站在长城边上，长城遭受战争的创伤清晰可见。砖石被无数个子弹穿毁，细缝经历过六七十年风雨的洗礼越变越宽。那天我们在长城上待了整整一个白天。在一座敌楼里，我拿出我的酒精炉，烧开了两听蔬菜汤。喝完汤之后，下到长城的外侧，进到一个叫"干沟"的小村庄，打算找个地方过夜。

我注意到一些村庄的名字非常古怪，如"旧水坑""干沟"等。孙笑天给我解释道："你知道吗？这种怪名字都是那些农民起的。他们给女孩起男孩的名字，给男孩起难听的名字，说是可以防病除灾。对待村庄也是如此，故意起这些怪名字，认为可以避免妖魔鬼怪的骚扰。"

我们顺利找到一户愿意让我们留宿的人家住下。第二天一大早我俩就爬上陡峭的山坡，去一座圆形敌楼上拍摄。坐下来看景时，我们讨论一种新的APS（先进摄影系统）和数码相机。那时我觉得这种

APS 非常先进和方便，拍摄出的照片可以根据自己的需要裁剪成通常的或宽幅全景的照片，很靠谱。但我不怎么看好数码相机，总感觉照相怎能没有胶卷呢！但其实，如果当时我们有数码相机的话，我就能立马看到孙笑天为我拍的一张经典照片，我一定会说："真棒，这张可以用在我的自传里！"

手机在中国已经发展六七年了。最早出现的是一种个头特别大、发出来的声音如同"大哥大"的手机，这种价格不菲的"大哥大"成了有钱的私企老板的标配。吴琪用的第一款手机是诺基亚的，孙笑天的也是，我还没有手机。我站在长城上用孙笑天的手机给在北京家里的吴琪打电话，觉得很新鲜。

吴琪在无线电的那头问："你什么时候回家？"

我归心似箭。

回去的路上我对孙笑天说："下周我给你看一本书，作者是沿着长城旅行的第一人，里面有他拍摄的最早的长城图片。"

"他是中国人吗？"

"不是，他是美国人，叫威廉·盖洛。"

"又是一个威廉！马戛尔尼使团里有个威廉·帕里什，这个美国人叫威廉·盖洛，还有你，威廉·林赛。你们比我们中国人对长城还感兴趣。"

我们乘坐的火车快到北京时，列车服务员开始收垃圾。她扫地、擦桌子，然后把垃圾装进一个大塑料袋里，紧接着打开车窗，当着我的面将这包垃圾扔到了窗外。垃圾袋随风而去，袋子里的各式垃圾——餐盒、纸片、水果皮等在空中飞舞。此情此景让我惊呆了！

孙笑天说："他们就是这样处理列车垃圾的。他们只顾列车干净，不管外面的环境。其实，你作为外国人，除了本职工作以外，还可以多做一些对中国有益的事情……"后来，我听取了孙笑天的建议，开始发起长城环保活动。而他也变成了一位名副其实的环保主义者，并在我组织的活动中做翻译志愿者。

我把威廉·盖洛的书带到了办公室，孙笑天很感兴趣，他仔细查看着书中的每一张图片。

"小心点……这本书已经91岁了。"我紧张地提醒他。

"这本书的确很珍贵。我们中国还没有这样古老的长城照片。如果你细心看，会发现每张图片质量都很高……你应该把它们扫描出来。"他说。

我不懂"扫描"是什么。

"我新买了一台扫描仪，我可以帮你扫描和放大图片，你使用起来会很方便。而且你也不用再担心会损坏这本珍贵的书了。"他解释道。

把书借给别人，我有点犹豫。但是我知道小孙是个稳重、细心、聪明的人，交给他的事他总能百分之百地干好。果然，几天后他把书送还给我，还用一块布包裹着。同时他还给了我一摞扫描好的图片。他一点没夸张，扫描放大后的图片如同原片，而且更清晰。真不可思议！

12

"偶遇" 威廉·盖洛

把美国人威廉·盖洛介绍给我的是一位名叫玛约里·黑塞尔·笛尔曼的英国女士。1991 年我在西安理工大学当老师期间，这位女士给我写了一封信，由出版社转寄而来：

尊敬的林赛先生：

我正在阅读你写的《独步长城》一书，非常有趣，也非常令人敬佩。

我还收藏了另一本关于中国长城的书，就叫《中国长城》，作者是一个美国人，名叫威廉·盖洛。它是在 1909 年由约翰·莫尔出版社出版发行的，共有 350 页，包含了 100 多幅照片……我很乐意把它送给你，不知是否有用，但愿不算太晚。

你真诚的，

玛约里·黑塞尔·笛尔曼

二哥尼克帮我联系上了这位女士，并接受了她的馈赠。想起若干年前，我在伦敦的旧书店里见过这本书，但是价格太贵，275 英镑，我买不起。当时我有点"吃不到葡萄，就说葡萄酸"的心理。对自己说我要去的是新中国，这本 100 年前出版的关于旧中国的书对我没有用。直到 1993 年我和吴琪回到英国参加我的新书《与毛泽东一起长征》首发式时，我才拿到了这本书。

书的封面装饰着龙纹和一个大大的汉字"秦"。翻开内页，每一章的开头都印着盖洛先生收集的中国谚语或成语，比如"练兵千日，用兵一时""一寸光阴一寸金，寸金难买寸光阴"等。说到"时间"，我想到自己当时已经好长时间未与长城谋面了。仔细查看盖洛书中的图片，我开始琢磨这些照片的拍摄地点。

威廉·盖洛游览整个明长城的时间比我早。从《中国长城》中的图片来看，他从山海关出发，最后到达了嘉峪关。如果不考虑出行方式（我是徒步；盖洛大部分时候骑骡马，登长城时徒步），我不能算明长城的"征服者威廉"，而只能算"征服者威廉第二"。想到这儿我有些泄气。不过既然我俩选择的出行方式不同，那么从这一点来说也无法比较谁是第一、谁是第二。总之我叫威廉，他也叫威廉，两个威廉都被中国长城吸引，都热爱中国历史和文化。

我们都是从地图上认识长城，开启了长城之旅。在他的书中第一页有这样几句话："这是中国的万里长城，地理学家们这样告诉我们，但他们并没有说清楚，长城是用什么建造的？长城到底有多长？长城有怎样的历史？"只有对长城有过深入的体验，才能写出这样简洁而深刻的文字。因此，我对这位绅士的敬意与日俱增。

我俩关系的升温，是在我发现了我俩共同做过的一件事情之后。他的书中有一张图注为"骡马关东"的照片，我仔细查看，发现敌楼面前坐着一个人，那人正是盖洛本人。而我也曾多次在长城上留影，其中一张与这张图片上的地形很相似。我仔细回想，那天是我独步长城的最后阶段，空中飘着雪花，尽管脚下的长城残缺不全，但为了拍摄长城雪景，我还是登上山顶，找了几块散落的城砖加上相机，摘掉手套，忍着刺骨的寒风调整好机位，匆匆按下快门拍了一张。却不曾想照片洗出来效果还不错，而且还与盖洛照片的取景重合了。

两个威廉在此"相遇"了。从1908年到1987年，时隔79年的时间，我们在同一座敌楼下拍摄的照片都被选入书中出版了。对着威廉·盖洛的书，我在心里对他说："你好，威廉，我也叫威廉。"

两张图片也有着明显的不同。一张黑白，一张彩色；一张威廉身后的敌楼完整如新，一张威廉身后的敌楼已经坍塌为一堆废墟。很难想象，这中间仅仅相隔了79年。老建筑因保护不善而损坏坍塌并不奇怪。但这座敌楼在这么短的时间内就被损毁成这样，想必是有人为的破坏。我的第一个猜想是，当地农民为了盖房子，拆了长城敌楼的砖石去做建筑材料。1987年独步长城时，我很少考虑到长城的保护问题。后来重走长征路时，才对毛泽东和中国人民抗日战争有了深入的了解。战争损坏了长城，大自然的破坏力也不小。比如1976年7.8级的唐山大地震，无疑也对长城造成了极大的毁坏。

我希望有更多人看到这两张威廉照片的对比，让他们认识到长城保护工作的紧迫性。

13

长城脚下的农家院

　　我和斯科特骑行距离最长的一次，是沿着怀柔和延庆的边界骑行。我们骑了一整天，这也是我俩最后一次一起骑行。

　　天不亮，我们就在约定的地方碰头，然后向西，经过温泉，穿过昌平山区，向镇边城进发。在又长又陡的公路上疾速骑行，寒意越来越重。于是，我们去路边杂货铺寻找御寒的衣物，但是能起到保暖作用的只有白色的女士睡衣，领口和袖口还镶有花边。"饥不择食"的我们毫不介意地买了两套穿在身上，继续骑行。在路的尽头，我们脱掉这套"丑"睡衣，扔进了垃圾箱。

　　再往北，我们越过横岭，转而向东穿过康西草原，最后往南经八达岭南口回到北京。计数器上显示的记录是 160 千米！几天之后，斯科特告诉我他决定离开中国，这让我非常吃惊。他解释道，今时不同往日，他现在已经年近 30 岁，每月只挣 500 美元，不是长久之计，该考虑找一份长久的工作了。

　　斯科特的年龄比我小一轮。他的这种想法使我再次考虑起自己的未来。我的生活压力也在与日俱增。母亲去世后，我觉得应当经常回英国看望老父亲，帮他度过失去亲人难熬的日子。我们一家三口回英国过圣诞节时，别说为家人购买礼物了，光是买机票就花去了我 3 个月的工资。

这几年，我和斯科特在四个不同的季节里探索了北京周边从西到东的大部分长城。他的离开给我留下空白，也给了我与其他人将北京地区的长城探索连点成线的机会。

一个周末，我的荷兰朋友查林陪我探索箭扣长城。我们从桃峪爬上箭扣豁口，往东就是著名的正北楼。

在桃峪，我们藏好自行车，沿着陡峭的山间小道爬行了好几千米，直到疲惫不堪，决定在道边停下来休息过夜。查林喜欢在野外喝热汤。他用酒精炉加热蔬菜汤，我则拿出我的老三样，金枪鱼、苏打饼干和枣泥酥。

第二天一早，我们爬上箭扣长城后向东朝通向正北楼的长城攀爬，那段长城不仅陡峭还有许多巨石。如今的长城爱好者可能不信，从我开始骑行考察野长城到这次来箭扣长城之间，还从未在长城上见过其他旅行者。但就是在箭扣这个地方，我第一次见到了其他旅行者。

他们是两个摄影师，刚拍完日出，正在吃早餐。他们把红色的火腿肠包装皮扔在地上，旁边还有很多垃圾，最显眼的是黄色的柯达胶卷盒。我惊讶得不知该说什么好。

在他俩说话当间，我开始捡他们丢弃的垃圾。这时，一阵突如其来的沉默使人感觉很不舒服。其中一个人打破僵局，说："嗨，外国朋友，在中国你不用做这个……"

"我想……"我结结巴巴地说，"虽然这是中国的长城，但也是世界的长城……"

"你看，老孙，这个外国朋友做得非常对，是我们没想到这个问题，我们一起来收拾这些垃圾吧。"

这是我第一次把长城垃圾问题向扔垃圾的人提出来。过了不一会儿，我又捡到了12个矿泉水瓶。我让查林给我拍下手拿瓶子、一脸沮丧的照片。这个突发的场景也让我们注意到自己的饮水已经不多，我们不得不先找到能灌水的地方。

尽管我来过这段长城好几次，但从未有过下到长城北面的冲动。从地图上看，那里有个村子叫"旧水坑"。这名字听上去就已经减少了我们前往的热情，但是，山那边的植被厚实，一片葱茏，我们还是决定探索一下。

我们花了20分钟下山，看到前面有一个小村庄。村头第一个农家院除了屋顶，其他地方都已经破败不堪，一头驴子正在院子里大嚼玉米秆，看来这座房屋已经被废弃多年了。但从第一眼见到这个院落，我就爱上了它。几分钟之后，一个计划在心中生成。

自从在新华社工作以来，除了隆冬时节，我几乎每周末都骑车进山，勘踏长城。我被这古老的长城吸引，被长途骑行所激励。但是，每当回到北京，我就感觉对不起吴琪和小杰米。他们如同笼中之鸟，被圈在城里的小圈子生活。一个英语水平很高的中国同事幽默地提醒我，不要把吴琪变成"长城寡妇"。我很快意识到，我需要尽早让家人也融入我的长城活动中来，而且事不宜迟。

其实，很早以前我就有在长城边居住的想法。最初我想到的是，在庄户村租一小块地，请村民帮我盖一间农家院。看到这座现成的院落，我改变了想法。这座农家院古朴而典雅，原始而不招摇，修茸起来可能更容易。这里有长城景观、长城建造和毁坏的故事。我和查林穿过一小块田地，决定走近看看。

这是一座北京地区典型的院落，坐北朝南，里面的房间排成一排，大门居中。看着房屋损毁的样子，估计至少五六年没人住了。我们隐约听到有几个女人的说话声，我便向她们走去，打听这里的地名，这是谁家的房子。她们告诉我，这个村子叫西栅子，有六个生产队，这里是二队。房主姓赫，离开村子进城已经7年有余。

我一回到北京，就急不可耐地告诉吴琪在村里买房的主意。一开始她不为所动。她说她从未听说城里人可以购买乡下的房子，怀疑这种事的可行性。

"成群结队的农民能进城，为什么城里人不能到乡下？"我坚持道。

"好吧，但我不知道这个村子在哪里，村名是哪几个汉字都搞不清。让我看看地图。"吴琪说。

大概西栅子太小，地图上也找不到，我给吴琪画了一个大致区域。我们决定先去怀柔县，找到八道河乡，再去问问当地人西栅子村二队怎么走。

吴琪租了一辆车，找到西栅子村。她从村里一个有名望的老者、会计老赫那里打听到，房主进城与儿子同住，不准备回来了，他愿意卖房。吴琪找到姓赫的房主，以1万元成交，一手交钱，一手交房。北京的几个朋友听说此事，都觉得我们买亏了。这么破的房子，还要那么多钱！但我们没管这些，尽管这也是我3个月的工资。吴琪很快与村党支部联系，在他们的帮助下办完了过户手续。我们从发现房子到买下房子仅仅用了几周时间。

成了一座破房子的房主后，下一步要做的就是装修。但我们已经没什么钱了。然而巧的是，当时有一个英国纪录片摄制组要来拍摄长城，导演彼得·斯博瑞·莱温顿是个考古学者，他联系到我，请我做他们的顾问。我紧张不安地说："你们请我做顾问，占用了我的时间，应当支付酬金。"我提出要750美元，他二话没说就同意了。就这样，我们有了装修房子的钱。装修工期不能耽误，必须在9月之前完成，因为摄制组那时要来这里拍摄，而且要住在我家。

琪——美玉，1987 年夏于北京香山。

我第一次见到吴琪时，她穿着就是这条裙子，1987 年于天安门广场。

度"蜜月"的吴琪，1988 年 4 月于上海。

汉代长城的关隘——玉门关内部。我作为美国国家地理频道纪录片《跟着威廉走长城》的主持人在此拍摄，2010 年于甘肃。

我和琪的结婚照，1988 年于西安人民大厦。

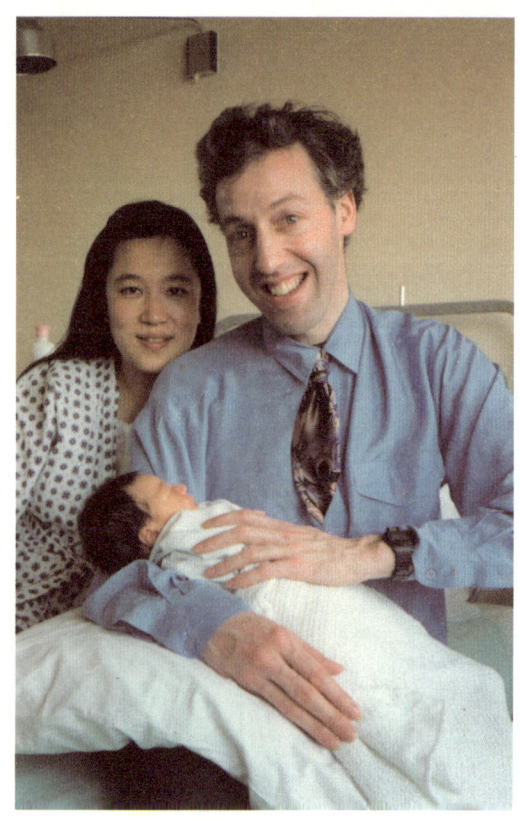

杰米出生于英国利物浦 Arrowe Park 医院，1994 年。

在西安老城南门外骑行，1991 年。

英国 *Bella* 杂志摄影师为"真情"栏目拍摄的图片，1988 年于英国利物浦瓦勒塞镇。

我和杰米宝宝在中国日报社，1994 年于北京。

斯科特（右）、我和我们的捷安特自行车"骑兵"，1994年于北京市昌平区。

黄花城附近的羊倌儿，1995年。

黄花城敌楼里的石碑，这里的光线堪称完美，1995年。

我们从天安门出发，骑行去西安，1995年。

约翰·麦克唐纳在黄花城上素描，1996年。

骑行去怀柔长城，1997年。

冬季负重徒步于延庆地区，2001年。

庄户附近的"乔治长城地段"，1995年。

第二次金山岭长城捡垃圾活动，1998 年 10 月。

我获得"长城友谊奖章"之后，在人民大会堂受到时任总理朱镕基的接见，1998 年。

国际长城之友在怀柔桃峪推广环保理念，2005 年。

更换环保标志牌前的演讲，2004 年于箭扣长城。

"迷你联合国"金山岭长城长城捡垃圾活动，各国志愿者带着他们的国旗来参加，1999 年。

我走到哪里，哪里的垃圾就逃不过我的眼睛，2018 年在箭扣长城上。

吴琪在废弃不用的农家房屋前，1998 年于怀柔雁栖镇西栅子村。

用无人机航拍的正北楼和周边的山谷，2016 年。

刚刚装修好的农家院。我、我哥大卫和侄子鲍勃从北京骑行到此，杰米（前中）和堂姐艾米丽（左一）出来迎接，1999 年。

石丹华、安·苏菲、挪威大使夫人、吴琪、瑞典大使和挪威大使（从左至右）在享用野长城周末早餐。

野长城周末的常客在九眼楼上，其中包括：石丹华（左一）、布莱恩（后排右）诺曼（右一）。

我与查林在怀柔河防口露营，1999 年冬季。

我的农家院——我探究长城的天堂，1999 年。

春节期间与石丹华和杨肖在一座敌楼前露营，2001年于河北涞源。

一座座敌楼如同哨兵一样坚守着岗位，2003年于河北涞源。

两个当地小学生在上学的路上，2002年于河北涞源。

"乌龙凤"，发现她时已经断成两截，2002年于河北乌龙沟。

券门上的"怪兽脸"拱顶石在第二年被人撬走，2002年于河北唐子沟。

我在河北涞源唐子沟小学上长城课，2002年。

摄像师王宝山在箭扣长城正北楼上拍摄我和杨肖，2000年。

汤米在2000年8月出生，全家四口在箭扣长城脚下农家院里度过第一个春节，2001年。

优秀长城环保员常金旺（75岁），2004年于箭扣长城牛角边。

西栅子长城环保员，2003年。

世界文化遗产基金会负责人约翰·斯塔布斯先生在西栅子农家院里，2003年。

在箭扣长城上拍到云海，2003年。

第二部分

保护长城

1998—2007

14

我"美化"了长城

在西栅子，我们不仅有了住房，还引入了"长城环保站"的项目。

我有两个相机，各有各的用途。大奥林巴斯 OM2 用来拍摄长城的"黄金时段"，如日出日落的壮美景色和动人瞬间。小奥林巴斯袖珍相机用来记录日常所遇，如不同风格的建筑（包括敌楼、券门、箭窗等）、考古亮点（石碑石匾、石块凿痕、文字砖等），还有骑行和露营过程。查林用小相机拍摄的那张我手拿空塑料瓶的照片促成了我第一次组织在长城上捡垃圾的活动，而且这一活动一直持续到 2020年我开始写这本书时。我认为长城上的垃圾是长城得病、需要诊治的信号。尽管长城家喻户晓，是中国的象征，是联合国教科文组织评定的世界文化遗产，但是它目前的处境堪忧，却没有受到人们的重视。

每周日从长城回来，我都会在周一利用午休时间，到国际大厦百合花图片社冲洗刚拍摄的胶卷。这次洗完照片回到家，我向吴琪抱怨我在箭扣长城上的所见所闻。

"他们爱爬长城，但不爱长城。"

"抱怨有什么用？如果真惹恼了你，你就做点什么，改变它。"

"我能干什么？我一个老外，又制定不了法律！"

"你可以组织人，上长城捡垃圾……"

吴琪说得对。为什么我不可以做呢？别管我是不是外国人，捡垃坂是没人会阻止我的。歌手鲍勃·盖尔多夫是我崇拜的人之一。他用直截了当的方式组织公益活动，增强公众意识，这令我非常欣赏。他直接打电话邀请歌星、音乐人、航空公司和体育场馆负责人，成功地组织了为非洲饥饿儿童募捐的"乐队援助演唱会"。

"可以啊！我们说干就干吧……我想 100 是个好数字，我们就召集 100 个志愿者。另外，我们还需要交通工具，捡垃圾的用品，如手套、垃圾袋……这个活动至少得一天，我们需要午餐，所以，我们最好找个赞助商……"

"清洁长城，对一个公司来说是一个很好的公关机会。"吴琪说。

"嘿，想起来了！长城喜来登饭店！他们有大巴、餐饮服务，特别是名字最合适……我现在就给他们打电话！"

其实，我和长城喜来登饭店早有合作。市场部经理格雷姆·阿伦曾印制了一套长城明信片，当作商品放在酒店每个房间，这套明信片上的长城图片都是我提供的。他把他的同事、公关部经理莉迪娅小姐介绍给我。

莉迪娅善于倾听，等我絮絮叨叨说完，她很安静地说："威廉先生，我觉得这是一个极好的主意，整个世界都关注长城，我会全力支持。让我跟总经理打个招呼，明天回复你。"1 小时之后，莉迪娅就给我回电话说："威廉先生，我们的总经理布鲁诺先生非常愿意赞助这次活动，我们能确定一个时间吗？"

为了有足够的时间招募志愿者，我们把活动时间定在了两周后的一个周六。接下来就是确定活动地点。是去野长城还是旅游景点？按理说，野长城无人管理，如黄花城垃圾剧增，我觉得去野长城是理所当然。而莉迪娅说，从酒店角度看，安全和责任很重要。她偏向去旅游景点。

"但是，这些旅游景点是否已经有专职人员在清扫？"莉迪娅提出疑问。

"是的，作为旅游景点的长城的确有专职人员清扫，但我猜想长城两边还是有很多垃圾。"我告诉莉迪娅。

总经理布鲁诺·胡贝尔先生是个瑞士人，喜欢户外运动。他很兴奋地说："长城饭店非常荣幸能参与这样的公益活动。我们是北京最早的五星级酒店，由于有长城这样的名字，我们更加感到有义务为保护长城出一把力。"布鲁诺倾向于在野长城上做活动，但是莉迪娅坚持在旅游景点做，同时建议开启一个徒步长城项目，请我做向导。这时，我解释了支持在旅游景点做活动的原因。我给他们讲了我乘火车去古北口时，看到乘务员直接将垃圾扔出窗外的事，所以推断在旅游景点也存在同样的问题。长城上面有人清扫，但清扫之后可能会把垃圾扔到长城下面。在他们的眼里，那里不是长城，所以没关系。

"好吧，现在我们决定一下，八达岭、居庸关、慕田峪和金山岭，我们去哪儿？"莉迪娅问。

"威廉先生，你觉得哪儿最合适？"布鲁诺问。

"金山岭。"我回答。

"金山岭的管理人员会欢迎我们吗？他们会不会觉得我们这样做是对他们的一种羞辱？"布鲁诺满怀疑虑。

"如果我们来清洁长城，说明我们都是长城的朋友。我担保，我们跟他们也可以交朋友。"

事实证明，金山岭管理部门不仅欢迎我们去，还免去了我们所有人的门票。吴琪联系了媒体人来采访我，在《中国日报》和《北京周末报》上都刊登了有关这一活动的消息。莉迪娅也动员了酒店员工前来参加这项活动。一周刚过，我们就已经招到了 110 个志愿者，还没有算媒体人。于是，酒店又增加了两辆小面包车。莉迪娅说："我们每个人的服装应当一致，我再设计一款文化衫。"

在长城清洁日当天，志愿者和媒体人都统一穿上白色 T 恤衫，上面印有"我美化了长城"的字样。跟我想象的一样，我们拾的垃圾都在长城两侧。垃圾种类中塑料瓶居多，还有酒店在长城上做活动时留下的一次性餐具。

两小时之后，我们的"战利品"已经在大巴前堆满。我除了带领大家一起捡垃圾，还要接受拍摄和采访。最后，我发言感谢大家，并讲述了自己独步长城的故事，还倡导大家继续一起爱护长城、美化长城。

活动结束之后，我累极了，但又倍感欣慰。然而，《北京青年报》记者提出的两个重要问题使我意识到，虽然这次捡垃圾的活动意义非凡，但还远远不足。保护长城、美化长城之路仍任重而道远……

"威廉先生，这次活动是一次性的，还是长期的？以后你还会组织这样的活动吗？"

"中国有没有保护长城的相关法律法规？比如在长城上乱扔垃圾会受到怎样的处理？"

我深知自己并不是一个只有"三分钟热度"的人。只要长城需要，只要我还能做，活动就会继续。而有关保护长城的法律法规，也开始成为我关心的一个重要问题。

15

长城，这座露天博物馆有馆长吗？

登长城捡垃圾活动后的第二天，多家媒体对这次活动做了头版头条的报道，如《人民日报》《中国日报》《中国青年报》《北京青年报》《读者文摘》和《环球时报》，以及北京电视台和中国广播电台等。正如我在活动结束发言时所讲的："今天我们清扫了几千米长城，捡到了大约200千克垃圾，但这只是一个开始……"媒体的报道引发了人众关于长城未来的热门讨论。《北京青年报》在一周内连登三篇相关文章，其中一篇提道："长城环境的状况，反映了中国环境的状况。"

我依旧在新华社工作，业余时间骑车探索周边长城，现在又多了一项任务，就是将这个环保"革命"进行下去。我选择了在每年春秋两季继续开展这一活动。而当关于我保护长城环境的报道剪贴堆积如山的时候，我觉得，我应当敲开国家文物局的大门，打听一下中国是否有长城保护法。

吴琪给当时的国家文物局法规处副处长何戍中打去电话。何副处长说，他的领导彭常新处长很关注我们的活动，欢迎我们在方便的时候来文物局一起讨论。

首先，让我感到惊奇的是，国家文物局并没有一个专门的部门来管理与长城有关的事务。中国长城学会一直在做长城保护和宣传，但我知道，他们大多数是热爱摄影、书法或搞长城研究的人，对立法一类的强制性举措无能为力。更使我失望的是，中国没有一部长城保护条例，更不用说长城保护法律了。关于长城保护的规定只是放在一般文物保护条例之中。

我当时就表达了自己的看法。中国的万里长城，除了少数长城景区之外，大部分地段都处在无人管理的荒野状态；当有越来越多人登上长城时，就需要有专门的规定来限制人们不文明的行为，之后再去考虑如何实施的问题。

彭先生告诉我，中国现在正有许多道路和城市住房在修建。实施这些项目时，有不少当地文物面临被损坏的威胁、亟须保护，因此，许多人力、物力都投入到这方面来了。到目前为止，大家还没有提出保护长城的必要性和紧迫性。因为长城是古代军事工程，一般都建在偏远地区，没有受到直接的威胁。"

这时，黄花城一幕幕景象重现在我的脑海。在多次造访黄花城后，我不仅看到了垃圾和涂鸦问题，还看到了当地农民拆掉进入敌楼的台阶，搭上木质梯子，并把梯子当成"摇钱树"，向游客乱收费的问题。

离开国家文物局时，我对长城的未来感到十分悲观。显然，当时所谓"保护长城"和"重修长城"基本上是同义语。而且比起保护长城，人们更多关注的是如何利用长城赚钱。然而，99%的长城都处于荒野状态，野长城——世界上最大的露天博物馆，却没有馆长管理。我所能期待的，只是不要有更多人发现野长城、破坏野长城。或许我唯一能做的就是闭上嘴、停下笔，不去将有关野长城的细节公之于众。

我清楚地记得与斯科特的一次对话。当时我们爬上了箭扣长城的一座敌楼，站在海拔1000多米的高处，向内看到一座接一座的敌楼；向外遥望一个连一个的山峰，山下的渤海村向南伸向华北平原，再向前伸向北京东北边的首都国际机场。我们称这座敌楼为"乌鸦窝"。在英语里，"乌鸦窝"意指帆船上用于登高远望的桅杆。

"斯科特，"我说，"我10年前第一次来到这里的时候，北京只有 600 万人口，现在已经 1000 万了。我不知道，我们独享的这般美景还能维持多久。多长时间之后，住在北京的其他人也会发现这里。"

一阵长时间的沉默。

"我猜想，这要很长时间。你看，现在就没有几个人到这里来。北京人只知道赚钱，他们对这个没兴趣。对他们来说，长城是一种精神象征，但对我们而言，长城是古老和荒野美的象征……再说，谁能像我们这样骑自行车呢，来回 12 个小时，爬山还得两小时！"

我俩的看法一致，大众来爬野长城还需要 10 年到 20 年。但事实证明，我们错了。在中国，所有事物发展的速度之快令人无法想象。20 世纪，两个东西加速了这个进程，一个是数量猛增的私家车，一个是越来越好的道路。

江泽民和朱镕基在上海当市长的时候，都把汽车当作上海市的主打产品。在我和斯科特担忧野长城的未来时，江泽民和朱镕基已经成了国家领导人。他们把汽车制造业变成了国家经济的支柱产业。几年的时间，大众汽车随处可见。有了汽车，人们可以去到以前不可能去的地方。加上北京市政府"柏油马路村村通"的政策让道路平坦通畅，人们去往偏僻郊外的可能性更大了。

媒体对我组织长城清洁活动的报道引起了中国长城学会的注意，他们邀请我加入学会，一起为政府部门提供宣传和保护长城的意见及建议。我当然乐意而为。在与中国长城学会的人见面并相互介绍之后，我被问到愿意加入哪个部门。我说："保护部。"但是得到的回答是没有这个部门，最后我只好加入摄影部。

中国长城学会的组织者之一董耀会先生是我非常敬佩的一个人。1984 年至 1985 年，他和两个伙伴历时 508 天徒步走遍整个明长城。大约在 1999 年，我们约了时间见面，讨论了长城保护问题。我们一致认为，当我们对外提到某段野长城时，只提它所在省市的位置，至于其所在县及更详细的信息，则不应被暴露，以免人们蜂拥而至。

与董耀会谈话之后，我当即决定放弃出版《在长城历史上漫步》一书。因为我担心这本书不仅会给人们提供去野长城的指南，还会导致当地人把野长城当作赚钱的工具。再者，这本书会暴露这些野长城的地理位置，从而让它们面临被肆意开发的威胁。虽然我已经找到了愿意出版此书的牛津大学出版社，但是我的初衷是通过记录和分享我对长城的知识、见解和新发现，以飨有才智的读者。虽然关于这本书的考察和写作已经接近尾声，每个章节都配好了手绘地图，但在当前的形势下，对待这本书最佳的做法就是将它束之高阁。

这么多年来，我被问得最多的问题是：中国发生了怎样的变化？我想，我在中国生活了近 35 年，应该有资格回答这个问题。35 年间，我见证了中国领导人的变化，见证了中国城镇和乡村的变化，中国人生活的环境日益得到改善。

有一个小故事能够说明我在中国感受到的巨大变化，它是一般人不常经历，也很难体会到的。1998 年 5 月的一天，我在新华社中国特稿社的办公室里接到一个电话，电话那头是一个男士的声音，他问我是不是威廉·林赛。

"是的，我是。您是哪位"

"这里是陕西省榆林市公安局。"对方回答。

我的心一沉，继而怦怦地狂跳。我觉得好奇怪，十几年过去了，榆林公安局还不放过我？

"我是周吉斌……我看到了《中国青年报》上有关你的报道，你还记得我吗？当年你在榆林的时候……"

"是啊，是的，我记得……那已经是 12 年以前的事了……"那个拘留我、把我驱逐出境的地方，我能忘得了吗？

"是的，现在榆林变化很大，告诉你一个好消息……"

"对不起，那时给你们造成了不少麻烦……"我赶紧说。

"没……没关系……那时榆林不对外国朋友开放，我们也是在行使我们的职责，按规定办事……现在榆林对外开放了！"

"哈哈，这真是个好消息！嘿，为什么我们都说中文呢？我记得那时你的英文很好嘛……"

"因为我现在在领导岗位，工作忙，没时间说英语，退步很多啦！你的汉语进步很快嘛！"

"是啊！后来我和一个中国女孩儿结了婚，我们经常说'榆林事件'是我们的红娘……事情就这么奇特，最后坏事变成了好事！"

"是啊，我希望你和家人有空来榆林看看，这个电话就是邀请。我们欢迎你们的到来。"

那天接到周吉斌打来的这个电话，我高兴不已，好像终于被公安局"赦免"了一样。

16

穿越长城时空的享受

　　我把我们长城脚下的家称作"农家院"，吴琪经常简称为"山里"。

　　我估算从友谊宾馆出发，走公路去"山里"大约 100 千米。它在山的北面，也就是长城的北面，在明代称作"城外"。1998 年，这个地方对北京出租车司机来说算是荒郊野岭。一个偶然的机会，我搭乘一辆马自达出租车去到"山里"，那次经历令我舒心。司机待人礼貌、多听少说，车子里干干净净，白色座套一尘不染。临走时，他还递给我一张名片。后来我联系这位名叫李杰的司机，告诉他我需要一个能长期跑郊外的好司机，每周五出城、周日回城。他答应了为我服务。

　　每周五中午我都会离开办公室。领导老陈经常见不到我，显得越来越焦虑。我就开始借口"家里有事"或者"我去接孩子"。同屋的老李有时也帮我打马虎眼。但是时间一长，这一招就不灵了。后来老李换了说法："威廉有要紧事要去长城。"

　　我们往马自达出租车上装满了食物、厨具和衣物。下午两点出发，刚过 10 分钟，小杰米就问："到了吗？"这一路，吴琪得一遍一遍地回答："快了，快了，只要看到长城，就快到了。"

　　我指路，李杰开车。出了三环往北，进入郊区，道路平坦无比。再走 70 千米，就到农家院了。进山的路弯弯曲曲、上上下下。我想，当年古代战略家指挥修建这座长城时，肯定考虑了居高临下和借山为城的兵法。几个世纪以来，战略家们的设计能阻挡外面骑兵的入侵，不是没有道理的。时至今日，自行车、汽车想越过这座军事工事也不容易，都得经过顺沟或盘山的旅程。坐在车里，可以看到山上的长城，时而清晰可见，时而高耸入云。碰到万里无云的好天气，从神堂峪到长园长城上的敌楼，都可以一个个地数出来。小杰米一见到长城，就兴奋地喊叫起来："我们到家了！"

河谷是横穿长城的自然通道，长城关口常设置在此。与山道不同，它不在高处，而在低处，易攻难守，是容易遭受入侵的地方。所以这里的敌楼通常高大坚固，驻兵较多。我们进山后遇到的第一个渡河口叫"莲花池"。这里的水甘甜清凉，但山上的长城已经不见踪影。长城上的建筑材料大石条和砖头瓦块所剩无几，都成了当地人自家房屋、院墙或台阶的一部分。

穿过长城后，小杰米好奇地问："爸爸，我们还在中国吗？"我回答："是，即使在400年前的明代，这里也是中国的。长城从来不是边境线，只是在边境地区修建的。"

车沿着盘山路到了山脊，又下到山的另一侧，地质结构与之前的有所不同，大块大块的花岗岩裸露在外。这里的长城离下面的村子很远，依然保持着壮美的形态。再往下，我们的车又开始沿着深沟走，沟里有许多巨石。在八道河左转，黑色的柏油路变成了黄色的泥土路。

与山的距离越近，路也就变得越窄，而且一点长城的迹象也看不到了，但是小杰米依旧瞪大了眼睛。走过长达6千米颠簸弯曲的土路后，一座巨大的敌楼出现了，接着是第二座、第三座……进了村，路过一队、三队，前面有座小桥，左转是一条更狭窄的土路。走完土路，眼前豁然开朗，在上下起伏的山脊上，长城一段连着一段，敌楼一个接着一个，180度全景顿时呈现在眼前！

我们钻出车，看着眼前的长城，没有人出声。我在想，几百年前，当蒙古人来到这里，应该像我们一样，无论是喜还是忧，都震惊无比。

我从未见过如此壮丽的长城景观。根本不用指给小杰米说："看，那是长城！"因为，我们的东、南、西三面都能看到长城！过了这座小桥，向前，再左转，开两分钟的车，就到了我们农家院的所在地——西栅子村二队。

秋天乘车从北面来这里与春天骑车从南面来这里感觉截然不同。还在当大队会计的老赫接受了吴琪让他当我们农家院管家的请求。这会儿他和他儿子、儿媳都来帮我们搬东西。我们的农家院在二队最里面，也是离长城最近的一处房子，是观看长城的最好位置。我问老赫山上那座巨大的敌楼叫什么名字，老赫回答："那是南大楼……"真奇怪，我想这个敌楼应当叫"正北楼"。或许我搞错了，这里山上的敌楼太多，容易混淆。

院门是荆条编的，院墙齐肩高，是用结实的石头垒成的。我掏出几个月以前拍的小院照片与现在的院子对比，简直不敢相信自己的眼睛！原先的"牲口棚"换了新装，房子外面的黄泥墙变成了灰砖墙，烟熏得发黑的棕色木质门窗由村里木匠换成了新的红门绿窗。之前从中间的大门进去后正对着厨房，左右通向两侧的房间，如今厨房改造成了一间宽敞的客厅，其余各个房间都变成了对外单开门的单间。原先房间内糊满报纸的墙壁，刷上了白色涂料。屋顶上熏得黑黢黢的梁柱都被刮掉了陈年的油泥。

"绝大部分工人，比如木匠和瓦匠都来自本村。"吴琪说，"只有电工小丁是我特别请来的。他是友谊宾馆供电部门的'小头头'，人缘好，技术也好。"

我去过很多地方的长城，但是我预感到自己将在此地开启探索长城和长城生活的新纪元。长城就在我家后院，从今以后我能常年与长城为伴了。

吴琪马上在厨房里拿出锅碗瓢盆，准备开火做饭。杰米真像回家一样轻车熟路地忙活着，徒手搬石头、用树枝挖土。我有10年没有跑步上长城了，晚饭前还有充足的时间够我在山道上"撒欢儿"。

上山的土路不平坦，不时会碰到突出地面的大石小块，但落叶使路面松软有弹性。前些年我一天不落地跑步，坚持了四年零几个月。现在我一周最多跑上一两次，而且已经很久没有在山地越野了。这会儿独自在山间小道上慢跑，耳边能听到的只有脚踩在落叶上的沙沙声、自己的喘气声。千头万绪涌上心头——从英国老家我最喜欢的跑步路线，到在甘肃农民朋友尹家借宿；从借着躲避沙尘暴从警察手中逃脱，到再次被"抓到"以至被驱逐出境；从和吴琪结婚，到这些年的家庭生活。

金色的阳光钻出密密丛丛的树叶，猛然一回身，长城似乎从树丛中突然探出身来，一座敌楼就横在眼前。向西，一段段长城暴露在夕阳下。我爬上高台，进入敌楼，又顺着楼内的梯子上到敌楼的顶层。我仅仅花了23分钟就跑到了这里。往山下看，能看到我们的农家院。村子里炊烟袅袅，提醒我吃晚饭的时间到了。我重新调整计步器，兴奋地想知道跑回家要用多长时间。正像十几年前那样，我跑起来稳健自信，脚步轻快，遇到陡坡还能眼疾手快地抓牢树枝……最后，到了院门口，一看表，用了19分钟。

"10分钟后吃饭！"吴琪在喊，厨房里传出锅碗瓢盆的叮当响声。10分钟的时间足够我洗个冷水澡。几盆井水往头上一浇，清凉爽快。燕京啤酒在冰凉的水里冰镇好了。一家三口上炕，盘腿，围坐在一个红色的小炕桌边。在这个世界上，我有多少诉求？家庭生活、新鲜空气、优美的环境和这座长城奇迹，足矣！天黑了，村里静悄悄的，猫头鹰在嗷嗷地叫着，微风吹动着树梢发出沙沙声响，我紧靠着吴琪睡下，这是一个男人真正简单而幸福的生活——"老婆孩子热炕头"。

我睡得很香，做好了听到公鸡打鸣就早起的准备。但吵醒我的不是村里的公鸡，而是一阵嘈杂声，"跟着我……走这边！"手电筒的光线在屋檐下晃动着，好像有人在荆编门口往里张望。不一会儿，更多的脚步声纷至沓来，后边还有人骂骂咧咧的："真笨！这边，直走，快点，快点……"

黎明前的这场"风暴"来自一队摄影爱好者，他们在找去正北楼的路，登长城拍摄日出。现在才凌晨 4 点 20 分，很明显，他们没有考虑到村里的人还在梦乡。他们离开了村子，走上了山间小道，但是还没有消停。手电筒的光线仍然乱晃着，照在院子里。哪怕走了很远，依然可以听到他们大声说话。

我躺在炕上想，这些人不考虑别人的感受，肯定也会在长城上乱扔垃圾。他们在上面，我就不愿意上去了，不愿意与他们面对面。我在被窝里翻来覆去，感觉小腿僵硬，这是昨天快速从山上疾速跑下来的后果。我在 80 年代中期跑得最好，但有好多年没这样玩儿命跑了。这会儿，我又找到一个不上正北楼的理由。

17

首个"野长城周末"

每年国庆节前夕，国家外国专家局都要举办"友谊奖"颁发仪式，对那些在经济、科学和社会发展方面作出突出贡献的外籍人士予以表彰。1998 年是新中国成立 49 周年，我是这一年 46 位"友谊奖"的获得者之一。

颁奖仪式在友谊宾馆多功能厅举行，离我们的住处只有 200 米，因此我到得很早。仔细看了一下获奖者的名单，发现自己是排在前面的获奖者。其他人不是企业的领航人，就是环保先锋，再不就是作出了突出贡献的科学家，而我的长城保护活动才刚刚起步，比起这些人似乎不值得表彰。然而，当时的国务院副总理钱其琛将"友谊奖"的奖章递到我手里时，这种卑微感开始改变，因为我看到奖章上面是万里长城的浮雕。在这 46 人之中，我是唯一一个做的事情与长城有着直接关系的获奖者。"友谊奖"是中国的奖，长城是中国的象征。

当天下午，朱镕基在北京人民大会堂举办晚宴，向"友谊奖"获奖者表示祝贺。我一进人民大会堂会见大厅，一眼就看到了墙上的长城绘画。绘画里的长城蜿蜒曲折、连绵不断，在高耸入云的大山上伸向远方。这是家喻户晓的中国万里长城的壮美景色，然而，在我看来，这只是"走马观花"看到的长城。长城真正的现状完全不是这样的。从北京市中心的人民大会堂到北京周边的长城景点或野长城，都不过八九十千米，长城遭受到现代化进程的威胁越来越严重了。见到朱镕基时，我想象翻译可能会这样介绍我：威廉·林赛，组织登长城捡垃圾的英国人。但没想到他描述我为：威廉·林赛，中国长城保护的先驱。

当颁奖活动全部结束时，我累极了。手拿着奖章，脑子里却回想着"保护先驱"的描述，我觉得这不是一般的描述，而是对我的一种尊重。对我来说，它与奖章一样珍贵。它激励我继续不断地站出来，为长城的每块砖、每颗石、每方土代言。这个奖章随时随地提醒我，中国政府把我看作长城的拥护者，是要我以实际行动为人们敲响警钟。

每个人都要生存，都要为生存工作，我也是一样。我要养家糊口、做长城研究，还要探索长城和与之相关的旅行，这都需要时间、精力和金钱。因此，我组织保护长城的活动就应当是少而精、有特点、有意义并且有趣味的，这样才能有效地唤醒人们的环保意识。

吴琪和我对第二次登长城捡垃圾活动的主题想了很久。她倾向于借长城作为联合国教科文组织评定的世界文化遗产的身份，突出国际合作。因为这是一次将在国庆节时做的活动，不妨召集各国志愿者一起登长城捡垃圾，同时为中国庆生？活动名称就叫"'迷你联合国'长城清洁活动"。我们一共召集了25个国家驻华使馆的志愿者，让他们带着自己国家的国旗来参加活动。金山岭长城管理部门也同意我们在长城上悬挂这些国旗。

1998年10月1日一早，我就来到金山岭长城。我在灌木丛里指挥各国志愿者用他们的国旗装点长城，一共25面。我们还邀请了联合国教科文组织驻北京办事处的穆卡拉先生参加活动，他带来了一面尺寸最大的旗子；国家文物局78岁的罗哲文老先生也来了，他被公认为长城历史研究的泰斗；还有新华社拍摄和研究长城的我的朋友成大林。那时小杰米仅有4岁，是年龄最小的志愿者。值得一提的还有一位蒙古志愿者。明代中原人修建长城就是要对付马背上的蒙古人，如今为了保护长城双方成了合作伙伴。我骄傲地说："来自25个国家的'国际长城之友'共同呵护长城，这是我们献给49岁的新中国最好的生日礼物。"

在这个活动中，我有幸认识了几个人，后来与他们成为了一生的朋友。最值得一提的是具有国际思考能力的挪威人石丹华先生。他是挪威海德鲁（中国）公司北京代表处总代表。他说他想有计划地探索北京周边的所有长城，同时打算赞助一个长城保护项目，为回馈社会作贡献。为了抓住这个机会，我邀请他和他的妻子安·苏菲来农家院度周末，同时还请了两个德国人和两个澳大利亚人。我们一起分担了打车和购买食物的费用。

后来，安排活动、采购食物和饮料、设计徒步长城的路线以及讲述长城故事，成了我们一起过周末的固定项目。然而，在1998年那个明亮微冷的深秋，我们并没有意识到自己已经设计出一个逃离都市的长城文化休闲周末游计划——"野长城周末"。时间从周五下午到周日中午，地点在北京周边长城脚下，参与人员是来自世界各地热爱自然、热爱徒步的朋友。这个"野长城周末"在20多年前绝对算一种领先的生活方式。

"野长城周末"的准备工作开始于每周四。吴琪提前计划好周末的菜谱，再列出一个购物清单。她从友谊宾馆出发，去周边商店购物，来回往返多次。每次她的自行车前筐里、把手上和后座上都堆满了物品，却并不影响她稳稳地骑行。周五下午，李杰开着马自达来了。车的后备厢里、座位上、能放东西的地方都塞得满满当当。

跟在家一样，吴琪把周末的菜谱写在纸上，用冰箱粘贴在冰箱门上。通常早饭是西餐，午饭和晚饭是中餐，有时也会中西搭配。最后一顿午饭总是以深受中外朋友欢迎的饺子结尾。随着时间的推移，越来越多的朋友夸奖我们"野长城周末"餐桌上的菜品味道好，还健康，堪比北京五星级酒店的伙食！其实，做到这样并不难，重要的是用心。我们所有原材料都是吴琪亲自去商店里挑选的，如同她为家人做饭一样。

我们每次进山，都会在半路上的虹鳟鱼养殖场购买几条虹鳟鱼。外国人吃鱼不会挑鱼刺，见到不熟悉的鱼类就发怵，怕鱼刺卡嗓子。虹鳟鱼在西方是家常鱼，刺不多。我们经常以两种方法做鱼，一种是清蒸，一种是辣烧。清蒸爽口，辣烧下饭，大家都爱吃。西红柿炒鸡蛋是西方人的最爱，宫保鸡丁绝大多数人都爱吃，但个别人不知道那些尖红干辣椒是用来提味的，也会把它们吃掉。吴琪做的宫保鸡丁把花生换成了腰果，因为有些人对花生过敏，而且腰果味道更好。

"你们吃得开心吗？"吴琪在饭后清理桌面的时候总会问上一句。"太好吃了！说真的，你应当出版一本烹饪书，教人怎么做饭。"很多人经常这样夸奖她。吴琪总是谦虚地回答："饿了吃什么都香。你们徒步登山，运动量大，饿得快，吃饭也就香。"

"威廉，明天几点起床？"我的客人朋友总是这样问。我也总答："你就安心睡觉，不用上闹钟，我就是闹钟。到时我会敲你的门，你听见后就答应一声，15 分钟后到客厅享用黎明小早餐……"

"那么早！有咖啡喝吗？"

"有，当然有。"

在"野长城周末"一开始实行的时候，我就无师自通学会了殷勤招待客人的方法。两个关键点，一是晚饭前的啤酒一定要凉；二是早起的新鲜咖啡一定要浓，而且起得越早浓度要越高。

在日出 90 分钟之前，我把牛角面包放进烤箱烤热，然后像一个咖啡服务生一样，端上一种云南产的咖啡，客人可以自由选择加糖或加奶。饭后我们手持手电筒，摸黑从小院出发，一小时后爬上正北楼。

路上我们会在拐角、巨石层和陡坡处稍事歇息，等着越拉越长的队伍集中起来。这时候最适合为客人讲述长城故事了。在第一个停歇处，我经常讲我的首次中国之行。讲我孩提时代看地图上的长城，萌生来中国徒步长城的梦想，再讲我独步长城的过程中经历的"折磨"

和"求爱"的故事。再次停下来的时候，我会回答一些问题，比如"万里长城"的名字是怎样得来的，它的英文翻译为什么是"伟大的墙"。当天渐渐亮了，我们越爬越高，大家一边欣赏美景，一边等待着太阳喷薄而出。在观景台上猛然回头，长城由近及远，完整地展现出来。

直线距离约 200 米处的那座敌楼叫"缩脖楼"，因为它两边高、中间低。沿着箭扣山脊，经过"口子楼""情侣楼"，往前就是我和斯科特多次去过的"乌鸦窝"。在那之后往下走，从这个角度看不到长城，要到大约两千米后，长城才再次出现。我们正对面的那段长城由于透视角度的关系看不清长度。再往右边是"鹰飞倒仰"，这是形容建在陡峭的山脊上、连老鹰都无法飞跃的长城。再向前一点是著名的"北京结"，外国人称之为"Y"。它是由南北两道长城构成的明朝军事工事，对古代京师具有双保险作用。在我们这个位置只能看到北线。从那里开始，长城突然下降，之后平缓向北延伸 1500 米，这一段长城又长又平缓，还泛着白色，当地人称之为"西大墙"。接下来的一段长城比较残破，已经不能叫墙，只能算作石埂，还被植被覆盖着。顺着它再往右就到了最头上的那座敌楼——九眼楼。

这个长城大舞台就是我的家，是我研究长城历史的一片乐土，是我梦想成真的一块"飞地"。现在我的客人也与我一同分享这一切。请记住，我们眼前的壮美景色，只是地图上的一个点。从这里向东 300 千米到大海边，向西 1500 千米到嘉峪关关城，即使我们站得再高、看得再远，也无法看到长城的全部。

离开观景台，上山的路变成了"之"字形，一会儿向东，一会儿往西。东面可以看到的景色悠长开阔。一段呈 45 度斜角的长城，垛口处已经泛起微微的橘红色，由于这段长城的走向如同牛角，当地人称它为"牛角边"。西面的景色被绿色的灌木丛遮挡着，在爬过一个从巨大的岩石缝里凿出来的路后，正北楼这个巨大的"四眼"敌楼突然间进入眼帘。向右一点，从它的"下巴"底下爬上它的"肩膀"，才发现它的"胳膊"松弛而垂吊着，"手"搭在悬崖下面那个敌楼的肩上。就这样，一个敌楼挨着一个敌楼，肩并肩、手拉手，注视着北方。它们和我们一样，都在等待着太阳的检阅。

在长城上看日出，是我许多客人之前从未体验过的经历。我很享受旭日东升的景致和氛围，一切事物都变得十分魔幻。在一点一点变换的光线里，我们一步一步地走近长城，最后站在东方红日照耀的长城顶上，遥望这壮美的全景，哇……

"昨晚我们享受到了美味佳肴，今早又品尝到精神盛宴。"石丹华自言自语。

那天后晌，我们在小院休整，石丹华对我说："威廉，你应该与更多人分享你的观察、经验和知识。另外，活动时间长一些、活动内容多一些，一定会吸引更多人来体验。"他的建议合理有效。"但问题是，我怎样才能找到愿意来的人呢？"我直言自己的困惑。石丹华说他可以先帮我找几个朋友过来，还说："他们会付给你钱，不光是路费。"

18

保护长城远离现代化冲击

北京的隆冬时节经常寒风四起，一片萧索之气。我开始仔细思考石丹华的建议，策划起"野长城周末"活动。

我决定不告诉人们具体地点。因为我已经在黄花城的问题上犯了错。发表在《孤独星球》杂志上的文章暴露了黄花城的地理位置，导致游客剧增，环境遭到破坏。当地人为了牟利而损坏长城，并与游客之间矛盾激增，这一直是我的心中之痛。尽管朋友劝我，这种事情早晚都会发生，但我还是决定不能一错再错。自从1996年夏从西安回到北京，重新与长城为伴以来，我已经走遍了北京周边的大部分长城。我认为任何地方的长城都不能与箭扣长城媲美，它雄伟壮丽，却又朴实无华。但与此同时，我也在为这里的景观能保持多久而担忧。

实际上，从我们住进村子，开发与保护箭扣长城的"战役"就已经打响了。听村里人说，登城缆车站就计划建在我家的院子里。我并不认为这是一个玩笑或空穴来风。所有从我家屋后小路攀登上正北楼的人都这样的体验，站在正北楼上看风景十分惬意，但登城的路能把人累得不轻。所以结论是，如果要让更多的人看到这里的景色，就得考虑怎样让他们更容易地上去。因此，建设缆车就是首选。

经过一番询问，我们得知是雁栖镇政府负责此事。如果他们执意建设缆车设施，将对这里古朴的长城景观和我们的农家院造成一场灾难。雁栖镇政府离我们家 30 千米，在进山的入口处。我们不想坐以待毙，决定直接去找雁栖镇镇长。

我从独步长城，到组织活动在长城上捡垃圾，到获得"友谊奖"，再到打造我们的农家小院来介绍自己，并说："我们就住在长城脚下，我觉得我应该以实际行动参与长城保护。"

听到镇长说他们也希望保护长城，我松了一口气。他说万里长城是中国的象征，代表着全国 56 个民族的团结。他从抽屉里拿出一卷纸并在我们面前打开。这是一张怀柔区的地图，长 2 米，宽 1.5 米，是我见过最详尽的区域性长城地图。上面有山谷，有蜿蜒曲折的长城和一座座敌楼，甚至西栅子村 6 个生产队都标注得一清二楚。当然，上面也有镇长想干的事业。

"我们计划开发西栅子长城资源……完工后，每天可以接待 4 万游人……大部分人乘缆车上长城……现在长城都破损倒塌了，需要重修……一共需要两条缆车线，一条在这，一条在那……游人住在山里的五星级酒店……我们还需要建设娱乐设施，可能有跑马场、高尔夫球场……这就是我们的保护计划！"

听了镇长的计划，我的心凉了。

"那么这里的村民呢？"

"我们会在怀柔盖高层公寓，村民都搬迁到那里。沟里要建别墅……我想和威廉先生一起保护长城。"镇长说着，把计划书和那张标有 61 千米长城的怀柔区全图都给了我。

我明白了。至今为止，镇政府保护长城的定义一直局限在重修长城上。重修的目的就是发展旅游，而不是为了保护。我认为，重修几段长城用于旅游无可厚非，但大部分长城仍处于荒野状态，比起大规模的开发，公益保护能够更加有效地保存其古朴的原貌。为此，我们需要制订一个持续、有效的保护计划。

我与石丹华商量，如果我们在山里做活动，也请镇长来参加，也许是个把我们的想法传递给他的好机会。仅仅在长城上捡垃圾还不够，应当把"绿色信息"传递出去。我们考虑在通往长城的小路上竖立"绿色信息"牌，这些牌子上应当包括两个内容，一是不要乱丢垃圾；二是享受和保护长城古朴的美。石先生提议："制作一些垃圾箱怎么样？"在此之前，我们利用长城喜来登酒店的赞助款为金山岭长城制作过一些垃圾箱。金山岭是旅游景区，有专人清理垃圾箱。而在野长城上放置垃圾箱，还得安排人清理，这就需要比较大的资金投入。我说："如果我们建立长城环保站，雇几名长城环保员定期来巡视和清理，每月只要 4000 多元钱，就能解决环保员的工资、保险、服装，以及清扫工具等费用。这也可以让一部分农民受惠，是件好事。"

我们联系了镇长，他批准我们在长城小路沿线安置"绿色信息"牌，并接受了我们的活动邀请，答应亲自来现场为竖立"绿色信息"牌铲土，随后上山捡垃圾。

石丹华表示，挪威海德鲁（中国）公司愿意提供为期两年的资助。我设计了"绿色信息"牌上的英文文字，翻译成中文就是"除了照片，什么都不要带走；除了脚印，什么都不要留下。保持长城古朴的魅力。"吴琪找公司做了 12 块高质量的 PVC 牌子，请村里的电焊工做了结实耐用的框架。为了纪念这个长城保护新时期的开始，我们还设计了文化衫和遮阳帽。

"我们的组织需要取个名字，什么什么志愿者协会……"吴琪说。我回答："我们保护长城，是长城的朋友，而且来自世界不同的国家，我们就叫'国际长城之友协会'吧！"

文化衫由一位参加过我们的环保活动的朋友设计。背后的图案是一个人在日出时刻站在长城上高举双手的剪影，前面的图案是我拍摄的一张野长城照片，上面印着禽鸟和哺乳动物的脚印，还有人类的登山鞋印。赞助商挪威海德鲁（中国）公司和长城饭店的徽标分别印在两只袖子上。

最棘手的工作是选定环保员，我把这个工作交给吴琪来办。她与我们的管家老赫商量，决定将西栅子周边的长城分为 5 段，由他牵头招募 5 名环保员，每人负责一段，每周至少上山打扫两次。我们最初给环保员每月 300 元的工资，这在 1999 年是个不错的报酬。

活动当日，雁栖镇镇长如约而至，他穿着国际长城之友协会的文化衫、和石丹华站在"绿色信息"牌旁的照片登上了各大报刊，这一则消息也被央视新闻报道了。之后，在长城环保站正式成立的活动中，我们还请来了北京市文物局副局长孔繁峙。我们的"绿色信息"牌和环保站被媒体评为保护长城的优秀示范。

19

千禧年的跨年时刻

往常元旦前夜，我总盘算着把以前未做完的事和愿望放到下一年来完成。但是在 2000 年的元旦前夜，我突然产生了一种进入千禧年的焦虑，有种必须把事情做得更好的紧迫感，不单为了我自己，也为了我的家人，还为了长城的未来。那年我 42 岁，或许已经有了中年危机？

我感觉到焦虑和失败。我，一个人，一个"老外"，能为长城做多少呢？其实仔细想想，我并不孤独，我所做的这一切，有吴琪的支持、石丹华的帮助以及国际长城之友协会志愿者的参与。但保护野长城之路仍任重而道远。如果说像箭扣这样独一无二的长城景观因为交通不便而得以保存至今，那么随着车辆越来越先进、道路越来越通畅，地方政府的大型开发建设项目开展起来，现代化将对长城发起全面进攻。

千禧之年对我而言是一个珍贵的礼物，它激励着我发挥潜力。如果让它悄悄溜走，我将后悔终生。回首往事，我从未后悔把握时机来到中国。这里有我待以实现的自我价值，我将继续开启一段新的"奥德赛"征程。作为一个"老外"，我总不安分地利用自己的"特殊身份"做一些"前卫"的活动。但现在的我已经不同往日，并非初来乍到，也并非一个不受欢迎的擅闯者，我已经在国家层面上成为中国人的朋友。

现在，我应该全心全意做有关长城的事，为长城做事。但是具体做什么？怎样做呢？当时我也没有主意。不过我只知道一点，我的奋斗目标就是家人和长城的未来。

我不再骑行走遍北京周边长城，因为我不再需要出版那本登城指南——《在长城历史上漫步》，也不想出版长城"咖啡桌"画册——那种每一页都沐浴在晨光下，全是最美长城的画册市面上应有尽有。但是有一种书急需面世，就是一种展示长城真实的现状、对破坏长城的行为亮出红灯的书。这种书的内容应当能增强人们保护长城的意识，对政府制定和实施保护政策起到推动作用，一改为发展经济而破坏长城的局面。

我决定把注意力放在西栅子村，因为这里的箭扣长城景观无可比拟，值得全力以赴。这对我来说也是合情合理的一步。1987 年我从头到尾看到明长城的全景；1996 年至 1998 年我骑行探索北京周边长城；现在我要聚焦一点，从一个村庄观察周边长城的变化。

"野长城周末"变成了我们全家人常规的远足，客人时有时无。不管我保护长城的理想多么崇高，也需要满足最基本的生活需求。虽然早期的长城环保活动有赞助商的资助，但是应接不暇的媒体采访和电视节目制作，前前后后、来来往往的费用都得自掏腰包。我和家人不可能仅靠我做编辑挣的 4150 元月薪过日子。"野长城周末"带来的部分收入起了不少帮助，我可以把它花在许多有用的地方。

1999 年春，在石丹华的指点下，我们每隔两三周就能找到三四个客人来共度周末。他们大都是在北京、上海、深圳或香港工作的西方人。我们靠口碑做起来的"野长城周末"第一次带来了足以养活我们一家人的收入。在传授长城知识的同时，来自世界各地的客人也与我"交换"他们在中国旅行的故事。我最喜欢做的两件事，一是走长城，二是讲长城。我曾当了 4 年的教书匠，练就了自如地在众人面前说话的本事，5 年的编辑工作经验又使我说出话来逻辑清晰、用词恰当。

这些能力对我胜任新的角色至关重要。

小杰米5岁了，平时他都与老师和小朋友们说汉语，周末则有了更多说英语的机会。吴琪是个全职太太，但是她的"全职"不仅仅是看孩子、做家务，她要为"野长城周末"采购、招待客人、管理农家院，还要在周末负责做饭。在长城保护方面，她负责联系媒体人和摄制组，协调协会与相关政府、赞助方的关系。偶尔我们一家人也会单独去小院，过一个安静的周末。每逢这个时候，我都会跑步上长城，拍摄晨光熹微下的长城。

在野长城上跑步是一种"迷你"探险，能帮助我厘清思路、除去杂念。摄影这门手艺我也没有丢，除了仍然使用我忠实的老朋友奥林巴斯OM2，近来还新购置了掌上相机XA2。我总专心致志地寻找拍摄对象，观察它的细节以及它与其他事物的不同点，这样我就会思考、询问和尝试找到答案。

一旦熟知了周边清晰的小路，我就即刻开始寻找新的上山密径。迷路让人沮丧，而重新找到路又让人顿觉柳暗花明，我就在这两种情绪中来回穿梭。1987年独步长城的经历磨砺了我控制情绪的能力。其实，在迷路后重新找到的路可能正是我之前想要的，也可能比我想要的更好。

1987年，在中国长城沿线绝大多数地区，我是一个擅闯者，被阻止、被驱走。在朴实的农民朋友的帮助下，我没有退却，反倒想方设法一步步克服困难，勇往直前。在2000年到来之际也是一样，面对重重阻碍，保护长城的行动是否还要继续？我的答案是肯定的。

在野长城的上山小路上，我和我的客人随手捡起地上的垃圾，却又意外地发现墙上的涂鸦，客人们会问："为什么中国人不爱护他们的长城？"我的回复不总是一样，这基于我当时的心情。当我气不打一处来的时候，就会说："现在的人只知道赚钱，其实他们也承认这一点……他们只顾开发，项目越大越好……"比较平静的时候，我可能会回答："不是人们不爱护长城，是因为他们并不知道长城有多么独一无二和雄伟壮观，长城的构建是多么复杂多样……或许解决方案就是把长城变成'人民的长城'，让大家都来参观、体验和理解……"

提问往往是找到解决办法的有效途径。我经常向自己提问，从最基础的问题开始，有时还故意跟自己唱反调。即便解释"长城是什么"这样的问题，都极具挑战性。但是，我逼迫自己无论准确与否都要拿出答案。长城，不只是一道墙，不只是在一个朝代修建的，长城是一个历时长久的综合性命题。那太长了！来一个简要的答案？长城是多条军事工程，由16个朝代修建。再来一个完整的答案？早期我给长城下的定义是：长城是中国古代的军事防御设施，主要由墙体、敌楼、烽火台、城门和兵营等构成。长城主要位于华北，从东向西延伸。修建长城的目的是阻止北方游牧民族的入侵。现在我想做一个更精准、更深刻的描述，我自问，长城在我来看到底是什么？一个景区吗？景区只占很小一部分。另外几千千米非景区地段算什么呢？是"野长城"。长城景观不仅包括长城本体，也包括长城周边的环境，因为那里曾是长城修建者居住和劳作的地方。那些村庄保存至今，大都经过四五百年的历史。长城被弃用后，村民将祖先用过的城砖拆下来盖作自家房子……我的脑子里逐渐出现了一个新的、宽泛的定义：长城是一个文化景观，是古建筑和周边环境的有机结合。由此得出：长城保护应当包括保护长城本体和长城周边的环境。

北京的秋天依旧令人感动，金秋时节也给我带来了惊喜。我收到一封来自《国家地理旅行者》杂志执行主编保罗·马丁的邮件。他请我写一篇有关长城的文章。这本杂志是封面带有黄框的美国《国家地理》杂志的姊妹版。保罗告诉我，杂志社正在计划出版一期专辑——"人的一生一定要造访的50个地方"，旨在更新和扩展公元前5世纪希腊历史学家希罗多德在《历史》一书里定义的世界七大奇迹，推选出千禧年到来之际50个值得一去的地方。这50个地方再分成七组，我的文章将归入"世界奇迹:我们伟大的纪念碑"一组。

能在这样重要的杂志里介绍长城,我感到兴奋无比。但仔细一看受邀作者名单,立马觉得压力很大。名单上列出来的作者都是一些赫赫有名的人物。他们要么是在雨林中穿行的勇者,比如比尔·布莱森、保罗·泰鲁、萨曼·鲁西迪、亚瑟·高登;要么就是名门之后,比如理查德·利基和迈克尔·库斯托。而在我们这个组里,有约旦努尔王后写佩特拉古城、埃及考古学家扎伊·哈瓦斯写金字塔。我迫不及待地想早早看到大家怎样向世界介绍那些奇迹。

"我们想让读者有一种在中国长城上与你同行的感觉……那是我们寻求的写作方法……"保罗的话让我很激动,我立即开始构思这篇文章,无论是乘车、跑步还是走路途中,随时随地都在思考。我想写好这篇文章,至少要1500字,得用几个月时间。而当得知对方的字数要求和时间期限时,我简直要晕厥了!400个英文字,在一个月之内完成!真是少而精,而且时间不等人!稿酬共1000美元,合每个字2.5美元!我从来没有写过稿酬这么多、工作量却这么少的文章。但是,400个字能把长城说清楚吗?真是荒唐可笑!

很多年来,当被问及我对写作的看法,我总回答,写作是个令人沮丧、又令人满足的神秘过程,还需要不断挑战自我。我的文风让读者感觉亲近,像是在与读者交谈。很多曾与我一起欣赏长城壮美景观的人说:"威廉,长城的美很难用文字表达出来,对吗?"是很难,但我相信自己有这个能力。

我习惯以第一人称、现在进行时态写作。文章大致讲述我上山时心中充满期待,登顶时气喘吁吁、满身大汗的状态,以及胸中涌起的敬意,和对长城自然、地理、历史等方面的感慨。一步一步、娓娓道来。这篇文章或许没有必要提及长城具体经历过的各朝各代,但必须使读者从字里行间感受到长城恒长跳动的脉搏。开始写的几个句子水分太多,于是我反复思索如何写得实在。一次次重新写的开头渐渐成型,变得有内涵。第一稿 700 字，喝完一杯咖啡，压缩到 500 字。我感到如果再减文字，就会影响内容，所以没再继续。放了一天，又重新改写，费尽心思。最后竟奇迹般地缩写到整整 400 字，而且赶上了最后期限交稿。

以下就是我写的那篇短文。通过这篇文章，我想告诉读者，为什么长城变成了我生活的全部，为什么长城是人们一生中一定要去（至少一次）的地方。

攀登万里长城并非寻常之事。它蜿蜒曲折，伸向远方，召唤着我。虽已气喘吁吁、汗流浃背，但当我看到散落在道旁个个重超 13 千克的城砖时，心里仿佛注入了新的激情。脚下的每块砖石都曾留下长城修建者的足迹，我从 400 米的山下轻装上阵，而他们则一遍一遍、艰难地负重前行。蒙蒙亮的天突然暗了下来，原来我正与一堵清灰色的高墙相互对视。墙高至少 6 米，由每块至少 900 千克重的巨石整整堆了 9 层。我估摸着我是无法逾越它了，好在下面有一道拱形暗门。我爬上石梯，转眼间站在了长城顶端，视野豁然开朗。长城修建者是如何全凭人力将砖石搬运到这海拔 1100 米高的山脊上来的？真是难以想象！这时太阳冉冉上升，大自然将这道"迷城"漆成了浅粉色。430 年过去了，如今我走在这段古老的、周边没有任何现代化痕迹的万里长城上，感受她通往古今的独特魅力。

长城的建筑材料源自当地的山石和泥土。凿石烧砖建成的军事工程保护着定居中原的农耕文化族群，阻止游牧民族南下侵扰。从地图上看，长城从朝阳初升的位置，一直延伸到夕阳西下的方向。

我独自一人站在高大雄伟的长城上，有一整天的时间可以在这座世界上最大的露天博物馆里行走。我无需选择观景点，因为她处处都是观景点。她是一段历史、一个地标，还是中国、亚洲、世界，乃至宇宙的一部分。

此外，我还援引了威廉·萨默塞特·毛姆的一句金句："在薄雾中，耸立着的是高大雄伟、寂静无声、令人敬畏的中国万里长城。"寥寥数语，令人心灵震撼。

金秋带给我的喜悦不止这一件事。有一天下班回来，吴琪对我说："我想再要一个孩子！"杰米出生后的6年里，吴琪总是说一个孩子就够了。现在她却这样说："杰米就要上小学了，我身边没有一个小孩真是无聊……我们赶快再要一个吧，也赶上龙年！"我总认为两个孩子的家庭是最完美的，所以当然同意，即便多一个孩子意味着多一份开销和责任。

几周后，吴琪兴奋地告诉我："我们的宝宝将在龙年8月份出生……"所有计划立刻紧迫起来，因为我们还想回英国生。首先，我想邀请所有来过农家院的老朋友再来重聚，在长城上跨千禧年之夜，虽然会寒冷无比但必定意义非凡。"我担保，有免费香槟酒，而且是冰好的。"我在发出去的邮件里加上了这一句话。

吴琪怀孕已经五六个星期了，身体开始有些虚弱。如果她还能够加入我们欣赏千禧年日出的活动自然是最好不过了，但最后，她和杰米还是留在了山下的院里。那晚的温度比我们想象得还要低，22点30分，气温达到了零下23摄氏度！

我最初计划23点10分出发，通过主路登上正北楼，但实际走到半路向西一拐来到了离得最近、攀爬高度最低的缩脖楼，反正半夜三更，伸手不见五指，任何景色都看不到。

我们一共5个人。除了我，还有荷兰人查林、"大西洋"夫妇（保罗和他的妻子，两人酷爱航海，曾航海往返大西洋，并计划环球航海）、安娜·玛丽亚，和一个德国人（名字记不清了）。我们都包裹得严严实实的，有的戴帽子，有的戴头套，这样听力就差了许多。我让大家慢走，但不能停，以保持身体暖和，直到登顶。张口的时候我感到冷风直往嘴巴里面灌，我的脸颊冻僵了，说话也不利索。之后我们就一声不吭只管前进，听到的只有呼哧的喘气声、沙沙的脚步声、折断小树枝的咔嚓声和偶尔的咳嗽声。我镇静自如、头脑清晰，耳朵、眼睛和思绪都关注着前面的路。

我已经很久没有在这样的午夜时分徒步长城了，突然想起1987年5月的一个夜晚，我在甘肃和宁夏的交界处摸黑赶路的情景。当时为了不被警察追捕，连夜逃离是家常便饭的事。

那天出发时除了我家院里有红灯笼，周围全是一片漆黑。因为在西栅子这样的农村，村民们习惯于沿用中国的农历，而公历的千禧年似乎与他们没多大关系。鞭炮和家宴都是留给几周后的农历春节的。中国是世界上人口最多的国家，一想到现在我们正与12亿中国人一起度过千禧年，心中便感慨不尽。

23点56分，我们成功登上敌楼。我从背包里掏出香槟酒，小心翼翼地打开软木塞。"千禧年快乐！""为健康、幸福，干杯！"在这里——寂静的野长城上，与朋友们一起庆贺新年，真是太棒了！

20

荒野与长城对峙

威廉·盖洛在他的《中国长城》一书中写道："北京结下面的山谷里植被种类繁多，植物学家一来，毫不费力就能装满标本夹。"

北京结是北京怀柔箭扣长城上的一段。箭扣一带高山峻岭，易守难攻，本身就是一个良好的军事屏障。这个地区的长城大约在 14 世纪到 16 世纪修建。

我从东向西进入箭扣长城，这也是长城由早至晚、由点成线修建的方向。汽车沿公路进山后到达莲花池，我便下车向西徒步到海拔相对低的慕田峪长城。这段长城修建于 15 世纪初，海拔仅 450 米高。这里进出相对容易，重建起来也比较省事。从慕田峪继续西行，山势突起，一直延续到"牛角边"顶。这里的长城走势像一只牛角，当地人多年来把长城称作"边墙"，因此称这段长城为"牛角边"。再往西，高山入云。有时客人会问："游牧民族真有必要从这样的高山险阻之地入侵吗？"我回答："长城不只是单一的防御工事，它还有许多其他功能，比如用烽火传递信号，再比如作为大山之中的军事道路，等等。总之，长城工事连接得越好，就越能发挥传输作用，它实际上是一种军事基础设施。"

大约在 1550 年，"牛角"山上没有边墙，只有一些没有连接起来的敌楼和烽火台矗立在各个峰顶。1570 年以后，这里变成了大型长城建设工地。将士及其家眷来到此地，在有饮用水的山谷里建立起村庄、军屯。谷底的山林被开辟为农田,岩石被炸开。长城建成后,墙外 2.5 千米以内的树木都被伐掉,以防入侵者有处藏身。一座座孤立的敌楼同边墙连成线,从此成为万里长城中的一段。

长城建筑者修建长城的过程,就是征服自然的过程。一些地段的长城建在适合人力活动的地方,但多数地段高山险阻,难以到达。就像此处这 1500 千米的砖石巨龙就是在深山老林中筑成的。地形陡峭的"牛角边"倾斜度是 52 度,而"天梯"比"牛角边"还要陡 10 度。箭扣山谷周边的山最低海拔 770 米,最高达到 1250 米。

如今这里的长城垛口还算完好,气势依旧雄伟。但可以肯定她与昔日热闹非凡、神圣不容侵犯的情景再也不可同日而语。自明朝覆灭,长城被弃用之后,敌楼上的木质门窗、楼顶上用来装饰的神兽物件等首先被洗劫一空;接着,回归大自然的长城经历风吹雨打、地裂山崩,日复一日、年复一年,逐渐沦为眼前一片"废墟"的状态。尽管人们看待这片"废墟"的态度不同,但没有人能够仅仅把她看作一堆毫无意义的碎石瓦砾。这片"废墟"中蕴藏着人类生存的意志与记忆。当我看"废墟"时,实际上看到的是我自己。无论我们做什么、想什么,都要接受最终化为尘土的自然规律,而这并不代表我们没有存在过。

野长城自然中的"野"与人工建筑的"野"都令我着迷。在一个地方待久了,人自然会对那里的自然环境与人文环境产生亲近感。在城里,我仍习惯使用公历,而在乡下,我也跟着村民使用农历。我渐渐理解了他们为什么更愿意延用这种历法,因为在这里,农历的时节更替更能准确预测天气变化,指导他们播种和收获,以及调节自己的生活方式。我也常常根据农历中节气的提示,安排下一个阶段的徒步或骑行计划。

住的日子越久,我越对这里的长城及周边每一处环境了如指掌。小径边有两棵可以纳凉的松树和白桦树、半路上有一块可以临时坐下歇脚的凸出地面的大石头、山谷里有几片在不同时节盛开的花丛、村头有一棵能够观察风向的大树，以及果园里遍布的栗子树和核桃树。我还对一些事物进行自己独特的命名，比如：盖洛楼，威廉·盖洛曾在此拍过照片；订婚楼，我的两个互相爱慕的客人曾在此彼此示爱并订婚；蛋糕驿站，我和朋友第一次来时曾在此喝茶、吃香蕉蛋糕；飞帽点，我的牛仔帽在此被大风吹走，落入长城脚下安息；山鸡林，人们经常能在此听到山鸡的叫声；月饼松，某年中秋节我曾在这棵松树下品尝月饼；非洲岩石，有一次我与客人在此谈论有关非洲的事情……

21

箭扣长城的四季

　　我原本以为自己比较了解北京的四季，直到住进这个有野长城的山谷，才发现我错了。在大山深处，一年四季的轮换并不十分准时，也不绝对分明。从地形复杂的谷底仰望，和从海拔 1600 米高的黑坨山上俯瞰，常常能感受到两种截然不同的时节景观。春天有时要晚三四周才来，夏季的夜晚非常凉爽，秋天树叶会早早落下，冬季又会大大地延长。北京是大陆性气候，但有时也会出现极端天气。偶或狂风暴雨、电闪雷鸣，山林中的一些花木会在一夜之间被摧毁，整片整片地倒下。

　　春季一到，很多事物都会在短时间内发生变化，这一点城里和乡下一样。3 月的最后一周，山沟里填满了干枯的落叶，长城周边的山坡看上去依旧是毫无生机的棕色，所有动植物都在饥渴中挣扎。大多数农家的自来水还不流动，也许是水管冻住了，也许是黑坨山上的水压不够，也许是水井里的水位很低。山林里寂静无声，没有野兽露面，也没有鸟虫鸣叫。

　　只需持续一周的升温，春天真的就到来了。4 月初的清明节，是中国人祭祖扫墓的日子。村民们去村边和山坡上给祖坟添新土、烧纸，并留下一小瓶白酒和几支香烟，在坟上插上几根玉米秸秆和塑料花（这就是中国人不喜欢把筷子插在米饭碗上的原因，但也不是所有中国人都有此忌讳）。南坡上山桃和野杏开花了，花期短暂，很容易随风而去；下一个开花的是梨树，白色的花瓣像春雪一样洒满大地。日本以樱花著称，野长城上的野花也毫不逊色。

北京的沙尘暴是出了名的。然而这么多年来，我在长城上仅仅目睹过一次真正的沙尘暴，沙尘把天涂抹成芥末的黄色。在老北京人的记忆里，沙尘暴每年都会光顾，如同游牧民南侵那样，不可预测其来袭的时间。人们不断地种植树木，建造"绿色长城"，但是沙尘仍旧总是自北向南袭来，它源自戈壁沙漠，而且来势汹汹。我在大学上地质课时学过"均变说"，这一理论可以解释长城为什么可以同时被黄土和植被所铺盖。自从1644年长城被废弃不用开始，自然母亲就认领了她，风刮来了沙土，上面开始长出低矮的野草，之后野草腐烂的根叶增加了长城表面沙土的营养，接着长出的是灌木乃至乔木，最后就形成了今天的"野长城花园"。

华北平原雨水稀少，真正是"春雨贵如油"。就像大地一再被推迟的早餐，有时连续100多天都等不来。第一场春雨到来时，春花就绽放了笑脸。无论动物还是植物，全都兴奋地手舞足蹈起来。徒步的旅行者再也不用在干枯的树叶上打滑，而是可以踏实地踩在湿润而坚实的泥土上。空气中散发着泥土的清香，我的外国朋友把它描绘成"华北特有的气味"。青草发芽时，村民们就开始上山寻找野蘑菇。山鸡不知何时突然出现在道旁，扑棱着翅膀，嘴里发出"啊啊"的喊叫声，仿佛为争当北京市市鸟而格外卖劲儿。淡紫色的鸢尾属植物钻出土壤，金黄色的银莲花接着也开了。如果让我在"野长城花园"里选出最美的野花，那肯定非野丁香莫属。她每年5月准时开花，淡紫色的娇小花瓣略显忧伤，清香的气味沁人心脾。长城上与灰浆混合的碱性泥土是她的喜好。除了无聊的千足虫，5月还可以看到长城墙壁上飞蹿的壁虎，还有慢悠悠爬上城砖、在暖和的太阳下盘成一团的蛇。

夏季的第一场暴风雨之后，山上山下的草丛立马变得更加热闹。

干热被潮热代替，长城步道上一片片橘色的苔藓足以让人滑倒。昆虫活跃起来了，它们的吱吱叫声变成了背景音乐。除了开在树荫下和长城下小道边的常见的耧斗菜花，还有一排排小紫花，从春到夏一直持续开放；黄色的百合花时常探出头来，寻找着她们崇拜的太阳；橘红色的兰花如同红灯笼，特别喜爱挤在长城步道旁的夹缝里。南方的热空气和北方的冷空气相遇，暴风骤雨就来了。阴雨、多云和潮湿构成了北京夏日天气的主旋律。

我们的农家小院也是一方乐土。几棵百合绽开巨大的橘色花瓣，招来了漂亮的蝴蝶，它们扇动着色彩斑斓的翅膀，从一朵花飞到另一朵花上；而蛾子们白天总是一动不动地趴在任何能落脚的东西上酣睡。

在这种闷热、潮湿的夏季徒步长城，必定有好景色在前面等着，那就是云海。在大山里住了几年后，我已经慢慢掌握了这里的天气规律。为等待时机去看云海，我关注天气预报，但更相信自己的双眼。2004年，我终于掌握了云海天气的规律。首先，至少得有三个艳阳天。太阳高照，巨热无比，大地吸收到足够的热量，雷阵雨就酝酿"成熟"了。其次，雷电交加、大雨如注，空气在短时间内变得清洁了，但是湿度却在一小时之后越来越大，即使在农家小院里有厚厚的石头墙，也要靠电风扇吹着才能睡着。如果这时风把热浪吹散，那么，看到云海的希望就渺茫了。最后，只要在接下来的6—8小时里热气聚集，同时北方有凉爽的风吹过，看到云海的可能性就大大增加了。如果天气预报说这种情景会发生在半夜，我可能会在凌晨3点睁开眼，先起身拉开窗帘，如果看到外面雾蒙蒙的，就会走出房门，趁着北风还未刮起，当即开始爬山。

我仿佛在稠汤里前行。比起往日，极大的湿度放慢了我的步伐，只有继续向上攀爬，呼吸才会逐渐顺畅，才有可能看到我期待的景色。当眼前越来越白、越来越亮时，我加快脚步，急切地想看到通常只有在飞机上才能看到的壮景。仅仅20秒之后，另一个世界出现了！

金色的阳光、湛蓝的天空下，蜿蜒曲折的长城在云海中时隐时现，简直和人民大会堂里挂的那幅《万里长城》图一模一样！但这里不是艺术家虚幻的想象，而是我亲眼所见真实的场景。现在，空气畅通，眼前的景色却让我屏住呼吸！这是我见过最壮丽的长城景观！我冲上前去，在树缝里，在拐弯处，"咔嚓""咔嚓"地接连按下快门，生怕眼前这景色在瞬间被风吹走，被太阳烤干，成为逝去的美梦。厚厚的白云在长城上缓缓流动，我找到一个堪称完美的取景点，但唯一的问题是我自己的影子总是印在左手边的垛口墙上。我站起来，蹲下去，向左移一点，向右动一点，试图躲开这个影子。最后我放弃了，拍摄了一张在长城墙体上留着自己身影的照片，在这样绝妙的情景中，我与长城融为了一体！

炎热的夏季除了有机会欣赏到云海跨越长城的壮景，更有可能接受骤雨的洗礼。一天，我要带二十几个客人看长城，对我来说，长城就在我家后院，我每周末都可以来看，而对这些客人来说，这可能是他们一生唯一的机会。因此即使天气预报说傍晚会有雷阵雨，我们还是试图赶在下午太阳暴晒之后、暴风雨来临之前登城。出发之际，天空已经暗下来了，雾霭弥漫，隐约听见远处轰轰的雷声。紧接着，雷声越来越近，闪电惊天动地，我的心一下子疯狂地跳动起来。随后雷声又渐渐小了，慢慢向山谷远方滚去。雨滴开始落下，这可不是通常的雨滴，简直就是"雨片"，打在树叶上发出冰雹落地一般"噼啪"的声响。耀眼的日光瞬间变成暗黄色，霹雳闪电从我们头顶的栎树缝隙中射出来。我们的衣衫被雨水浇透，冷意袭来。第二轮雷电交加又开始了。先是一个巨大的雷在我们头顶炸开，接下来是像撅断筷子一样的"滋啦"声不断。我们在敌楼里踱步，簇拥着取暖。敌楼虽能避雨，但却不是避雷的好地方。雨水沿着楼顶的缝隙流下，小杰米兴奋地踩着水洼玩，一点都不害怕，直到他看见我的头发立了起来——敌楼被雷电击中了！"我们必须离开这里，马上下山！"我大声呼唤着所有同伴。

最后，我们终于安全地回到了农家小院。有了这次教训，无论有什么借口，无论有多大压力，我再也没有独自或带人在这样极端的天气里登过长城。每年6月中旬到9月中旬是雷阵雨高发时期。有一年，两个游客在北京结雷鸣电闪之际使用手机，被雷电击中身亡。

山里的秋天比城里来得更早。8月中旬，空气的湿度逐渐降下来，我们也能睡个安稳觉了。在中国，除春节之外，中秋节也算得上一个大节日。月饼代表着月亮，中国人会在天气晴朗的中秋节夜晚吃月饼、赏月亮。而我会在中秋节后的凌晨开始徒步，此时的月亮最大、最亮。东方微亮太阳初升之际，月亮还挂在西边的天空中，形成日月同辉的奇观。

中秋节前后的几个星期里，农民们忙着在梯田里收玉米，在山坡上打核桃和山楂果。我听说50公斤玉米棒子的价格才顶1公斤核桃的价格，便纳闷，玉米这么廉价，他们为什么不多种核桃等经济作物？吴琪的解释是，中国人讲究首先要吃饱，然后才谈吃好。到了寒露时节，山上的植被换上了彩衣，游人纷纷出门观赏红叶。

冬月中旬，大雪降临，这标志着隆冬的到来。有时大雪会变成暴雪，能在很短的时间里摧毁那些弱不禁风的枯木。一次，在下了一整晚的暴雪之后，天一亮我便独步去西大墙。厚厚的白雪压断了生长过快但体态单薄的杨树枝，挡住了上山的道路。我花了整整1个小时，才清理了两千米道路上的断枝，要清理整个山林需费时多久便可想而知。有失必有得，这些断枝成了农民们过冬的好燃料。

22

长城急救落崖女

吴琪才能多多，其中两项尤为值得一提。一是她擅长组织活动，二是她会在活动结束之后做记录。我们的书架上整整齐齐地排满了标注得清清楚楚的文件夹。34 年来，她帮我整理的所有我在中国活动的图文资料，成了我写作的重要素材。其中，一个标有"拯救生命"字样的文件夹最为宝贵。

我的朋友石丹华是最具行动力的国际长城之友。2000 年春的一个周末，他邀请了几个具有"国际头脑"的挪威人，通过让他们亲眼看长城，讨论如何让中国官方看到长城的两幅面貌——伟大壮美的一面和遭遇毁坏的一面，进而推动长城保护的进程。石丹华请来的人包括挪威海德鲁公司的几个"头儿"，还有挪威驻华大使叶德宏先生。在开满丁香花的野长城上讨论长城保护议题，再合适不过了。

石丹华虽然年长我 15 岁，但是他既强壮又敏捷，根本不像他那个年龄的人。他经常参加越野比赛，即使在冰天雪地里，我也没见他滑倒或摔跤过。于是，我送给他一个绰号"野山羊"。他告诉我，他的祖父曾经是挪威滑冰冠军。那天我们在早饭之前就登上了正北楼，横扫了牛角边；在下午茶之前徒步走过了西大墙、北京结和鹰飞倒仰。回到小院里，遥望着长城上的景色，其中一个人说："明天我们去那里好吗？那里看上去陡峭嶙峋，具有挑战性！"他指的正是缩脖楼以西的箭扣梁。

我为"野长城周末"设计的路线不包括这一段，原因很简单——太危险。有好几个地方，对即使平衡性好、体力强、步伐稳的徒步者来说都是很大的挑战。但是，这些挪威"山羊"我倒觉得可以挑战一下。

箭扣梁因整段长城蜿蜒呈 W 状，又形如满弓而得名。其最低点就是通常说的"箭扣"。这一段是最危险的地段，不仅山高崖陡，而且修筑在上面的墙体已经年久失修，人在攀爬时，随时都可能被上面掉下来的砖石砸中。

清晨，我们从小院徒步至"箭扣"，然后向东朝正北楼方向攀爬。翻过第一座敌楼时，我们遇到 3 个北京人，一对 40 岁上下的夫妇和一个十八九岁的年轻姑娘。在风和日丽的春季，他们心花怒放，忙于拍照。见到我们，那男的说："前面很危险，小心……"看他那紧张的样子，知道他是第一次来这里。还有一点，了解这里地形的人，只会从西往东爬，也就是从下往上爬，而不会像他们这样从东往西，也就是从上往下溜。"谢谢！"我礼貌地回答。但心里想的是，我已经来过这里 30 多次了，是你们走错了方向。

我们继续前进。几分钟后，我停下来给客人们解释在这样陡峭的山崖之巅还要修建长城的原因。突然，一阵尖叫声打断了我。我知道中国人喜欢大声吆喝锻炼心肺功能，或者在山涧里呼喊表达他们兴奋的心情。但这次不同，有人在喊救命。"等一下！"我说。

我照着来时的方向返回，往长城下爬，双手不住地拽着旁边的树枝和灌木。这时，呼救声越来越大，也愈加急促绝望。他们所在的位置是最陡峭的地方，几乎呈 90 度角；墙体也是最残破的一段，许多砖头从上面脱落，摔到山下粉身碎骨。经过的人越多，这里就越危险。我想，肯定是他们三人中的一个掉下去了。我跑到跟前，看到那对夫妇吓得说话都哆嗦了。那男的说："她摔下……在下面……我们得下去……"

我从长城垛口向下张望，那是黑黢黢见不到底的深沟，倾斜度至少 75 度。虽然有稀稀拉拉的小树枝长在悬崖峭壁上，但看上去也不可能到达那个女孩坠落的崖壁处。如果下去，我可以想象，我和她都会有同样的下场。

"这样下去太危险……不能，不能，你自己也会摔下去的，我是长跑运动员，村里有我的农民朋友，我让他们来帮忙把她救上来……"

"不，不……那样太慢、太晚了，她会死的……"

"太陡了，下去你也会摔下山。我就住在村里，又跑得快，你在这等着，我抓紧时间去！"

我转身就往山下跑，这将是拯救这个女孩生命的比赛。我不顾一切，不管是树枝剐蹭还是石块滑落，心里只想着快一点，再快一点。路过挪威人时，我告诉他们，一个女孩摔下山，可能快死了，我下山找老乡帮忙，让他们就地等待。

我飞也似的跑下山，从来没有这样大口地喘气过。很快缩脖楼就在眼前了，这也是我准备带挪威客人下山的路。现在，真正的下山越野跑开始了！前面，长城中间有一块巨石挡道，非常危险，我慢慢爬过去，一分钟后又开始在小路上飞奔起来。再往下，被树根绊倒两次，好在我眼疾手快，手撑住了地，爬起来接着跑。终于跑到通往村子较平坦的小路上了，我又加快了脚步，村子就在眼前。我跨过农民的耕地，跑到我家院落的后门，上气不接下气地喊着："琪……琪……快！"她惊讶地看着我，我接着说："一个女孩儿摔了……可能快死了……快找几个人……拿上毛巾、床单、斧子和水……给怀柔急救中心打电话。"

吴琪打给老赫，他立马行动起来。我估计，直接开车到箭扣豁口，再从那里跑到出事地点，会比原路返回更近、更快。我抓起几条毛巾，吴琪从床上揭下几张床单。正好李刚也在，我们六七个人都挤进他的车里，在箭扣小停车场下车后，沿着一条林中小路冲了 800 米，然后爬上陡峭的长城又跑了 1 千米后才到达出事地点，时间已经过去了 40 分钟。

石丹华他们正在那里安抚那对夫妇，叶宏德大使已经下到了悬崖下面，与摔下去的女孩儿保持对话。村民队伍赶紧开始砍伐灌木开路，然后摸索着石缝里长出的几根藤条下崖。我已经筋疲力尽，坐在地上直喘气。

大约 20 分钟后，村民们用树枝和我家床单做成的担架抬着女孩儿上来了，她还活着！她不停地呻吟着，嘴里喃喃道："快一点，快一点……"。我掀开她头上的毛巾，马上又盖上了——状况比我想象得更糟糕。她的额头上裂开一个大口子，颅骨暴露在外，额头前皮肤缩成一团。

村民们抬着担架急速下山，我又与路上重逢的摄影师们打了个照面。到了停车场，我们把女孩儿抬到我们车里时，急救车到了。我和村民们都已经疲惫不堪。说实在的，看到她的伤势，我们没有人确定她能否活下来。但是，至少我们全力以赴了。如果只在原地等候专业救援，恐怕还要晚两个多小时，那么希望更渺茫了。

即使到了周一，我还是太累了，也没有心情去上班，总想着那个女孩儿是否救过来了。第二天竟然发现，这一突发事件已经登上了报刊，而且都是头版头条。《北京晨报》的标题是《中外游客谱写英雄赞歌——长城急救落崖女》，《北京青年报》的标题是《少女坠落长城，老外抢救》，而且后续几天都在追踪报道。一篇报道中写到：在"长城急救落崖女"的行动中，被誉为"长城守护者"的英国朋友威廉·林赛功不可没——他指挥了抢救行动。

我支撑着去了办公室。我的"头儿"老陈非常生气，在其他同事兴高采烈地讨论我救人的事件时，他还不知道发生了什么。那天，媒体又约我和叶宏德大使做后续的专访。

周三，女孩儿的家人通知我可以去北京朝阳医院看望她。女孩儿名叫戚娟，19岁。我在医院看到她时，她从头到腰缠着绷带，像个埃及的木乃伊。"谢谢叔叔。"她对我喃喃道。医生告诉我，因为抢救及时，她才能活下来，而且大概不会留下后遗症。

这次救人事件像放电影一样在我脑中反复上映。我们一般不走那段路，幸好那天就在附近；我没有浪费时间找手机信号，而是果断地全速跑下山寻求救援；叶宏德大使他们留在原地做了安抚工作；村民们熟悉地形，身体强壮，经验丰富，他们用最快的速度下到悬崖下面，自制担架救出女孩，并把她抬下山。还有，幸亏当时司机李刚也在村里，最后救护车及时赶达……总之，尽管不是专业的救援队伍，但我们每个人都尽了最大的努力，用了最短的时间将女孩儿成功救出。

没过多久，家里新生命将至，我们计划回英国，就在杰米出生的医院迎接新宝宝。于是，我向老陈申请休6周的假期，但老陈当时本就对我因救援耽误一天工作的事不满，这时更气："生个孩子不需要6周！最多两周就够了。对不起，威廉，特稿社不能这么长时间没有外国专家……""我也很抱歉，老陈……我喜欢这里的工作，但是家庭是第一位的……我在这里干了4年，很开心，但现在也许是时候离开了……"于是，我递交了辞职信。

离开新华社并不是一时冲动，实际上我已经考虑好几个月了。我不再需要为住处而固定在一个地方工作了，因为我们已经有了自己的"窝"。吴琪按照我们的期望，在能够承受的费用范围内，把家装修成我们喜爱的样子——隔音好的双层玻璃门窗、典雅又结实的西班牙地砖和干净又环保的实木地板。越来越多的朋友喜欢我的长城故事，我已经可以借此谋生了。现在扔掉一个"铁饭碗"，对我来说既是挑战，也是机遇。

23

在挪威使馆里讨论长城保护问题

我母亲在世时常说："威廉，你只需要做你想做的事。"我希望，我能够证明她那句话是对的。2000 年，我 43 岁了，从现在起，我只做我想做的事、我喜欢的事、我擅长的事，那就是所有与长城相关的事。换句话说：全力以赴为长城。

我们新宝宝的预产期是 2000 年 8 月初。儿童节一过，我就把吴琪和小杰米送上前往曼彻斯特的飞机。我在新华社中国特稿社还有两周的工作时间，工作之余我开始打包行李，周末请搬家公司运到新居。"装备佬"杨肖来帮我安装好了电脑并连上网络。我们俩约定，等我从英国回来，要一起到其他省份探索长城。

在北京友谊宾馆居住的 4 年幸福又快乐，但是"天下没有不散的宴席"。我已经在中国传媒界和大学工作了整整 10 年，这 10 年中，所有的事情都是单位为我安排好的，包括住房和签证。现在马上要离开，感觉有点不适应，以后不仅要离开朝夕相处、志同道合的同事，还要自己想办法解决所有生计的问题了。我坐在堆满大小箱子的房间里胡思乱想，一切都是那么空和静。突然响起一阵敲门声。打开门，外面站着一个女士，我好像从来没有见过她。她的身后还有两个人，似曾相识。几秒钟后，我认出来了，站在我面前的是戚娟，是摔到山崖下的那个女孩儿，后面是她的叔叔和婶婶。

她做手术时被剃光的头上长出了新的短发，面色虽然依旧苍白虚弱，但看上去已经比她站在死亡大门口时好多了！我请这一家人进屋，对无法用茶水招待他们表示歉意，并说："或许，下次你们可以去西栅子我的农家小院，我可以招待你们，同时见见我们'救援队'的村民。"

　　"谢谢您！不过，我非常害怕回到那里……今天我们专门来感谢您救了我的命。"戚娟说。我想，此时此刻收到这份感谢，就是我最好的离职礼物了。

　　我们的第二个宝宝也是个男孩儿，胖乎乎的，很可爱，他在8月底出生，比预产期晚了整整两周。我们给他取的名字是托马斯·亚历山大·林赛。像哥哥詹姆斯·阿勒斯特·林赛那样，我选择了苏格兰人最喜欢用的中间名之一亚历山大。杰米是詹姆斯的昵称，那么汤米就是托马斯的昵称，对应的中文意思，一个是"杰出的大米"，一个是"小米粥"。2000年9月底，我们带着"大米"和新收获的"小米"回到了北京。一切又都是新的，我们要住进新装修的公寓，杰米要进入新的学校上学。最重要的是，我们要开启梦寐以求的新的生活方式了。

　　为了让杰米接受中英双语的国际教育，我们把他送进了北京芳草地小学（现名北京芳草地国际学校）。这个小学原先是外交部子弟小学，建于1956年。20世纪70年代，随着国际交流增加，学校开始招收各个驻华使馆工作人员的孩子。学校位于使馆区的日坛公园附近，离我们的住地有25千米。我们小区就在安四路旁边，那条路我是再熟悉不过了，多年来骑行看长城时都经过那里。如今，杰米变成了通勤小学生。由于没有班车，我不得不雇用一个家庭司机，每天早上6点30分送，下午3点15分接。离我家最近的商店也要七八千米，如果想吃一个地道的烤面包，就要去杰米学校附近的婕妮超市。我们进城的公路只有一条，最窄处是立水桥，只有一个车道。第一个学期很快就过去了，杰米也习惯了上下学时拥堵的交通。现在我们才意识到，过去在友谊宾馆的方便日子已经一去不复返了。2000年下半年，虽然没有收入，还要抚养两个孩子，但是我们有了大把的时间。从长城实地考察，到长城环保活动规划，从为挣钱写文章到寻找"野长城周末"的客人，都靠我们自己了。

叶德宏大使在挪威驻华大使馆举办"社会责任合作"主题宴会，邀请了国家文物局原局长张文彬、北京市文物局原局长梅宁华和原副局长孔繁峙等。这是中国在长城保护方面，首个高层文化交流活动。

多种文化之间的社交活动总是很有趣儿。宴会开始之前是鸡尾酒会，在西方人看来，喝酒和聊天是最好的"破冰"方式。但是对于许多中国人员来说，这往往是令人尴尬的场合。中国人吃饭前一般没有开胃饮料，也不习惯在官方场合为消遣和享乐而喝酒。有时东道主问："喝点什么？"得到的回答往往是："不喝，谢谢！"文化上的交往经验告诉我，招待中国客人，要多问几遍，尽管最后的结果可能是："请给我来一杯热水。"

宴会的食物终于摆上桌了，每个人都松了一口气。我带来了5次在长城上捡垃圾等环保活动的报道剪贴，还有证明地方政府无序开发和游客破坏黄花城长城的照片。尽管我的汉语水平有限，但总能说上几句，此时用汉语聊天，能使气氛更加轻松、自然。于是我便开口："我刚来中国的时候，不了解中餐，所以我不喜欢吃，但是，在这里时间一长，我觉得中餐比西餐好吃得多……"

"哇，威廉，你的汉语不错嘛。"有人慷慨地夸奖了我。

这是自我介绍的好机会。我说："1987年我独步长城，经过了甘肃、宁夏、陕西、内蒙古、山西、北京和河北，我的汉语都是从沿线农民那学来的。"

"步行？2500多千米？你自己？还没有中国人这样做过（实际上已经有人做了），威廉，你是中国通！长城专家……"

一阵寒暄过后，我决定在上甜点的时候向大家展示那些破坏长城的照片。

"我想诸位都知道长城的'美',但是我这里的一些照片反映的是黄花城长城上'丑'的问题……"

第一张照片上,长城砖上涂写着"上长城,使用梯子,交钱5元";第二张照片上,一座长城敌楼的门被当地老乡用自制铁门堵上,将敌楼当作一个存放梯子等工具的储藏室,甚至是临时住宿的地方;还有一张照片上,孤独星球餐厅附近的长城步道上垃圾一片,垛口墙上布满了涂鸦。

"这只是几个例子。北京北部的野长城正在遭受南边城里人、当地人和游人的'入侵',正处于危险之中……"

张文彬先生看到这些照片时很震惊,也很气愤。他说:"我们应当与威廉先生和石丹华先生密切合作,开展更多保护长城的工作。"

24

涞源长城上
不愿离开岗位的敌楼

我开始更多地利用我的"长城时间"探索更远的长城，包括河北省和西北各省内的长城。杨肖是个自由职业者，在他的陪伴下，我们在"野长城周末"的淡季——冬季，从家门口的北京结出发。

北京结是北京以西的南北两条长城的交汇处。南面的那条长城在100千米左右处又分出另一道长城"尾巴"，我还没有走过那个地段。如果北面的那条长城是边防前沿的话，那么这个"尾巴"就是长城的一个分支，用来阻止那些企图绕过燕山山脉，从山西绕道东进京师的游牧民族。

涞源位于北京的西南方向，在河北与山西交界处。杨肖和我的这趟探索是我离开新华社后的第一次外出。2001年春节期间，我们邀请保护长城的忠实支持者石丹华先生开车一起去涞源。当北京笼罩在烟花鞭炮的浓雾之中时，我们急不可耐地想要逃离。200千米的车程并不无聊，这一路都有不少历史可讲。第一是卢沟桥（西方人称之为马可·波罗桥），1937年7月7日，日本人在此发动全面侵华战争；第二是周口店北京人遗址；第三是房山，紫禁城太和殿前和保和殿后的龙云浮雕石材的原产地；第四是清西陵，末代皇帝本应该葬在这里。之后就可以看到破损的长城（不是所有段落的长城都是宏伟高大的）。这里的长城经历了从被废弃到被重新使用的过程，若干年来我多次来此地拍摄，用图书和展览讲这些故事。这会儿我们的目标很简单，登上长城，搭建营地。由于我们的地图不够详细，只好全凭感觉找路。从公路拐进土路，再背上超重的背包徒步上山。

在野外，想要舒适，就无法轻装。我们每个人的背包里装上水和几瓶啤酒后，至少有 20 公斤重。这里的长城墙体属于三等，由大小不一的石块堆砌，黏合这些糙石的是泥土加砂浆，这就是大部分墙体都坍塌了的主要原因。负重徒步在没有垛口墙做"安全围栏"的乱石堆上，对身体和心理都是一种考验。

到了山顶，我竟然看到了超出预期的景致——万里长城最壮美的景观之一。我数了一下，一共可以看到 15 座敌楼，它们肩并肩地站立在那里，如同哨兵在执勤站岗，目光专注。这些敌楼沿着两千米的长城，像项链上的珍珠，一个连着一个，贴着光秃秃的山峦上下起伏，绵延至远方。而且与我平时所见"项链"依存，上面的"珍珠"已被损毁的场面不同，这里的"珍珠"都比较完好。为什么这里的长城如此不同？是不是想表明在战争中真正的军事力量在于敌楼里面的人，而不在于外面的墙？不管怎样，我们想在离这个观景台尽可能近的地方扎营。

我们在长城脚下的背风处找到了一个合适的营地，它不但离这15 座敌楼的第一座最近，还有现成的餐桌——石头碾子。曾几何时，我是一个极简主义者。在野外我是真正的"露营"者，以天为房，以地当床。而"装备佬"杨肖把露营的条件改善了不少，除了睡觉帐篷，还有厕所帐篷，外加夹层的睡垫、炉灶、锅、烧水壶、餐具和夜灯。食物不但热热乎乎，而且有滋有味。一大碗加了酱油和醋的热汤面里有鸡蛋、蔬菜，临吃前滴上几滴油泼辣子……三人围着"石桌"，一碗接一碗地喝下。最后，夜幕落下，圆月升起，再来几口威士忌。在"豪华露营"的年代到来之前，这已经算极度舒适的了。

往日，在星空下睡觉有时会被冻醒，我随时都会爬起来活动活动筋骨，为拍摄山边的第一缕阳光做准备。现在，我可以像蚕一样蜷缩在温暖的睡袋里，透过帐篷的拉链门向外窥视，有点像打开家里的窗帘查看窗外的天气。天上群星闪烁，东南方的天边由紫渐渐变红，我想象着太阳初升时刻周边的样子。这种感觉不只是好，而是非常棒！

　　我按下快门拍下一张长城与敌楼迎接日出的照片，它堪称经典，可以排在我几十年来拍摄长城日出照片的头五名。接下来喝了热腾腾的咖啡，吃了培根三明治，这次旅行完美收官。

25

长城奇遇

2001 年的春节期间我与杨肖和石丹华一同去涞源的旅行只是一个开端，后来我与杨肖又多次重返故地，一走就是好几天。

乘公交去涞源不太容易，火车每天只有一班，早上 5 点 50 分从北京南站出发。我没有办法在早上 4 点钟打到送我去车站的出租车，于是我们头一天晚上住在车站附近的牡丹宾馆。杨肖有个朋友是牡丹宾馆的经理，可以免费给我们开一间房。

那时候的北京南站根本没法儿与现在相比，又脏又破，只进出中短途列车。现在从北京到上海 1500 千米仅需 5 个小时，那时从北京去涞源 250 千米也要 6 个小时。

乘坐老式火车唯一的好处就是可以开窗户。吴琪给我俩包了 50 个饺子，为了保鲜，把饺子冻得硬邦邦的。在牡丹宾馆住的那天晚上，我把饺子放在房间外面的凉台上。这会儿，我又把一塑料袋饺子挂在火车窗户外面。零下 8 摄氏度的室外温度确保了一顿饺子晚宴不出问题。

到了涞源，杨肖和我想从一条杂草丛生的小路直接上到石头碾子营地。我背了 25 公斤的背包，这是我探索长城以来背得最重的一次。我俩在巨大的石头夹缝中攀爬，时不时地要停下来在寒风中喘口粗气。当那些敌楼中的一个出现在眼前时，我俩立马就释然了，仿佛那些士兵一般的敌楼一直在等着我们回来。

杨肖说："威大哥，你一看到长城，就好像回到了家。"几年前，布瑞斯就对我做过同样的评价，说我一谈到长城、一看见长城、一站在长城上就精神倍增。杨肖懂我，我也理解他。他不善于社交，不喜欢大声喧哗。他喜欢郊外胜于城里，喜欢出游胜于宅家。每次外出探索，他总在户外装备方面做足准备。他常说："户外活动不需要受罪。"我也慢慢地适应了他的户外生活方式。后来，通过杨肖我认识了南仁浩先生，他当时正为韩国户外品牌 Black Yak 开辟中国市场。

Black Yak 的装备质量高，设计新颖，品牌的名称和标识都很吸引人。他们赞助了我们一些装备，我们使用后给他们提供图片作为回报。那天晚上，我们第一次使用 Black Yak 戈尔面料的双层帐篷。帐篷外零下 10 摄氏度，帐篷内温暖如春。

第二天一早，我们离开石头碾子营地，向北徒步。在穿越第 10 座敌楼时，听到劈山击石的声音。我掏出望远镜左右一扫，找到了目标。一个农民正在 600 米远的地方用他自制的镐头拆除一座敌楼的砖石。

"老乡，你是哪个村的？"杨肖问。

"我是楼台村的，就在那里。"他边说边指着。

"你在干吗？"

"我修房子，需要一些砖。"

"你知道吗？长城是文物，是受到保护的，不能乱拆，邓小平同志说的。"

"我从来没听说……"我看见他的背篓里装满了砖，地上还堆放着大约五六十块。

我们来到楼台村，这里就几户人家，只有四五个小院落，离长城不到 100 米远。我们往水瓶里灌满了水。20 分钟后，劈山击石的声音又回响在山沟里了。我说："他又开始了……""和当地老乡谈保护长城，简直就是对牛弹琴。"杨肖说，"天高皇帝远，你知道这个说法。"

向前走，长城的走向突然垂直陷到深沟里，又立马从对面的山包垂直地攀爬上来。一下一上，一上一下，连绵不断。离开"15号敌楼"后，我开始往前数还有多少敌楼仍然矗立。我用肉眼看，用望远镜望，不一会儿就数乱了，太多了，蜿蜒不断的长城上镶嵌着数不清的敌楼。

时值正午，天高云淡、阳光刺眼，同时寒风凛冽，空气新鲜。我们在小溪上凿冰取水，洗脚洗脸。第二天天气依旧。一整天除了两个赶着羊群的牧羊人，我们没有再碰到其他人。附近的敌楼外墙上有红漆涂写的"保护植被，禁止放羊"字样，显然这俩人没有遵守规定。

穿越两个沟壑之后，我们早早把营地安在一座敌楼外面，从那儿可以俯视1千米外山谷里的唐子沟村。接近傍晚时分，我们一直在讨论这两天穿越六七千米长城就看到这么多不可理喻的事情。可以想象，整个万里长城上的问题恐怕会更多！

北京附近的长城受到开发商的威胁，他们为了赚大钱在长城边建别墅酒店，而在200多千米之外的穷山沟里，农民为了生存，在他们家后院的山坡上放羊，弄点长城砖石修理房屋，我们能阻止他们吗？如果村里的干部都不懂得保护长城，在敌楼上乱涂乱画，那普通农民怎会有保护的意识？

"我们家之所以不用阿姨，是因为我们觉得那对孩子没有好处。如果总是有人跟在他们后面帮忙收拾，那他们永远也养不成好习惯来。"我说，"在长城上捡垃圾也是一样，只是让人们关注长城问题，并不能从根本上解决问题，就像药一样，有积极作用也有副作用，所以是一把双刃剑……"

我告诉杨肖，在英国，为了保护乡村环境，政府推广《乡村之约》，指导人们遵守其中的规定。这也不是什么高科技，于是我俩开始考虑搞一个中国版的《乡村之约》，我们起了个名字叫《山野之约》，内容包括：请把垃圾带走；请勿使用塑料袋；请勿吸烟或燃放烟花爆竹；请在方便后用土掩埋；欢迎宣传《山野之约》。

我们收拾帐篷里的东西时，不知从哪里冒出一个小学生模样的男孩。杨肖问他叫什么、在哪儿住、在哪个学校上学、上几年级什么的。我也纳闷，这孩子为什么在上课时间不去上课？不一会儿，还没等我们递给他几块饼干，他又神不知、鬼不觉地消失了。

我们像往常一样把背包里的东西一样一样地拿出来。我把所有摄影器材放到帐篷里，把食物和炊具都搬到敌楼里。天渐渐黑了，我们开始准备晚饭，然后边吃边聊。这天走的路不少，聊的时间也很长，困乏向我们袭来。当我钻进自己的帐篷，突然发现原本放得整整齐齐的枕头好像被人翻动过。我习惯把照相机和镜头放在这个区域，而现在它们却不翼而飞。我找呀找，把我的睡袋都翻了个遍，甚至把杨肖的帐篷也搜了个遍。

我沮丧地倒在帐篷里思索，在这空旷无人的地方，相机如何会插翅而飞？只有一种可能，它被人偷走了。而且盗贼肯定就是那个神秘兮兮的男孩儿！

"他的举止的确古怪。"杨肖说，"我想他肯定逃学了，趁我们在敌楼里做饭的功夫悄悄溜进来，把我们的东西偷走了。我的小刀和锯子也不见了。"

丢失相机对我来说是一件痛苦的事情。这款奥林巴斯OM2是我独步长城时期使用的相机，我在北海油田工作时用第一个月的工资买的，还配了一个超好的24毫米的镜头。在我来中国之前它就与我相伴，游走四方。我拍的每张质地优良、构图优美的长城照片，都是它的功劳。对我来说，再新、再高级的相机都抵不过它——我信任的"老朋友"。

"别着急，我们明天就可以找回来。"杨肖安慰我。他的想法是，既然那个男孩说出了他的姓名和村子，第二天我们就可以顺藤摸瓜地找到他。

我们的侦探工作开始了。第二天一大早，我们就出发去唐子沟村打听是否有姓许的人家。村民告诉我们，沟里不远处一个村子有几家姓许的。这是一个好兆头，至少他没有撒谎，没有用"偷来"的名字。我们走了5千米才来到那个村子。几个晒太阳的老人建议我们直奔学校问个究竟。我们照做了。在学校碰见一个老师模样的人，我们问："你知道这个学校有个学生叫许某某的吗？"

"许某某……为啥问他？"

"我们怀疑，昨晚他趁我们不注意，偷拿了我们的照相机。"

"那孩子是有些问题，你最好去见校长。"

校长向我们解释，许某某是个问题学生，家境不好，经常做些小偷小摸的事，甚至逃学。他说："请在这里等等，我去找找，他今天又没来上学……"我们边喝茶边等待。孩子们从窗户外好奇地朝里张望。我告诉杨肖，1987年我独步长城时经常遇到孩子们这样好奇的眼光。

校长回来了，手里提着我的照相机，对我们说："请检查一下，有没有弄坏……"他身旁站着的正是那个男孩儿，一脸绝望的样子。我查看了一下相机的镜头、聚焦，似乎没什么毛病。

校长让我批评这个男孩儿。但这会儿我开不生气，宝贝失而复得应当庆幸。我也不想让此事影响这个孩子和他的家人。或许坏事能够变成好事，这孩子可以从中吸取教训。于是我让杨肖当翻译，表达我的想法。我说："如果是公安人员帮助我找回相机，这个孩子和他的家人肯定会遇到大麻烦。如果他继续偷盗，长大之后受到社会和公安的惩罚会更重。而现在，还是改过自新的好时机。"

老师们都聚集到校长办公室里，他们好像听懂了我的意思。一位老师邀请我到他的班上，正巧他们正在学习有关长城的内容。面对这些十一二岁面色红润的孩子，我告诉他们我在像他们那么大的时候就有了来中国走长城的梦想。

半小时后，学校还为我俩准备了午餐。饭后我们又上路了，晚上在唐子沟村边的小河旁露营，第二天又去爬北面的山脊。爬了1小时到达山顶，我们继续与敌楼擦肩而过，每走150米左右就遇到一座。

要上到这些高大的敌楼的顶层得使用软梯，不过小心点爬也能爬上去。在一座敌楼上面，杨肖发现一只"凤凰"盯着他看，"凤头"的不远处有它的身体和翅膀。这只砖制的"凤凰"呈青色，曾经是站立在敌楼顶上的"脊兽"。因为这里离乌龙沟只有几千米，所以我把它称作"乌龙凤"。后来这只凤成了我的《50件长城文物》一书中展示的一件文物。

另外，我们还有幸看到前面敌楼的券门上镶嵌的一块长1米的"怪兽"浮雕拱顶石。"怪兽"三眼四耳，龇牙咧嘴，既可爱又可怕。虽然在长城修建和使用时期，这种浮雕拱顶石不少见，但自从长城被弃用之后，它们逐渐被盗走，如同那些石碑、石匾被撬走后只剩下边框一样，我之前见过100多个这样的痕迹。我给"怪兽"拍了照，做了记录，希望有机会再来探望它。

一年之后，当我再次来到此地时，"怪兽"已经不翼而飞。相隔一年的新老照片，成了《万里长城 百年回望》中今昔对比的悲惨素材。这些素材也提示人们，老照片也不一定那么"老掉牙"。我一直对这个至少300千克的巨型"怪兽"是如何消失的感到疑惑不解。也许是附近的村民弄走的。

26

濒危的长城景观

　　有一天，我受邀去故宫会见几个来自美国纽约的世界文化遗产基金会的负责人和捐款人。这些人是来考察他们准备捐助的修缮项目——紫禁城倦勤斋。倦勤斋，顾名思义就是倦于勤务、休憩颐养之地，是乾隆皇帝为自己退位后颐养天年而建的。这里汇聚了最珍贵、最精美、最奢华的室内装饰。1924 年以来，倦勤斋一直关闭，直到1999 年才重新打开大门。世界文化遗产基金会募捐到数百万美元以对其实施为期 10 年的修缮历程。此次我有幸跟随基金会负责人亨利·黄和约翰·斯塔布斯先生来到倦勤斋内部参观。

　　参观完倦勤斋之后，我们一行七八个人乘坐面包车前往黄花城。我们在安四路通往长城的岔路口——孤独星球餐厅旁边下车。这里曾经有个长城水门，它在阻挡入侵者的同时，也可以让河水流过。如今为了建造人工湖，开发商把水门堵死了，还在湖边建了一个酒店，提供长城观景房间。

　　我带领的这个团队中都是曾游历世界、见多识广，同时具有文物保护头脑的人，但是他们还是第一次站在野长城上。长城，这座享誉世界的建筑，是防止北方游牧民南下的一道屏障，也是里外对决的战场。如今，这里出现了新的矛盾双方——一边是想要保护野长城及其自然景观的人，一边是当地一些只想利用野长城牟利的人。登野长城的人越来越多，餐厅、酒店也开始随之林立。他们留给长城的是垃圾遍地、涂鸦满墙。不少来自德国、美国等所谓"文明国家"的人还留下了他们身体轮廓的涂鸦。

马克·拉斯顿是香港《南华早报》的自由撰稿人和摄影师，那天他也跟随我们一起参观。"威廉，你是否能向我们解释一下为什么有这么多身印涂鸦？"他边说边开始拍照。"我上次来这里的时候，还没有见到这些。"我说。后来，马克拍摄的两张照片都登在了《南华早报》上，一张是长城敌楼墙上用红油漆写的"拆"字，外面还画了个圈；另一张就是那些长城身印涂鸦。

我们爬得越高，大家的情绪也就越高涨。"我去过八达岭和慕田峪……但野长城别有一番风味，令人惊奇。"听到有同伴这样讲，我说："作为一个地理学者，我认为联合国教科文组织只把长城描述成文化遗产并不准确，至少这一定论并不全面。因为长城建造在一个特定的自然环境里，建造它的原材料来自当地，建造者住在当地，应当把长城当作文化和自然遗产一起保护。也就是说，不但要保护长城本体，也要保护长城周边环境……"

"野长城是自然环境中的艺术品……"亨利说。

我们走近一座敌楼，看到敌楼的券门已经被封住，里面被用作了仓库。一个姓张的农民站在一米半高的门口，双臂交叉，一脸不快。

"你又来了！"他对我说。

我点头回应。我知道他晚上就住在这里，因为他不想错失用梯子向游人收钱的机会。

"哈，你涨价了，上次是两块五，现在是5块了。"我开玩笑地说。

"没涨价，这是往返价，去两块五，回也两块五。"他强词夺理。

"没问题……"我说。

农民张把他的铁梯子拿出来，我们爬了上去，一共7个人，我在口袋里摸出35元钱。

这时，马克说："就付 6 个人的，我不需要用他的梯子。"马克是将近一米九的大高个，爬上一米五的台阶对他来说是小菜一碟。

除了马克，其他的人都爬进了敌楼，我们惊奇地发现农民张还摆摊儿卖东西，甚至把他的棚子焊接固定在长城砖里。

"6 个人用了梯子，给你 30 元。"我把现金递给他。

"你们 7 个人，再给 5 块。"他不满地说。

我指着摄影师马克说："他没用你的梯子。"

"他爬上来要毁坏长城！"农民张喊叫着。

我对我的同伴们说："别担心，我们可以从另一个门出去。"那边的景色也非常不错。

"当心！"我大喊一声。看到一块城砖从楼顶上飞降下来，我马上把一个正在欣赏景色的同伴推到一边。正是那个农民张爬到楼顶，往我们头上扔砖头，还骂骂咧咧地说一些脏话。

"住手！你住手！如果你打伤了我们任何一个人，你就会吃不了兜着走！"

马克准备反击，不仅用他的相机对着农民张拍照，还准备向他扔石头。约翰和亨利赶紧过来帮忙缓解紧张的气氛。

我也开了个玩笑来缓解气氛："我的汉语还不够好，不然的话，我会对农民张说，你《孙子兵法》学得真好，居然占据了高地。"

2002 年，长城（北京段）自然景观被列入世界文化遗产基金会评选的《100 个濒危世界文化遗产名录》，这是我在一年前通过北京市文物局申报成功的。不过事后我们才理解到当时申报成功的原因。

挪威大使在驻华使馆组织的宴会实际上敲响了中国文物部门关注长城保护问题的警钟。我觉得接下来还需要以组织的名义与文物部门保持长期沟通，而不总是以个人名义。于是，我准备在北京成立一个 NGO——国际长城之友协会。但是，那时候即使是中国人在北京成立这样的社团都很困难，更不要说外国人了。香港是中国的一部分，所以我决定在香港成立这一机构。

通过联合国教科文组织驻北京办事处，我得以了解世界文化遗产基金会。办事处首席代表穆卡拉先生参加过我在金山岭长城组织的"迷你联合国"捡垃圾活动。我给他看了黄花城长城问题的照片，告诉他各种曾令我大开眼界的经历。我表示希望更多地了解教科文组织的世界濒危遗产目录，他提醒我，做长城保护的具体工作要找到正确的方向。我发现穆卡拉本人也不清楚成为世界文化遗产的长城应当如何定义。是指整个明长城？还是中国所有朝代的长城？还是那几个挂着联合国教科文组织标识的黄色铜牌的长城景区？世界文化遗产基金会每两年就会公布一项《100个濒危世界文化遗产名录》。"但是如果你把长城上报成濒危遗产，估计会有很多人并不支持你的提议……"穆卡拉提醒道。

在国家文物局局长张文彬的引荐下，我认识了北京市文物局副局长孔繁峙。他毕业于北京大学考古文博学院，为人和气友善，也专于业务。我大胆提出请北京市文物局支持将长城（北京段）自然景观列入《100个濒危世界文化遗产名录》。作为国际长城之友协会的会长，我填写了申请表，请孔繁峙先生在表格上签了字。

世界文化遗产基金会捐助人让我填写如何解决黄花城长城出现的问题，我列出了以下六点：

1. 重新定义长城作为世界文化遗产的范畴。长城不应当仅为文化遗产，而应当作为文化与自然双重遗产；

2. 针对长城周边的开发项目开辟管控地带，并制定法律法规加以保障；

3. 制定遗产管理计划，确保长城开发与保护之间的平衡；

4. 向公众展示长城现状，提高长城保护意识；

5. 在北京的长城沿线建立长城环保站，竖立绿色标志牌，雇用长城环保员；

6.指派北京地区长城沿线地方政府监管其区域内的长城段，长城本体和长城周边环境有任何变化，随时向北京市文物局报告。

最终，在北京市文物局的支持下，长城（北京段）自然景观被列入世界文化遗产基金会 2002 年和 2004 年的《100 个濒危世界文化遗产名录》。

此后，我又策划出了一个新的项目，即重新拍摄威廉·盖洛以及其他人拍过的长城老照片中出现的景点。我有现成的老照片，但还需要资金来完成重拍工作，至少要能够覆盖我的交通、住宿、图片洗印等费用。"野长城周末"活动客人数量不稳定，每周在 1—4 人之间摆动，靠此挣来的钱只够维持一家四口人基本的生活，不足以支撑额外的工作费用。实际上，我也不清楚重拍长城老照片这个项目能走多远，能做到什么程度。但我相信，我至少可以找到 20 个不同的老照片拍摄地点，然后把它们串成一篇个人游历长城、搭配彩色照片的长文，《华南早报》这样的大牌报刊肯定会感兴趣，支付给我 1000 美元的稿费不在话下。但眼下我还看不清这个项目更大的潜力。

27

寻找最古老的长城

　　1986 年我第一次来中国时，就想多了解一下最早修万里长城的秦始皇。我从西安骑自行车到临潼，拿着兵马俑明信片去找兵马俑博物馆。30 多年之后，我站在了兵马俑中间，作为"探索·发现"频道纪录片《古墓：秦兵马俑》的主持人，为观众讲解秦始皇和兵马俑。

　　其实，我和秦始皇还是有一点"缘分"的。两千多年前，秦始皇把燕、赵、秦三国长城整合为防御北部游牧民族的万里长城。2002 年冬，我和杨肖探索了其中一段。当时我在《中国日报》上看到一篇黑白照片搭配图片解说的短讯称："据报道，考古学家日前在内蒙古自治区阴山山脉发现了一段 200 千米的石质秦长城，由于地处偏僻地带，这段长城保存状况良好。"这条消息非常吸引我，但是照片上的长城模糊不清，文字提供的地理信息也有限。因此，寻找起来一定很困难。一是内蒙古地广人稀；二是内蒙古界内的长城资源最丰富，为中国之首。那里的长城不但长度最长，而且经历过的朝代最多。有明长城，还有秦汉、辽、西夏和金时期的长城和界壕。

　　我从白纸坊街的地图商店里找到了一本平装版的《内蒙古自治区公路图集》，这本图集里标注了很多的长城地段。我仔细研究了阴山山脉的地势。它位于戈壁的南缘，逼迫黄河紧急转弯向东流淌，位于黄河北岸的包头市恐怕是距离我们的目标最近的大城市。

我们乘坐火车，一夜之后到达包头。1987年9月我曾经路过这里。那时，包头是以水泥厂和钢铁厂为主的工业城市，污染严重。这会儿，我和杨肖一下火车，就登上了北上的大巴。从地图上看，我们想找的那段长城位于乌拉特前旗，但是乌拉特前旗也是很大一片区域。我们就像在一个街区里找一间没有门牌号的房子。我告诉大巴司机，我们要去找长城，但不知道应该在哪里下车。司机惊讶地说："什么？长城？你开什么玩笑！这里没有长城……找长城去北京八达岭。"

虽然不是亲自去发掘，但连找到那段长城所在的位置都很困难，我有点怀疑考古学家是否真的发现了这段长城。认定明长城比较容易，它有史书记载和实地连续不断的遗址。但是明代之前的长城记载不多，只有依靠碳十四和热释光断代，我不确定考古学家们是否对这段长城做过鉴定。

6小时之后，大巴经过一个叫小佘太的大村子。我查看地图，这条道路与我们要找的那条长城平行，或许就在进山几千米之外。但是在哪里下车、从哪里进山就得全凭运气了。我对司机说："好了，我们就在这里下车。"

这时已经是下午3点，阳光依旧刺眼，气温降到零下，四周一片棕色，低矮的山丘上裸露出大小不一的岩石，而且连续不断地滚向远方。每当我们爬到一处高坡，希望能看到长城并大声疾呼"就在那里！"时，眼前的地貌依旧是一个接一个的山丘，无边无际。看来，"心急吃不了热豆腐"，于是我们趁天还亮着，准备扎营做饭。

我们做了一大锅热汤面，睡前还有雀巢咖啡、苏格兰威士忌酒和巧克力。这时，天空晴朗，星光闪烁，可以清晰地看到远方的灯火。

公元前2世纪，汉武帝统治时期，司马迁记载了秦始皇修建长城的历史。作为天文学家，他著有《历书》和《天官书》。他总结出月食现象存在着周期性规律；发现了五个行星的运动都有逆行规律；发起了历法改革。他还是最早描述各种奇异天象——彗星、大流星、陨石、新星、超新星、极光及其他天象的人。作为文学家和历史学家，他继承了父亲的遗志，继续撰写《史记》。在《史记·秦本纪》中，他写道："吾适北边，自直道归，行观蒙恬所为秦筑长城亭障。"意为我到北方边地，从直道返回，沿路看到蒙恬为秦国所修的长城堡垒。最重要的是，这篇文章中还提到这段长城从临洮（兰州附近）穿越黄河，连接到了辽东半岛，总长共一万多里。

我和杨肖连续找了两天，除了几棵缺少水分、被寒风吹得东倒西歪的枯藤老树以外一无所获。经过反复研究地图，我觉得可能我们下车太早。如果再往北 30 千米，或许能够找到这段长城。于是，我们决定在路边等待那个每天一趟的大巴车经过。

大巴车终于慢吞吞地爬过来了，我们招手示意停车，车上的乘客都惊讶不已，我们向司机打听长城在哪里，他说："我听说，那边好像有一道长城，但我也没去过……谁知道在哪儿呢？"

我们正在寻找的长城距离蒙古国边境很近。一般来说，在离边境 100 千米内的地区，不允许外国人擅自入内，而我们早就进入了这个区域。前面是一片地势平坦的戈壁滩，突然出现了一个小村庄。我们直奔村庄，看到几个牧羊人，向他们询问附近是否有长城。看着他们的神情，一定认为我俩是傻瓜，"这里没有长城……要看长城去北京，去八达岭……"

我们把营地扎在了路边，这次，我们真的被长城打败了。虽然还剩下一些"粮草"，但是我们已经失去了寻找的希望。第二天一早，我们就准备拔营，乘坐那辆大巴，打道回府。

那是我体验过最冷的一晚。帐篷外没有风，但温度在零下 20 摄氏度。我们不清楚大巴几点经过这里，又不愿意错过这辆一天一趟的班车，于是 4 点半就爬起来。杨肖烧水时，还要先焐暖气罐。我把全麦面包藏在身上保暖，但却忘记了花生酱，它已经冻得邦邦硬，用勺子舀不动了，只能用刀子切。一切准备好了，我喊杨肖："快来吃吧，一会儿又冻上了！"

我们最终赶上了汽车，虽然空手而归，但比起秦始皇时代的孟姜女要走运得多。传说她的丈夫因修长城劳累致死，被埋在长城里，她得知后痛哭流涕，甚至将一段长城哭塌。一小时不到，我们又回到那个叫小佘太的大村子里。车停了，因为接下来还有五六个小时的路程，乘客都下车去小卖铺买吃的。每天一趟的大巴，也给当地晒太阳的村民带来了闲聊的话题。当我俩下车伸展腰腿的时候，几个人好奇地问我们来这里干吗。"我听说阴山山脉里有秦长城，但就是找不到……"我说。

"我兄弟见过……他告诉过我……"人群中的一个说。

"什么？你兄弟在哪儿？他能带我们去吗？"杨肖赶紧问。

"他是个放羊的……他有手机，我现在就可以给他打电话……"

我边看边听，惊喜得张大了嘴。

电话通了，他兄弟接了电话。"喂，你知道那个长城……你告诉过我的。这里有两个搞长城研究的要去看看……你能带他们去吗？……越快越好，就现在，好，好，你等着……"

"他一会儿就回家。他有300只羊，经常在那段长城边放羊，我现在可以带你们去见他，你们方便吗？"

我俩飞快地从就要发动的车上拿下背包，找了一个"面的"，让那哥儿们给我们指路。往北行车20分钟后，我们就到了一个巨大的羊圈旁，牧羊人正在等候着我们。

"他就是我兄弟……他现在带你们去……你们能走两千米山路吗？"他问。

我们付给介绍人不少钱，现在就看他兄弟了。一小时之后，我们爬上一个山坡，眼前豁然开朗，这座古老的长城就在眼前，确凿无疑。

"这个墙通向那个方向……你们不会迷路……我先走了……我还有事要做。"

我塞给他几张票子，他迟疑了一下，收下了。这是他应得的"辛苦费"。

眼前这段古老的、与众不同的长城令人敬畏。我们能找到它全凭运气。这段长城不仅可以观赏，也可以抚摸；人不仅可以站在墙顶上，也可以走在墙的两侧。它的内侧没有陡降的山崖，因为它不是建在山顶，而是建在半山腰，这样或许可以减少一半的人力、物力。在它的外侧，有一个两米高的陡坡。这段长城正如我预想的那样，保存得比较好。站在墙根下，看着眼前这些大小石块，不得不承认建造长城需要耗费巨大的人工成本。墙体表面垒得垂直、平整，小石头夹杂在大石头中间，每块大石头有篮球大小，但都是有棱有角的长方形。经过风吹雨打，长城附近山上的石头已经磨掉了棱角，而这些石块是人工使用铁器工具打造出来的。

北方游牧民族遭遇极端恶劣的天气时，牲畜会大批死亡。为了生存，他们会骑上幸存的马匹南下劫掠。虽然他们人数不多，但个个能骑善射，而中原人的军事配备以步兵和战车为主，疾跑速度和灵活性都略逊一等。

中国人具有筑墙防守的悠久传统。赵武灵王用修筑城墙的方式来修筑边墙，以此保卫国家安全。这种"长墙"给予中原人各种军事优势。他们可以避免与那些训练有素的游牧骑兵在无遮拦的开放地带直接交战。正如《孙子兵法》所指导的，他们控制制高点，等待敌人的逼近。利用"长墙"阻拦了骑兵的通道，阻挡了马匹前进的步伐。利用高度的优势，从城墙上射箭，射程更远，速度更快。

公元前215年，在秦始皇的命令下，将燕、赵、秦三国的"长墙"相连接，成为中原第一条万里长城。

我和杨肖在这段万里长城边上露营了两个晚上，其间向东徒步了10千米。我们发现，这个牧羊人带我们看到的这100米长城是保存最好的。我们能找到它，真是一个奇迹！

28

长城有禁区？

1998 年之前，中国报刊上登载的万里长城图片，一般都是长城的四季美景——春季的花朵、夏季的绿荫、秋季的红叶和冬季的初雪。从 1998 年 4 月第一次长城捡垃圾活动开始，关于长城问题的文章陡然多了起来，这一年是一个转折点。

我原本是在不经意间向记者谈到长城保护问题，没想到这成了我的新工作。我到处演讲，题目和内容根据听众的不同而调整。在香港皇家地理学会，我讲的是《长城：过去的谜团、当下的问题和未来的挑战》。在北京各大高校，我讲的是《长城需要抵御现代化的入侵》。到 2002 年，当长城（北京段）自然景观被列入世界文化遗产基金会的《100 个世界濒危文化遗产名录》后，长城保护问题又引起了各大报刊的关注。从北京的各大报刊，到国际上一些著名报刊和网站都做了专题报道，如《国际先驱论坛报》于 2002 年 2 月 5 日报道《自救中的中国长城》；《新闻周刊》于 2002 年 8 月报道《保护长城，晚矣？》；美国有线电视新闻网于 2002 年 6 月 16 日报道《万里长城处于危险之中》。

在"扔城砖事件"之后，《南华早报》以《长城上的乱象》为标题将这一事件的原委登上了头版，配的照片是农民张站在"未开发长城，禁止攀登"（当然，付给他钱就能攀登）的黑色涂鸦旁边。之后，另一篇以《村民：要爬野长城？留下"买路财"》为题的文章报道了这样一则消息：一个游客交过上长城的 2 元钱，不愿再付下长城的钱，被人用刀捅伤。2002 年 10 月，人们发现一个名叫汤姆·道森的英国背包客越过八达岭旅游景区的围栏，在八达岭残长城段，被人抢走钱财后遇害。

我们的环保站建立之后，经过环保员们的辛勤劳动，箭扣长城成了"清洁模范"。然而，凡是记者要求前来采访和拍摄时，我都尽量回绝。原因是，一个来自杭州的朋友曾经对我说，杭州原先美丽安静，但自从"上有天堂，下有苏杭"的名声打响之后，游客增多，人满为患。对于这些自然景点来说，人们的关注往往是"好的初衷，坏的结果"。何况，即使只有 6 名环保员的队伍，管理起来也不容易。

在这 6 名环保员中，有两名表现突出，其中一位是 75 岁的老常。他每天早上登上正北楼捡垃圾，找合适的树枝做手杖，和路上遇见的人聊天，是我们国际长城之友协会的优秀环保员。杨肖写了一篇标题为《情系野长城》的文章，登在了 2003 年《中国国家地理》杂志长城特刊上，里面专门讲到老常，并配上了我与他在长城上的合影。

有一个环保员比较懒惰，每次我检查环保员管理的地段时，明显感觉他只拿工资不干活。我一开始是提醒他，他没有改进，我又警告他，他还是没有改进，无奈，我解雇了他。当天下午，他的老婆来找我哭诉，讲了很多理由，请我原谅。但我最终还是找了一个新环保员老杨顶替他。后来证明，我的决定是正确的，老杨捡垃圾从来不用别人催。

解雇人的举动引起了被解雇人的不满，壮大了沟里对我不友好村民的队伍。一些人只因为我没有雇用他们而对我产生怨恨。20 世纪80 年代，长城沿线的老乡给我展示了中国农民淳朴平和的一面。然而，如今的黄花城、西栅子、庄户等村子的个别人也向我展示了农民的另一面——金钱至上。很多人误认为我在经营一个有油水的"国企"，而不是白手起家的"草根"民间长城保护机构。

媒体对长城保护的大量报道，引起了荷兰皇家壳牌（中国）集团的兴趣。我收到来自该公司社会与环境事务顾问迈克·西默先生的一封电子邮件。当时，中国石油公司正在主导评估"西气东输"工程对环境的影响，壳牌（中国）集团参与其中。"西气东输"管线从西部塔里木盆地蜿蜒向东延伸至上海，其中有 12 处地段与古长城相遇。壳牌（中国）集团希望得到我在长城保护方面的建议，具体说就是如何把管线对长城的影响降到最小。迈克邀请我去他们在国贸的办公室一起讨论。他在邮件里对我的称呼是国际长城之友协会会长，我觉得很尴尬，因为就连往返打车的费用都得我自掏腰包。

我们谈得很顺利。"西气东输"工程是关系到国计民生的大事，我曾经在油田工作过，知道有定向钻探的技术可以减少实施工程对长城保护的影响。因而我给出的建议是，第一，管线应当从长城下面穿过；第二，长城是文化与自然景观，不仅要保护长城本身，也要保护长城周边的环境。对方很客气地接受了我的建议，然后我们握手再见。

一个月之后，我收到迈克的邮件，他感谢我给他们的建议，并说他关注了协会的网站，看到我们做过的事情，尽管活动不大，但非常有意义。他还说他们正在寻找支持有关社会责任和可持续发展的合作项目，问我是否有合适的项目推荐。我真有点受宠若惊。往日都是我上门寻求帮助，如今这么一个大公司敲我的门来请我帮忙。问题是，我能提供什么样的项目给他们呢？是已经做过的项目，如在另一段长城上建立另一个环保站，还是开发一个从未做过的、更有说服力的项目呢？

我想到了原先计划对长城老照片中出现的地点进行重摄的项目，这个项目肯定更加吸引壳牌（中国）集团的兴趣。我和吴琪再次来到壳牌（中国）集团办公室时，带去了满满一个文件夹的老照片扫描件，还有一些原版老照片以及威廉·盖洛的原版图书。迈克立马明白了这个项目的潜在意义，这正是他寻找的好项目。通过这个项目或许可以提醒人们减少对长城的破坏，并认真规划长城的未来。

我开始讲述这个项目的实施方案："我将用 3 年时间，在每年的春秋两季外出考察，重新拍摄至少 150 个长城老照片中的地点；从中选出能说明问题的对比图片，办一个展览，出一部中、英两个文版的图书。除了北京市文物局将会为我提供免费的展览场地以外，其他诸如外出拍摄的差旅费、冲印图片、出版图书和举办展览等的总费用大约为 75000 美元。"

"打住，威廉，这个计划似乎有点大。我打算先提供部分支持，这部分支持作为'种子资金'，让你开始工作，一年之后我们来看看实地拍摄的成果怎么样，然后请相关人士评估一下。如果效果良好，那么这项工作就可以一步一步地往下进行。"第一年，壳牌（中国）集团资助了国际长城之友协会 15000 美元。我们签署了"采购合同"，承诺一年之后向他们提供长城全线至少 20 个地点的新老长城对比照片，写出这些照片背后的故事，以及分析这段长城发生了怎样的变化。

按照计划，我们应在 2003 年春开启这个项目，但是一个意外事件耽搁了进程。有关肺炎传染病的传闻像野火一样扩散开来。2003 年 4 月的一天，我问杰米，老师是否提到有传染病的事，他说没有，但是班里原来 30 个同学，现在只剩下七八个来上学了。当时，我正准备"野长城周末"的活动，我和吴琪商量，杰米和汤米都不要去学校了，我们一起到山里住几天。可是没过几天，村口被石头堵住了。村支部书记告诉我们，要么离开，要么留下，快决定吧，要封村了。

我们决定返回北京城区。报刊上已经证实病毒的消息，这是一种具有传染性的病毒，名叫 SARS（非典型性肺炎），已经在全国扩散了。

仅过了两天，北京的生活状态就彻底改变了。街道上行人和车辆明显减少，每个人出门都要戴口罩，小区楼道和大门口都要消毒，北京人都被动员起来抗击"非典"。我们去超市买了一大堆商品，回到家就开始宅着，所有的"野长城周末"活动都被迫取消。我告诉迈克，实地重拍长城也得推迟，因为现在整个国家都在原地踏步，抗击"非典"是头等大事。

在这段宅家的日子里，照看一个 9 岁和一个 3 岁大的男孩儿真不容易。好歹我们建立了一套日常生活模式：每天进行家教、陪孩子玩乐高、看电视，再就是出小区大门，去对面的农田原野里散步玩耍。

三四个星期之后，我开始出现嗓子痛和发烧的症状，当时我在心里做了最坏的打算。吴琪去小区诊所看有没有医务人员上班，结果发现那里除了"铁将军"把门之外，还有一张贴纸，上面写着：非典期间，暂不门诊。我常去看病的中日友好医院，这会儿已经被指定为"非典"病人接诊医院，我也不敢去了。

"我可能只是得了感冒……"我对吴琪说，"再等等或许就慢慢好了。"但是一周之后，我的症状非但没有好转，反而越来越严重。我经常出汗，枕头总是潮湿的，而且头很疼，即使吃了布洛芬也不见效。我突然想起在英国的侄子克里斯是个不错的内科大夫，于是，我给他打了长途电话。

我告诉克里斯我的症状，他仔细听后说："威廉叔叔，摸一下你的耳朵下面和颌骨间的区域，另外，照镜子看一下。"

"感觉很柔软……好像肿了。"

"威廉叔叔，我敢保证，你只是得了腮腺炎。"

克里斯劝我再忍耐几周，因为没有什么特效药能治愈腮腺炎。这不算坏消息，至少我没得"非典"。但是接下来的两周，我真像是跟在地狱里煎熬一样。10 天之后，我第一次有了饥饿感，能吃凉牛奶泡玉米片了。一个月内我的体重减少了 10 公斤。

"非典"逐渐被控制住了，但我们取消了回英国过暑假的计划。一直到 8 月都宅在家，我们和孩子们都急不可耐地想要出游。杰米在学校学了《吐鲁番的葡萄熟了》的课文，所以我们决定乘坐火车前往地广人稀的新疆吐鲁番和喀什，尤其期待那里飘香的烤肉和瓜果。我们一家人终于可以通过这次旅行从 4 月份以来的黑暗时期中解脱出来，不用再压抑了。

前往内蒙古寻找秦长城，2002年初。

羊群穿越秦长城。

在内蒙古乌拉特前旗找到保存最好的一段秦长城，2002年。

在内蒙古小佘太一个杂货店里购买到人造革炕席。

我与内蒙古乌拉特前旗小佘太的小学生们，2002年。

在寒冬腊月, Black Yak 品牌的防风抓绒上衣、长裤和帽子帮助我们御寒, 2004 年。

隆冬时节探索宁夏贺兰山明代夯土长城, 2004 年初。

鹅毛大雪之后, 我们将踩着齐膝深的雪继续前行, 2004 年。

宁夏红井子村的夯土墙高 6—8 米, 顶上的步道和垛口墙保存完好, 2004 年。

这位从未见过老外的牧羊人搞不懂我为什么对长城如此着迷。

穿过长城豁口的牧羊人和他的羊群。

送给我威廉·盖洛《中国长城》一书的玛约里·黑塞尔·笛尔曼女士，1991 年。

威廉·盖洛（1865—1925），1908 年穿越明长城，历时 81 天。

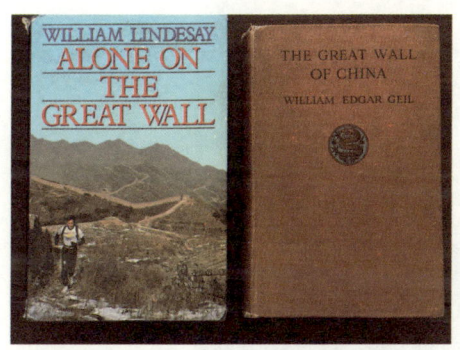

由两位威廉撰写的两本长城图书，相隔 80 年。

1987 年我在罗文裕拍摄的长城照片，与 1908 年盖洛在同一地点拍摄的长城照片对比。

网购的出现增加了我收集长城老照片的渠道，2003 年于北京名流花园。

我在箭扣长城牛角边上重摄老照片，2004 年。

长城研究老前辈罗哲文先生（右）和成大林老师（左）帮助我辨认长城老照片的拍摄地点，2004年于北京。

我在怀柔箭扣长城牛角边顶上重拍盖洛的老照片，2004年。

村民们给我指路，我却一脸茫然。2005年我在河北涞源县寻找长城老照片的拍摄地点。

古北口长城姊妹楼经历的变化，2014年。

古北口西水门村吕文财大爷带我去找姊妹楼，2004年。

全家人去英国哈德良长城"朝圣",2005 年。

原英国驻华大使克里斯朵弗·亨姆爵士（中）和夫人朱丽叶女士（右）在使馆官邸主持了《万里长城 百年回望》小型展览,2005 年。

2006 年英国女王伊丽莎白二世授予我帝国勋章之后,全家人在白金汉宫外合影。

全家人在白金汉宫四方庭里展示勋章,2006 年。

《万里长城 百年回望》首次公开展览开幕式在北京首都博物馆举行，2007年。

成对的"今与昔"长城对比图片挂在墙上，原版地图、长城老照片和相关资料展示在玻璃橱柜里。

再次见到我在1987年被驱逐出境时见到的翻译官周吉斌，2007年。

儿童长城绘画比赛在榆林世纪广场举办，2007年。

高秋燕（左）和丈夫杨尚俊（右）赠予我陕北剪纸《镇北台》，2006年于陕西榆林。

在榆林世纪广场举办的"万里长城 百年回望"展览的开幕式上，我荣获榆林"荣誉市民"的称号，2007年。

李生程（前排右）在陕西安边文化站安排了一场"说书"文化活动欢迎我的到来，2007年于陕西安边。

"还记得我吗？"1987年在宁夏盐池中学当英语老师的李东读着当年他在我日记本里的留言，2007年于宁夏银川。

全家人在甘肃山丹长城口徒步，2007年。

2007年重访家住甘肃山丹老君村的尹立忠（左二）和刘惠明（左一）夫妇。1987年我曾在大雪纷飞的4月天留宿在尹家两天。

《万里长城 百年回望》展览在长城沿线六个地方举办，其中包括嘉峪关关城，2007年。

汤米执导、杰米拍摄、我表演被塞门刀车阻拦的惨状，2007年于甘肃阳关。

纪念我独步长城20周年的"长城Jeep自驾行"在甘肃嘉峪关结束。我和我的"指挥官"合影留念，2007年。

我和朴铁军头顶烈日在戈壁滩上徒步15千米，最终找到汉代红柳木长城，2007年。

天来之树——方圆十几千米的戈壁滩上唯一的一棵胡杨树，2007年。

两米高的汉代木长城依然挺立在戈壁滩上，图中的人是朴铁军。

2008年我从原北京市市长郭金龙手中接过"长城友谊奖"奖牌。

29

我们也是志愿者！

　　长城保护问题的提出始于 1976 年还是 1984 年，是一个有待商榷的问题。1976 年"文革"结束，1984 年邓小平发出"爱我中华，修我长城"的号召，毫无疑问这两个事件都是长城保护的重要历史转折点。

　　长城作为特殊文物，应当有专门的法律法规保护。2003 年 8 月，王岐山任北京市市长期间，率先颁布了省市级的长城管理规定《北京市长城保护管理办法》。这则消息公布之后，《亚洲华尔街日报》邀我为该报"文化与思考"栏目写一篇文章。这篇文章的题目经过他们修改，变成了《经过个体力量的推动，中国万里长城终于有了保护法》。

　　我写的文章开头是这样的："在中国，当一个最著名的在长城上捡垃圾的老外并不困难……"我后来才意识到，在那个时期，我实际上开启了一个与 20 世纪 80 年代不同的长城之旅。这个旅程完全是未经策划的。想一想，谁乐意一次次弄脏双手、一遍遍经历心灵破碎呢？我最愿意做、最喜欢做的事是探险、研究、摄影、演说和写作，但是，我的责任心牵引着我也成为了一名长城环保志愿者。中国有句古诗："不识庐山真面目，只缘身在此山中。"而我来自远方，比起这里的人，更容易看到别人看不到的长城的独特之处。

　　在文章里，我还简要概述了《北京市长城保护管理办法》的 23

个要点。如"保护长城及其环境风貌""坚持原状保护、科学规划、合理利用的原则""划定长城的保护范围和建设控制地带""建立相应的奖惩制度"。我很高兴看到"刻划、涂污、损坏长城""在长城上架梯、挖坑、竖杆、堆积垃圾"等行为被列入禁止从事活动之列，违反规定者将受到 200 元至 3 万元不等的罚款。

然而，根据新颁布的《北京市长城保护管理办法》，如今在野长城上徒步似乎也要被禁止。北京包括我在内，至少有数百个野长城爱好者，其中大部分是中年偏上的摄影师，他们经常在不同季节、不同地段拍摄长城上日出日落、花开云海、金秋红叶的美景。除了中国长城学会，近期还出现了一个名叫"长城小站"的青年长城迷社团，以及"绿野"等户外徒步组织。

虽然我是一个外国人，但我从年轻时就来到中国独步长城，这些年我一直从事探索、考察、保护和宣传长城的活动。我的家就在长城脚下，长城就在我家后院，我早已从心底里把自己当成了一个本地人。我的身边有很多人支持、鼓励我继续追求我的长城事业，也有很多人在追随我的脚步。家人始终陪在我身边，我们的命运早已与长城紧密相连。

《北京市长城保护管理办法》颁布之后的一段时间内，来登野长城的人的确减少了。但是没过几周反而来了更多人，最热闹的时段是国庆节假期"十一黄金周"。每年劳动节和国庆节假期游客数量暴增，都会给野长城带来巨大压力。尤其是在 2003 年秋，"非典"疫情防控措施解除之后，人们外出旅游的需求大幅上升，野长城在大受欢迎的同时，城墙本体与自然环境也遭受了新一轮的破坏。"不到长城非好汉"，而现在对于大多数人来说到长城并费难事，真正关心和爱护长城才是难事。那一周前后 90% 的游客都会在野长城上随地扔垃圾。他们带着装满食物的塑料袋上山，然后两手空空地下山，留给环保员们漫山遍野的垃圾。又过了几周，冬天到了，游客基本不再到访，环保员们终于将垃圾清理干净，长城这条巨龙总算能长舒一口气了。

30

大雪纷飞宁夏行

　　"没有糟糕的天气，只有不合适的装备。"这是 Black Yak 的一句广告语。得益于他们的慷慨资助，我们没有把冬季浪费在"冬眠"上。接下来的探险不仅在中国境内，我们还越洋去了美国。

　　2004 年 1 月，我开启了穿越全美的长城演讲之旅。首先邀请我演讲的是位于旧金山的美国考古学院（Archaeological Institute of America），他们看到了我在美国《考古》杂志上发表的文章和图片。苏珊·兰普森女士是我已故好友乔治·兰普森的遗孀，她邀请我在明尼苏达州北田市卡尔顿学院（Carleton College）和明尼阿波利艺术学院（The Minneapolis Institute of Arts）演讲。之后，我在位于纽约曼哈顿的探险家俱乐部做了第四场演讲。我和杰米在纽约中央公园齐膝深的雪地里庆祝了他 10 岁的生日。全美巡回演讲结束之后，我俩又去英国看望了我的老父亲，最后回到北京的家中。起初，吴琪反对我带杰米一道去美国一个月，因为这会导致他无法参加期末考试。而我认为，不能按时参加考试可以补考，但这次随我一起游历美国的机会却是不可多得的。

　　我经历过最极端的冬季长城行是在宁夏。陪我一起去的除了杨肖，又增加了一个新朋友，他叫王宝山，曾经是央视的摄像师。这次他用镜头记录了我们一起探索长城的过程。我第一次见到王宝山时，他正为北京电视台拍摄有关我的纪录片。他摄像技术好，并拥有爬山越野的热情及能力，令我敬佩。多年来，我遇到过几个摄像师，当他们呼哧带喘地爬上山顶时，都已经累得无法工作。王宝山截然不同，这也是我对取着"珍宝大山之王"名字的人的期待。

夜晚，火车带着我们从北京直达宁夏回族自治区首府银川。像以往一样，我们在探索荒野之前，都要好好吃上一顿。西北的食物非常合我口味。河北、北京和山西的餐厅里，常常是千篇一律的白米饭，外加油腻腻的炒菜。从陕北开始，食物种类有些变化，更多的是羊肉、面条和土豆。宁夏大部分是回民，他们牧羊、种小麦，吃羊肉和烤面饼。有一道羊肉泡馍，就是把饼泡在羊肉汤里。有意思的是，食客必须参与制作食物的部分过程。你点了羊肉泡馍后，先拿到一个大碗，里面装着一个死面饼。你得自己动手把饼子用手掰成小块，然后把装有碎馍的碗送到厨房柜台，柜台后面的厨师会给你盛满热气腾腾的羊肉汤，再放上粉条、白萝卜丝和几块羊肉片，上面再撒上香葱末。碗里75%的空间被慢慢膨胀的面饼占据，不硬也不软，还有点黏牙。最后，再往碗里加上一勺油泼辣子，就着糖蒜开吃。羊肉泡馍既好吃又能饱腹，是中国西北的一绝。

吃过羊肉泡馍，身体暖洋洋的，但是屋外却大雪纷飞、寒气袭人。银川附近有毛乌素沙漠、贺兰山脉、阴山山脉和太行山脉，迫使黄河由南向北、由西向东，再由北向南流动。我们这趟探险的目的地就在银川以西30千米的贺兰山脚下。

我们找到一个愿意送我们的"面的"。出了城，穿过黄河水浇灌的肥沃农田，再往西，农田渐渐被寸草不生的戈壁滩取代，贺兰山就在前面。我们在山脉与戈壁之间的三关口附近找到了长城，它被道路穿出豁口。这里是夯土长城，地面上可见部分有两三米高。我们从这里开始徒步，沿着长城向南走。我携带的《宁夏公路图集》里清晰地标注了这段长城。

走了几千米后，长城变得又高又宽，总体来说，墙体状况有了明显的改善。我更倾向于用"社区"来代替指称这里的村庄，这里所有房子都是贴着长城盖的，一个挨着一个，有十五六个，它们都以一段明长城作为后院墙。长城变成了他们住房的一部分，这样既节省了建筑材料，也节约了人力。房子是用黄土夯成的，我曾在甘肃省亲眼见过夯土的情景：十几个人，有男有女，排成行，边唱歌边劳动。有的挖土，有的往搭建好的长方形木板模子里填土，大部分人站在模子上面，伴随着劳动号子的节奏，将手中的夯杵（T型木棍下头固定着一大块石头）用力砸向松软、潮湿的泥土，将其夯实。所有人在同一时间做同一动作，如同一个巨大的人体夯土机器。他们修这堵墙来防止羊群破坏附近刚刚种植的小树苗。这些树苗一旦长大成材，就会作为"绿色长城"的一部分抵御沙尘暴。我惊奇地发现，如今人们修夯土墙的方法与他们的祖辈如出一辙。他们在夯土时哼唱的小曲儿是"孟姜女哭长城"的古老传说。

起初我很好奇，为什么他们要在炎热的夏天修墙？根据东部长城城工碑记载，砖石长城均修建于一年的春、秋两季。这里的长城在夏季修建，或许与当地的建筑材料——水和土有关。戈壁沙漠地带干旱缺水，人们只能趁着夏季多雨时节用自然润湿的泥土修墙。

眼前的鹅毛大雪越下越厚，四周能见度越来越低，也越来越寂静。不到一个小时，原本单调的棕色大地披上了银装。尽管雪花急匆匆地下着，西北风使劲地刮着，我们仨依旧不顾一切地前行。不远处有一所房子紧靠长城——这是这块荒芜之地唯一的建筑。我们想，或许我们可以与房主一道住在房子里。但是走近一看，才发现这个房子破旧不堪，早已废弃。残留的只有摇摇欲坠的屋顶和水泥地板，但它已经算是我们在暴风雪中的最佳营地。

我们把两个帐篷并排搭在一起，这样可以节约照明用电，也可以互相取暖。做饭区域设在两顶帐篷的门前。天渐渐黑下来了，我走出破房子，雪依旧下着，雪花借着风势横向飘落。热汤面出锅了，我刚摘下手套手就被冻僵了，于是我不得不学习戴着手套使用筷子的新技巧。

我很高兴睡袋里的温度大约有 25 摄氏度。睡觉之前，我们仨分工为一些食物保暖。半棵圆白菜、几个西红柿和鸡蛋、面包分别藏进三个人的睡袋里面。气罐一类的装备专由杨肖负责。去年我和杨肖一起外出探险时，他带的汽灯因为室外温度太低几乎无法使用。他把汽罐放在正在烧水的锅盖上加热，当我俩围着炉子跺脚取暖时，突然听到"砰"的一声巨响，吓得赶紧躲开。"上帝！怎么回事？"几秒钟后，我们回头看见锅里的水冒着热气，可锅盖和上面的汽罐却不见了踪影。看来这个办法很危险。所以这次杨肖只好也用"睡袋保温法"为气罐保暖了。

第二天一早，暴风逐渐消停了，但雪依旧在下着。外面的雪已经深到膝盖，四周全是白茫茫的一片。我们舍不得离开这座破旧不堪却又珍贵无比的"避风港"。等到午饭时间，雪还下个不停，我们决定再等一个晚上。无力阻止风暴，最好等待时机。这是我在油田工作那几年积累的户外经验。当天下午晚些时候，雪停了，风住了。天空和大地分成灰白两种颜色。

第二天一大早，我们收拾拔营，急急忙忙离开这冰冷的营地。天空灰蒙蒙的，大地还是一望无际的白色。我们背起沉重的行囊，艰难地在齐腰深的雪地里像蜗牛一样向前挪动。整整一个小时，才走了不到 1 千米。我突然发现身边的白色长城已经消失得无影无踪。这段好几百米的长城怎么说没就没了？下一段能看到长城的地方在哪里？或许我们可以沿着依稀可见的贺兰山摸索而行？我们一个跟着一个地向前走着。不远处出现的一座孤零零的土房子正冒着袅袅炊烟，一个村妇倚在羊圈旁边喂羊。她见到我们既惊讶又高兴，热情地迎我们进屋，给我们端来热水喝。她告诉我们，前面不远处就能看到长城，而且越往前越高大，但周边没有村庄，也没有人，要喝水只有去找为军队照看水井的老王。告别这位大姐后，我们找回长城，雪也开始融化了。

当天晚上，我们在一个与长城相连的兵营废墟里露营，希望第二天上天眷顾，有个好天气。天刚蒙蒙亮，我爬出帐篷，发现头一天消融的雪已经结成了冰，走起来倒是容易了些。我小心翼翼地爬到一处三四米高的长城顶上，站定之后架起了三脚架，等待着散发温暖的太阳出现。当我拍下一张暖阳映在白雪上的美照时，又忍不住想象可以把它放进书里或者明信片里，这将是我在西部拍摄的最好的一张雪景照片。

太阳升起来了，春意也来到我们身边。时间一小时一小时地过去，我们身上的衣服一件一件地减少。到了中午，茫茫白雪中融化出一片一片的棕色，被白雪罩住的长城也慢慢露出了真容。现在来杯咖啡真是一种享受。等水烧开之际，我捡周边的石头来当板凳，却发现这些"石头"很特别，像是经人工打磨过的石雷残片。我在北京长城脚下农家院附近找到过几件火成岩凿刻的石雷，它们状如大菠萝，中空，用来装火药，被埋在敌人过往的路途中。

我们都没有把那位大姐的话当回事。心想，周围这么多雪，不愁没水喝。这几天我们一直都在饮用融化的雪水，还用它洗漱。但是现在雪很快融化了，我们也慢慢意识到缺水的危机。看到离边墙1千米之外有个棚子，我们就直奔过去。一条看门狗汪汪地叫着，一个男人和一个男孩儿出来迎接我们。这男人正是那个为军队看水井的老王。

"这里有驻扎的部队吗？"我们问。

"他们冬天不在，都回去过春节了。节后再回到这里进行几个月的坦克训练。"老王说。

我们仨一个接一个地用清凉的井水洗手洗脸，又把水瓶都灌满。离开之前我们在老王的窝棚里坐了一会儿。在他家门外，我注意到有几个石块与我之前发现的模样差不多，但是老王说这个不是石雷，而是夯土墙用的夯杵下面的石头。

　　那天晚些时候，我又进一步认识了在戈壁滩上修建夯土墙的用水问题。冰雪融化后，我们在大小石砾遍布的戈壁滩上行走，时不时地看到地上散落着陶瓷碎片。根据它们的弯度，我判断出它们曾经是水缸的一部分。当年修建长城时，用水不能干等老天爷恩赐，还得主动找水源，并且有所储备。最远的取水处可能是距离长城三四十千米之外的黄河，这些水缸或许就是储藏水的容器。但我有点怀疑，这些水缸残片或许年代并不久远，也许就是这些军训将士的日常用具。

　　我们在长城烽火台上也发现了一些陶片，这些陶片不可能是近些年解放军用过的。军训的过程中没有必要把储存水的容器放到烽火台上，所以它们很有可能是明代守城士兵使用过的。

　　发现这些长城建筑过程的细节很有意思。这里的夯土墙保存得非常好，连续好几千米的墙的高度都在5—7米。究其原因，可能是这里地广人稀，再加上有西边的阿拉善沙漠和贺兰山脉"保护"，东边的戈壁滩也成为军队常年的训练基地，使得一般人无法进入。我数了数，这段长城最好的段落墙体有43层夯土层。

　　更为惊奇的事还在后面。徒步到第五天时，我看到了一段保存状况最好的夯土长城——墙高达9米，顶上的宇墙和步道都保存完整，步道宽3.5米。

31

长城——世界新七大奇迹之一

经常有人问我，万里长城是否是一个世界奇迹？如果简单回答，当然是。我认为，一位优秀的评委一定是没有成见的世界旅行家，我可能会"大言不惭"地说自己应当属于这类人。在我眼里，长城不仅是一个世界奇迹，它还是世界奇迹中的佼佼者。或许一些人认为我是一个"中国中心论"者，但我想我并不是首位持这种观点的人，100多年前的美国人威廉·盖洛也有如此看法。盖洛先生在他有生之年广泛游历了世界许多地方，包括中国的万里长城。

我心中的世界七大奇迹分别是：中国万里长城、中国兵马俑、埃及吉萨金字塔、埃及帝王谷、希腊卫城、约旦佩特拉古城和柬埔寨吴哥窟。其中埃及吉萨金字塔属于古代世界奇迹，中国万里长城、约旦佩特拉古城属于世界新奇迹，另外四个是我自己评定的。"古代世界七大奇迹"是指埃及吉萨金字塔、巴比伦空中花园、阿尔忒弥斯神庙、奥林匹亚宙斯神像、摩索拉斯陵墓、罗德岛太阳神巨像和亚历山大港灯塔，它们是公元前450年希腊历史学家希罗多德在他的著作《历史》中评出来的。严格地说，这些古代世界七大奇迹应当被称作"古代希腊七大奇迹"。因为它们都修建在希腊雅典方圆1000千米之内的地中海东部沿岸地区，还不具备世界性。在18世纪至19世纪期间，当欧洲"壮游"开始兴起，希腊卫城和罗马斗兽场也被认为是世界奇迹。

然而，它们依旧局限在西方文明的源头古希腊和古罗马范围之内。只有当人们不仅仅为了征服、殖民和贸易而去了解其他地域，这种状况才得以改变。

对世界奇迹的重新认识开启于19世纪。在那个探索发现的黄金时代，异国他乡里历史悠久、规模巨大、美丽神秘和意义深远的"奇迹"都加入了这场"文化竞争"之中。探索先驱发现的纪念碑式的历史遗迹，变成了普罗大众的梦想。20世纪60年代航空业的发展，让人们有可能实现这些梦想。随着旅游人数增多、旅行指南书大量发行，旅游业也逐渐成为主要产业。一些有创意的商家为了刺激大众旅游，更是竭尽所能地宣传，比如他们列出"一生一定要造访的地方""人生目标清单"等来吸引游客。到了21世纪初，为了促进旅游业的发展，各国都在评定世界奇迹，无论在官方还是在民间，这都成为一件头等大事。

威廉·盖洛是个旅行大家，其传记《不断变化地平线的探索者》的防尘封面上就是一幅世界地图，红色的线条（长城是红色雉堞线）标出了他游历过的地区和线路。这幅地图有两个地方吸引我，一个是西方文明的发源地欧洲，另一个就是中国长城。在盖洛先生探险长城之前，他曾逆长江而上，之后又游历了中国的五岳和18个省府。我认为，他是一位有资格评定"世界奇迹"的专业人士。

有的人在没有亲眼见过长城之前，就已经开始想象长城，威廉·盖洛和我都是如此。除我两之外，另一位威廉也有类似的经历，他就是威廉·斯蒂克利（1687—1765）。他在旅行英国哈德良长城的过程中，把哈德良长城与中国万里长城进行比较："罗马人的长城与中国人的长城相比小得可怜，只有80英里（约128千米），而中国长城的规模巨大到从月球上都可以看到。"

1793年，英国使节前往承德觐见乾隆皇帝时，在关于中国长城的记录中写道："万里长城所用的建筑材料比整个英国的建筑用的还要多。""如果把万里长城的砖石拆下来，建造一条一米高、一米宽的墙，将会绕赤道两圈半。"但是我认为，这些结论是没有根据的。因为他们只是见到了一小段长城就做出了这样的结论，如同"瞎子摸象"。威廉·盖洛则不同，他在1908年用了81天，从东到西走过明长城的大部分，是万里长城旅行第一人。以他的知识和阅历，足以评定长城是否为世界奇迹。

在盖洛看来，长城之所以成为奇迹，首先是因为大量的长城建筑材料需要众多的人力来运送。"长城建筑的原材料包括石头、砖头和灰浆等，这些都需要运到建筑工地，然后砌筑在墙上。只有那些真正的旅行者在气喘吁吁、大汗淋漓地攀爬到高耸云端的长城上的时候，才会对当年长城的建设者产生敬佩之心……"

"吉利沟"是箭扣长城所在的山谷，也是我的农家院的所在地，因此我能用自己多年的体验来描述这里长城的壮美景色。长城，包括它的长度和规模、它的荒芜和美丽，在西方世界里一直是一个传说，直到1908年美国人威廉·盖洛的到来。他是第一个将雄伟的长城及周边壮丽的景色结合起来描述的人。他这样写道："眼前豁然开阔的山谷被美丽如画的景致所包围……在大自然中，没有一处能比长城一带的景色更加神奇，也没有任何人类的壮举能比这个蜿蜒于满目青翠的群山、溪流和峡谷之间的长城更伟大了。"

100年前，就在今天西栅子村坐落的山谷里，盖洛先生发现并描述了箭扣长城的精髓："雄伟的军事工程与周边壮丽的景致完美结合。"我也发现了这一点，尽管比他晚很多年。两个威廉相同的见解，都源于对长城长时间、近距离的观察。如果盖洛依然健在，他也会同意把万里长城评定为世界文化遗产并加以保护。而且我相信，他还会同意我的另一个看法——长城不仅是文化遗产，也是自然遗产，应当作为文化与自然遗产加以双重保护。

尽管我和盖洛在长城问题上观点一致，但是我并不欣赏他对金字塔的评价："在见证了中国长城这个世界奇迹之后，我们不禁要对为了猎奇而穿越一条马路去瞻仰埃及金字塔的念头踌躇再三！"

现如今，古代世界七大奇迹除了金字塔依旧矗立不倒之外，其他的建筑和雕像都已经化为乌有。2007 年，1 亿人通过网上投票选出了"世界新七大奇迹"，它们分别是：中国万里长城、约旦佩特拉古城、巴西里约热内卢基督像、秘鲁马丘比丘遗址、墨西哥奇琴伊察库库尔坎金字塔、意大利罗马斗兽场、印度泰姬陵。中国万里长城排名第一。

古代世界七大奇迹和世界新七大奇迹之间的"比拼"十分微妙。埃及拥有吉萨金字塔，这是唯一保存下来的古代世界奇迹，埃及人不情愿将金字塔与其他后来者比肩而立，这也可以理解。但从高度比较，在 1889 年之前，埃及吉萨金字塔群中的胡夫金字塔是世界上最高的建筑，直到法国埃菲尔铁塔出现才屈居第二。但从历史久远来看，谁又敢和金字塔攀比呢？正像 12 世纪的阿拉伯谚语所说："人类惧怕时间，而时间惧怕金字塔。"其实，在我看来，很多真正的奇迹并没有被收录在世界新七大奇迹之中，如柬埔寨吴哥窟和埃及其他一些遗址，或者是像西班牙圣家堂那样的现代奇迹。总之，我觉得，一个人阅历越多，见识越广，就越会有新想法，而且个体对世界奇迹的"个性"选择或许更有意义。

如果一定让我选择出奇迹 No.1，我会选哪一个呢？恐怕我会在金字塔和万里长城两者之间难以抉择。金字塔令我惊叹不已，我造访了不下 8 次。我绕着它跑过，进入里面窥探过，在它的远处用镜头定格过。我还有幸在距金字塔咫尺远的米娜酒店下榻过，在那里，我足不出户就能在窗口拍摄到金字塔日出日落、阳光明媚和风雨交加的时刻。

金字塔屹立不倒，神秘又令人敬畏，万里长城也是一样。长城虽然历史悠久，但是现在世界上大多数人知道的长城是明长城，只有四五百年的历史。据公布的长城资源调查结果显示，明长城全长约8851千米。不同于金字塔的是，无论你爬多高、站哪里，总无法一眼看到长城的起点和终点。尽管三分之二的明长城已经遭到了不同程度的毁坏，但是剩余部分的体量依然惊人。

作为一个还算不错的马拉松运动员，1987年我用了近80天时间徒步了2470千米明长城。2008年，我和大儿子杰米顶着太阳、踩着细沙，绕吉萨金字塔群里的胡夫金字塔跑了一圈，仅用时15分钟。长城是世界上最长、规模最大的建筑，也是世界上使用人力、物力和财力最多的建筑。

万里长城首次出现在世界（至少看上去像今天的世界）地图上是在1590年。从那时开始，许多世界地图上都标注了万里长城。这对长城来说是特殊待遇，因为地图上从未标注过任何其他单个人造建筑。

万里长城的长度不仅可以用绝对数值，也可以用一些相对数值来说明，比如上面提到的徒步长城所需时间等。有一次我正在嘉峪关拍摄，一手拿着100年前盖洛拍的老照片，一手调整相机，准备在盖洛照片同一拍摄地拍摄日落下的长城。在等待日落的柔光当间，我抓紧时间给吴琪打了个电话，只想问候一下。谁知电话很久没人接，最后吴琪不快的声音在电话的另一头响起。

"我和孩子们都睡觉了……你怎么这么晚打电话？"

"睡觉？"我很奇怪，"怎么睡这么早？……天还亮着呢……"

"什么？外面早就黑了，有什么话明天再说吧，晚安……"

拍摄完毕，我回到酒店。当我打开中国地图，才意识到为什么吴琪埋怨我大半夜打电话。因为北京市中心大约是东经116度，嘉峪关市中心大约是东经98度，二者相差18度，有一个多小时的时差。当我站在怀柔正北楼上看冉冉升起的太阳时，我在想，那些在山海关游泳晨练的人，已经在15分钟之前就见到了日出，而远在西部嘉峪关的人还没从黑夜中醒来。400年前，明代长城上的百万士兵每天都要送走黑暗，迎来光明。戍守在长城东边山海关的兵士，会比戍守在长城西边嘉峪关的兵士早80分钟看到日出。太阳要经过1小时20分钟才能照亮整个明长城。

一年又一年，我在不同的时间、不同的地点多次欣赏日出。从山海关、箭扣、涞源、黄河边、镇北台、贺兰山脚下、河西走廊，一直到祁连山峡谷，这些美妙的景色都一一记录在我的照片里。这些照片在我的脑海里一张一张地翻过，仿佛一位绘画大师挥舞着画笔，从容地从蔚蓝色的大海沿着长城一直画到金黄的戈壁沙漠。

32

《怀柔长城徒步指南》

　　美国人威廉·盖洛的著作《中国长城》里有一些非常精彩的长城照片，是盖洛先生在探险整个明长城的途中，路经怀柔雁栖镇西栅子村和长城其他地段时拍摄的。在他的镜头里，那些山峰高耸嶙峋，敌楼昂首挺立，城墙蜿蜒曲折、勇往直前，每张照片的拍摄机位我都能辨别出来。其中一些地点从我家院子里就可以看到。

　　我注意到盖洛先生的《中国长城》一书大致上是按照长城从东到西的走向排布这些图片的，但是部分地方略显混乱。我仔细研究了盖洛在我家附近拍摄的照片，对照他写的文字，缕析出一条盖洛的怀柔长城徒步线路，弄清了当年他从哪里出发、在哪里停留，又在哪个地点拍摄照片。因此，我开启了重摄盖洛先生箭扣长城老照片的项目。

　　这个过程虽说简单，做起来却并不容易，但每完成一张照片的重摄又很有成就感。我把打印出来的图片按照地理位置从东到西排成一行。第一张图片上的地点与最后一张图片上的地点实际相隔大约12千米。在重走这12千米的过程中，我一边低头追寻盖洛旧时的脚步，一边抬头观察长城今日的变化。

　　现如今，拍摄长城非常容易，各式各样的照片搭配上数句感想，立马就能发在各类社交平台上与他人分享。其实，如果把威廉·盖洛100多年前在怀柔长城走过的路线，设计成一个新型的徒步旅行路线，肯定大受欢迎。因为近 20 年来，中国人开始热衷于户外运动，正需要更多有标识的徒步旅行线路。这一条"盖洛徒步路线"既有文化内涵，还可以让当地人收获经济实惠，因此必将受到徒步者和当地人共同的欢迎。

然而，我是第一个也是目前唯一一个"与盖洛同行"的人。我们的出发时间是 1908 年 6 月 13 日，出发地点是盖洛先生头一天住的地方——莲花池村。我手里拿着盖洛拍的一张莲花池长城照片，站在照片右上角那座高大的敌楼上，可以俯瞰通向莲花池村的小道。盖洛在《中国长城》中写道：

> 我们的骡队在长城关口"莲花池"停留了一宿。由于这个山村没有客栈，当地乡绅接待了我们，并尽了地主之谊。全村人都来看我们。尽管我们经常被这种情况所困扰，但还从来没有认真反对过。对于村民来说，我们的到来，犹如几年前一个马戏团来到我的家乡宾夕法尼亚州多埃斯顿城。我靴子的尺寸使众人感到惊诧。对此，我倒不觉得奇怪，因为我过大的脚同样也吸引了自己的注意。

> （摘自《中国长城》中文版，
> 山东画报出版社，2006 年第 1 版）

20 世纪 80 年代，我独步长城时也遇到过相似的情形。我被好奇的农民团团围住，他们对我穿 50 码的跑鞋也大感吃惊。从交界河到八道河的盘山公路附近，曾经有过一条骡道，沿着它可以从莲花池走到西栅子。这条路的大部分地段都紧贴着长城。穿过骡道便进入了与长城大致并行的山沟。盖洛爬上长城，而他的骡队则继续沿着山谷西行。接下来的几张照片都是盖洛站在长城根拍摄的。唯一站在墙上拍摄的一张，就是"三座楼"。我觉得盖洛这时只是暂时离开了骡队，爬上长城观望。接下来的几张图又是在 1 千米之外长城外侧拍摄的。他似乎重新与骡队会合，在与长城平行的小道上继续向西走。眼前的长城高大雄伟，几乎没有一点损坏。盖洛很兴奋，不停地按着相机快门。他的《中国长城》一书里包含 6 张在此地拍摄的照片（我估计还不止这些，其余的图片遗失在何处，无人知晓。寻找盖洛这些图片也是一个重要的任务，但这会儿我只靠他的这本书，就足以发现他的行踪），其中一张图片的说明是这样的："北京以北，景色优美。未来一定会吸引游客，带动旅游业的发展。"其实，在盖洛先生眼里，只有这段长城具备与古希腊建筑媲美的资格。如今，绝大多数外国游客把长城列入他们旅游目的地的首选，很多人已经造访过盖洛先生这张图片中的长城地段。100 年前，盖洛不知晓名字的地方已成了当下著名的旅游景区——慕田峪长城。

在盖洛骡队向西行进的过程中，从前一个拍摄点到下一个拍摄点，大约出现两千米的空档。为什么会这样？我琢磨了许久。起先我想，盖洛或许和一两个同伴儿离开骡队，攀爬长城，因为地势陡峭，没有携带沉重的照相设备？炎热的夏季六月天，人人都会挥汗如雨、疲惫不堪。而且，盖洛会考虑节约胶卷和时间，加快脚步，在山顶处与骡队汇合。然而，我发现这个猜想是不切合实际的。因为我没有考虑到，盖洛最不希望见到的就是与骡队走散。山脊越陡峭，与骡队走散的风险越高。我确信，在这个地方，盖洛离开了长城，跟随骡队沿着小路绕过看不见长城的岩石山包，一直向西走，始终没有机会拍到长城。

沿着这条西去的小路可以在一个豁口处登上长城，而且骡子也可以从这儿上去行走。这一段长城的地势比较平坦，盖洛又开始拍摄照片。他爬上一座敌楼顶层，把相机架到一摞城砖上，回头往东看，拍下"3 字形"长城。之所以叫这个名，是因为它的形状如同阿拉伯数字 3，在边墙的右侧还有好几处排水嘴伸出墙外。他再往西瞧，拍下了牛角边可以看到正北楼的一段。他的镜头似乎不够宽，右边40度斜角的雉堞墙并没有囊括其中。但是，这张照片依旧有趣——步道上植被稀少，人和骡子都很容易在上面行走，不像如今的六月天，上面长满了又高又厚的灌木丛。盖洛先生看到边墙弯成3字形状，一定不觉得奇怪。另外，为什么要绕道修一条像牛犄角形状的边墙？我猜想，盖洛知道这些答案。他于1908年5月31日从山海关老龙头出发，至今已经两个星期过去了。他已经理解了长城建筑形态各异的成因。

我们花了一整天的功夫穿越了一连串恢宏壮美的峡谷。北京城这个幅员辽阔的帝国京师，离这里80英里。这里高大宏伟的山峰才是适合于奥林帕斯山神们居住的地方！从滚滚波涛，到千仞之上，这个令人目瞪口呆的伟大建筑在向西匍匐而行的路线上一直连续不断。我们见证了中国的世界奇迹，我们不禁要对为了猎奇而穿越一条马路去瞻仰埃及金字塔的念头踌躇再三。

（摘自《中国长城》中文版，
山东画报出版社，2006年第1版）

当盖洛绕道爬上牛角边最高处的敌楼时，骡队则抄近道穿过牛角边。因为盖洛可以听到骡队的动静，所以他与骡队短暂分开并没有什么危险。他站在敌楼顶上向西拍了一张照片，上面可以看到正北楼、箭扣梁、鹰飞倒仰、北京结和西大墙。图说是：莲花池附近，一座连着一座的山峰与天际相接。之后，他从长城上下来重新与骡队会合，沿着山间小道去沟里的村子。路边开满了淡紫色的蓟子花，那个在山沟里与花同名的小村庄正是盖洛一行休整过夜的地方。他写道：

一直沿着峻峭山峰上的边墙走，之后的一条小路通向一座小山村——"蓟子沟"……村里只有六户人家。因为没有旅店，善良的山民将一座新建的房子供我们骡队使用，它被称作"吉利屋"。

（摘自《中国长城》中文版，
山东画报出版社，2006 年第 1 版）

1908 年蓟子沟只有两个大户人家，一家姓林，一家姓赫。早年村里的事，只有几个在这里住了一辈子的老人知道，比如我们农家院的管家老赫。

盖洛路经西栅子 90 年之后，这里靠种地过活的人依然清贫。我们"野长城周末"的运营活动包括采购、做饭、招待和登山等事务，做饭这一部分交给了老赫的儿媳妇林妹。有意思的是，盖洛的野外日志里有一些与林妹家族相关的细节。

村里每个人都惧怕我们……（他们）跑回家……把门打开一个两英寸的缝隙和我们骡队里的中国向导说话……我们的向导告诉他们，我们已经夜宿过许多村子，我们对当地人都很友好……当地人从来没有见过外国人……这个"吉利屋"是林先生盖的。

（摘自《中国长城》中文版，
山东画报出版社，2006 年第 1 版）

林妹对 1908 年威廉·盖洛曾经在林家"吉利屋"住过的事一无所知。她对林家祖辈热情接待过第一批外宾颇感兴趣，但对爬长城兴致索然，即使长城就在家门口。我问她去过哪一段长城："正北楼？"她说去过。再问牛角边、西大墙、九眼楼、北京结，她都说没有去过。

"为什么不去呢？"

"上面都一样……没必要都走遍……看一次就够了……我们没有你们老外对长城感兴趣……你们从大老远来。"她回答。

林妹的解释充分说明了为什么首个长城探险家和研究者是个外国人。多年来，也有很多人问我，出生在长城脚下的中国人为什么没有率先穿越整个长城？的确，没有人从明长城沿线重镇如居庸关、山海关出发，更没有人从帝国古都西安、杭州、洛阳或北京出发去考察、记录这座伟大的古代军事建筑。探索中国长城的第一人来自遥远的美国。他只是听说过这座建筑的大名，只是在地图上看到了长城，就不远万里来到中国，完成了这个了不起的长城之旅，他就是威廉·盖洛。直到 20 世纪 80 年代，在我来华前两年，出生在秦皇岛的董耀会和他的两个伙伴才终于踏上了长城探索之旅。

威廉 盖洛知道长城是多么独特。他乘坐蒸汽轮船来到中国，从地理学的角度，用旅行得到的亲身体验，向世人宣布：

> 在蓟子沟有天下最迷人的美丽景色，长城那奇妙的彩饰在峰回斗转间与苍天接为一线，周围是连绵的陡峭山脊，就如同它是群山的造物主挂在那儿似的。……昨晚我们在月光中眺望这个不可思议的景致时，我个人认为除了希腊帕特摩斯岛的夜月外，这儿的景色无与伦比。

（摘自《中国长城》中文版，
山东画报出版社，2006 年第 1 版）

我也知道长城有多么独特。我在《牛津学生地图册》的中国地图上找到我终生的目标，乘坐飞机来到中国，以独步长城的方式体验了整个明长城。

我的农家院——南吉利8号就在当年盖洛来箭扣长城时经过的村子。我家餐桌上方的墙上挂着威廉·盖洛的肖像，从肖像对面的窗口，我和盖洛都可以在日光和月光下看到万里长城。

1908年6月14日，星期天。盖洛作为基督徒有安息日不工作的习惯。他待在"吉利屋"里，用潦草的字迹在笔记本上记录下从莲花池出发以来看到的某块岩石、某个石雷和某些虫鸟花卉；还记下了林家人向什么"神"祈祷，以及林家缺水的情况——骡队8个人只给了一盆水梳洗。

1908年6月15日，周一。骡队收拾完毕，再次启程。在当地向导的带领下向北京结进发。后来经过研究，我发现了盖洛在当日打印的"长城信件"：

> 朋友，请接受我的问候！
>
> 现在，我在一棵栎树下的陡坡旁，在墙上的一个"神坛"边用长城青砖搭成的写字台上写这封信。这里是4000英尺高的长城，下面越过"水关口"可以看到远至天边的华北平原。这一绝佳的景色值得一位绘画大师挥笔操刀……在早晨5：30我们爬上了二道边。回首远望，景致壮美，让我动情。我将大相机派上用场，花了一个钟头拍摄三条长城交汇处的北京结。
>
> 北京结，我最终找到了你！你让从山海关、张家口和南口的长城，一路寻觅而来，在此交集。当年那些长城建设者们肯定不情愿离开这里，虽然它荒芜，它古怪，但它也如此迷人。我自认为自己是一个走遍天下的旅行家，但

这里的植被、山峦和平原让我惊奇无比，我还真没有见过比这里景色更好的地方。我希望，你也能跟随我的骡队，优哉游哉地爬上山岗，进入这天堂般的景色里……

1908 年 6 月 15 日，周一

西大墙，北京结

海拔 4000 英尺

（摘自《中国长城》中文版，

山东画报出版社，2006 年第 1 版）

盖洛从二道边去建在九眼楼旁边的火焰山营城。从这里他可以看见大约 3 千米之外的北京结。这时，他已经离开了我们的山谷，向西去探险长城的其他地段。首先，他去了涝洼子，然后去了四海镇，从那之后，他绕道向南去了黄花城。他离开了这里，但是留下了永久的印记——图片和日志。

1908 年的盖洛和 1987 年的我，在河北罗文峪只是擦肩而过，相互打了个招呼之后就分道扬镳，他向西行，我往东走。直到千禧年，在缩脖楼度过了那不平凡的一晚之后，我才意识到，我俩的友谊提升到了新的水平。我曾与他一起走进这个山谷，爬上这里的长城，再从这里离开。我们成了老朋友，他成了国际长城之友协会中的一员。因而我要确保，在我有生之年，只要我住在怀柔雁栖镇西栅子村一天，盖洛就是这里的"永久居民"。盖洛在这里留下了印迹和记忆，我要让它们鲜活起来。我不仅要让他从我家窗口看到长城，而且还要和他一道重新徒步在这段长城上。

从这时起，"野长城周末"的活动内容再也不同以往。我在发现中学习，再把这些新鲜的故事讲给新来的客人听。每次我领队时，盖洛也与我同行。我把自己的故事与他的故事结合在一起。比如在6月的星期六，早上6点半，我和我的客人都会站在当年盖洛站立的位置，我指给客人看盖洛当时看到的和拍摄的长城景观。通过比较我们俩的旅途，让我的客人了解到长城发生了怎样的变化。

当我的长城重摄项目在怀柔这个山谷完成之后，我俩继续向前探索其他的长城地段，一直向西到嘉峪关。在有的长城地段，我很失望地发现他曾看到的场景已经消失；在另一些地方，他也许对我见到的场景恐惧无比。我相信，这项长城重摄工作将对长城的未来产生极大的益处。正像英国作家塞缪尔·约翰逊所说："世间万物，凡能使吾人观之忘怀者，凡能超越过去、未来而总揽今日者，无不使吾人享尽人类尊严。"

盖洛偶然并幸运地看到了较为完整、保存良好的长城。然而，在他探险长城3年之后，一连串的战争、革命和运动接踵而至，长城遭受的蹂躏和破坏长达70年之久。在《中国长城》第一章"激动人心的前景"里，盖洛描述了他从旧金山出发，乘坐蒸汽轮船，横渡太平洋，不远万里来到中国的事迹。他一想到未来的探险旅程，激动的心情就难以平复："除了长城我们忘却了一切，我们吃饭时谈论长城，沉思时想的是长城，夜间闯入梦乡的还是长城。"其实，我和吴琪也和他一样。无论在餐桌上还是在走路时，我们都一刻不停地想着长城。我们反复问自己，如何才能找到这些老照片的拍摄地点？很明显，在我们山谷里的长城段，这不是问题。那么，在其他地段呢？肯定具有挑战性。

重摄是近些年主要为了描绘城镇变化而使用的一种技术，已经有几部高质量的相关书籍出版。我必须承认，在翻阅这些书（《重摄纽约》《重摄伦敦》等）里趣味横生的图片说明时，我能感受到摄影师的用心良苦。然而，明长城是世界上最大、最长的建筑。如果把它当作一条2500千米（保存状况比较好的部分也就有这么长）长的街道来看，可想而知要找到原拍摄地点和原机位的困难有多大！如果我有幸找到足够多的地段，而且能够出书的话，这本书的第一章恐怕得叫"望而却步的前景"。的确，在后来出版的《万里长城 百年回望》一书的序言中，我总结了寻找这些拍摄地点的多重挑战：

如果把一个地方的相关坐标事先输入卫星定位系统（GPS）的存储器，然后按坐标的指示搜寻，那么事情就容易得多了。因为奇妙的卫星技术，能够准确地确定方向和距离，从而引导使用者找到存储在卫星定位系统里的任何地点，误差不超过2米。然而，威廉·盖洛在一个世纪前拍摄的这张长城照片给我提供的唯一线索是它的文字说明，而这个文字说明也只是简单地说"Paishih K'ou，距 Futuyeh 60里"。让我啼笑皆非的是，无论这个文字说明里的地名还是实际距离都让我莫名其妙。两地之间的距离用"里"这个长度单位，张三会说30里，而李四则可能说是60里，全都根据地形变化伸缩。问路时我把"Paishih K'ou"和"Futuyeh"读出来，人们不是耸耸肩膀就是一头雾水地瞪大了眼睛——这也难怪，现在中国还有多少人知道19世纪韦德·吉尔斯（Wade Giles）创制的韦氏拼音？

我只好绞尽脑汁思索，同时仔细查看我自己在这一地区拍摄的长城照片，试图找到破解这个谜的线索。威廉·盖洛照片上的景观和敌楼似曾相识；我突然感到走错了路，很可能几天的路程全错了。

但愿我能找到老照片拍摄的大致地点，也就在周围几千米的地方！随后我在村里走街串巷地打听，希望村里的老人至少知道其中一个地点，并且指点我该怎么走。假如这招失败，我只好亲自登到高处去寻找了。

接下来要靠眼力加想象了。时至今天，我要拍摄的目标全都发生了变化，有的已经面目全非。向前看，仔细观察蜿蜒伸向远方的长城；再往下看，认真审视周围景物，与手中的老照片对照；随后，为了到达老照片的拍摄地点，我会在密不透风齐肩深的树丛中蹚出一条路。艰难跋涉的同时，我的信心也在增长。老照片的拍摄地点，可能近在咫尺！

看，这段长城的地平线轮廓与老照片完全吻合，老照片肯定是在前面某个地方拍摄的。此时此刻，怀疑转化成了坚信。我把拇指和食指组合成一个长方形，模拟拍下老照片的相机的取景，哈，"拉近"一点儿，就这么着，目标就在几米之外。我深深地吸了一口气，随后再仔细审视老照片。我把它慢慢举起，直到与肩膀平齐，环视周围，发现此处的长城及其背景与老照片完全一致。顿时，一种奇妙又兴奋的感觉涌上心头。又一个威廉到这里来了！这个威廉现在站在那个威廉当年驻足的地方，分毫不差。这就是我苦苦追寻的地方，威廉·盖洛对它是这样描述的："此处长城十分壮丽，为万历皇帝所修。"遗憾的是我来得太晚了——威廉·盖洛赞叹不已的四座敌楼早已损毁。尽管如此，我感到他用"壮丽"一词来描述这段长城，也绝非夸大。

沸腾的心潮终于平复了，我开始在威廉·盖洛一个世纪前驻足的地方拍摄现在的长城。

33

英国大使馆里的长城展

　　2004 年，"非典"疫情已经被控制住，但是"野长城周末"、长城重摄、长城环保等活动大都还处于恢复阶段。在这段时间内，外国游客骤减，因此我的客源也由国外转为国内，大多是居住在中国境内的外国人。经营业绩下滑的同时，我的空余时间多了起来。

　　韩国户外运动装备品牌 Black Yak 邀请我作为该品牌的"环境保护人使"，共同推广《山野之约》。他们在出售的户外装备的吊牌上，额外印上《山野之约》的 9 条户外行为准则。同时资助我们协会更换了西栅子山沟里的绿色环保牌。

　　随着国内游人增多，村民开始敞开大门，为游人提供食宿，"农家乐"随之红火起来。我们想利用一些环保活动，来影响经营"农家乐"的村民，并通过他们向客人宣传环保理念。这时候，沟里的土地即将被开发的传言不胫而走。

　　越来越多的村民将他们的老式宅院拆掉，然后翻新或者重建。青砖灰瓦的传统房屋建筑，逐渐被多层平顶的现代水泥建筑代替。遗憾的是，西栅子等 6 个自然村落失去了往日山村的古朴和典雅。尽管新建的房屋比之前的老房更方便、更卫生，但样式千篇一律，并不美观。我认为最好的解决方案应当是，在不改变乡村传统建筑外观的前提下，村民有权按照自己的意愿装修房屋的内部，政府也可以提供一些经费补贴。在我看来，长城景观包括四大要素：长城本体、周边的土地、村落和村民。很多村民已经移居城里，剩下的村民也在改变着村落。现在只有两个要素还值得保护，那就是长城本体和周边的土地。

我们协会的一贯原则是"尽力而为"，就是有多大力量，办多少事情。协会这一时期的主要工作集中在帮助"农家乐"的房主培养长城环保意识，进而影响他们的客人。我们的志愿者为每户"农家乐"送去了10张印着《山野之约》的长城景观明信片。我们希望村民能够明白，这里的长城和山谷是他们生活的源泉，他们作为主人，应当向客人传达共同保护长城环境的理念。

山谷里土地的使用更是一个令人头疼的问题。许多村民把土地出租给开发商，自己专门接待游人。盖洛在《中国长城》中写道："植物学家一来这里，毫不费力就能装满标本夹。"比起我去过的其他长城所在地段，这个山谷最让人喜欢的是它的花草树木，不仅数量多，而且种类丰富。我邀请北京植物学家陈教授和他的学生来家做客，并对这里的植被做过一些考察。仅仅一个周末，他们就辨认出100多种植物，有的还非常稀有。然而，不久之后这些植被都受到了外来物种——柳树的威胁。

听说种植柳树不仅可以编箩筐出口到日本，还可以为当地绿化提供树苗。但是包括村民、开发商在内，没人意识到柳树是个危险树种。它生长快，成材期短，长得高大，会剥夺其他植被的水分和阳光，危及山里本土植被的多样性。柳树最糟糕的特点就是吸水量大，在自然状态下，柳树大多生长在河边、湖边等水源充足的地方。但这个山谷降雨非常稀少，种植这种树会吸收大量地下水，导致地下水位降低。长此以往，从井里打水会更加困难（在我写作本书的时候，水井深度已经达到300米），再加上近些年游客激增，用水量加大，缺水的情况更加严重了。

在我们组织的更换环保标志牌活动中，大约40个志愿者来到我们的农家院，帮助组装和安置这些牌子。我即兴地做了一段简短的演讲："毛主席说：'不到长城非好汉'，但是，去年因为'非典'疫情，我们没有办法上长城。现在'非典'过去了，天气渐渐暖和起来，'五一'假期临近。现在人们有了钱、有了车，公路又四通八达，成为到长城的好汉已经不算费劲，而我想我们还可以成为爱长城的好汉！"

我无意中把毛泽东"不到长城非好汉"诗句中的"到"字换成了"爱"字，变成了"不爱长城非好汉"，从此，这句话也变成了国际长城之友协会的一个新口号。

我的长城重摄项目开始的进展十分顺利。我重摄了包括山海关、嘉峪关和北京等地区的 25 个地点。在做这个项目的过程中，我的收获除了成对的新老照片，还有老照片背后的故事，以及寻找拍摄地的趣闻轶事等。我想，如果这个项目再做一年，我至少能出版一本可以在世界范围内销售的英文画册。但是反过来一想，在国外出版这样的图书，除了挣一点稿费之外，还有其他什么用处？我是否应当让中国各级文物部门和长城团队了解这个项目，并且让他们有所触动呢？

如果简单地把这 25 组新老照片装进文件夹，拿给赞助商壳牌（中国）集团看，并不能确保他们会继续支持这个项目。我们希望策划一个能向有关人士展示成果的小型展览。我和吴琪心里明白，无论要花多少钱，无论最后结果如何，举办这个展览都非常有必要。

时任英国驻华使馆政务参赞的吴百纳女士经常参加"野长城周末"，她还经常带着她的母亲与我们一道徒步。她告诉我，英国驻华大使克里斯朵夫·亨姆爵士很乐意支持我的工作。那时我觉得她只是在说客套话，没有当回事。但这会儿，我想或许这位大使真的愿意以某种方式帮助我。在此之前，我从未见过亨姆大使。当我拨通了大使馆的电话，介绍了自己和这个项目之后，大使很感兴趣，马上邀请我和吴琪前往位于北京光华路上的使馆官邸见面详谈。

在友好的气氛中，我们和大使一起享用下午茶，无所不谈。我们从北京城聊到长城，但我却对想要借用大使官邸作为展览场地一事张不开口。最后，还是吴琪见缝插针提了出来。

当大使说到"我在中国就是要促进英国商务工作和中英文化交流……"时，吴琪说："那太好了，威廉就是想请您帮助，在您的官邸举办一个小型的长城新老照片对比展……"

我想，接下来肯定是尴尬的冷场，但事实出乎我的意料，大使微笑着说："这真是一个好主意！我们这里的房间就很适合办展览，如果地方还不够大，我们可以把所有家具都挪走，你看这样行吗？"

吴琪接着说："我们可以制作30块展板，挂在墙上，现在是否可以看一下房间？"

"当然可以……来，这边走……看完展览之后，所有参展人可以一起来享用茶点……自助餐怎么样？这样当晚的活动就完美了。"大使说。

"那太棒了！我们会邀请大约30个相关人士和媒体参加……那么谁来发邀请函呢？是使馆还是我们？"吴琪穷追不舍地问。

大使说："这个使馆能做，你们提供名单和地址就行，我们用快递发邀请。"

听到这里，我已经兴奋得不知说什么好了，任由他俩安排所有活动细节。敲定整个活动的流程只用了10分钟的时间。

接下来需要设计展板。老问题，我们没有足够的经费。当时在搜狐公司做设计工作的殷峻，曾经给协会设计过文化衫和宣传册，我们请他利用周末和晚上的业余时间，帮忙给这次展览设计展板。展板上的文字和图片需要多次校对和调整，加上分层设计，文件很大，在网上来回传输非常困难，最好的办法就是我们到殷峻家，坐在他的电脑前直接修改。吴琪问殷俊要地址，说我俩可以打车过去。殷峻犹豫了一下说："最好我们在大院外面一个地方见面，然后我们开车接你们来家。"我们见面后，殷峻和他的妻子稍微解释了一下，说带一个"老外"去他家可能会遇到安保方面的问题。

"我们住的是我父亲的房子。这个大院一般不允许外国人入内……不过，别担心，我们想办法把你'偷运'过去！"

"什么！偷运？怎样做？"

"先把这条围巾戴上，再戴上这副墨镜，拿着这张报纸，假装阅读。"

"但是……"

"坐低一点，把报纸盖在脸上，只要门卫看不出你是老外就行。"

当我们接近大门时，每个人都屏住了呼吸，直到栏杆抬起，我们悬着的心才放了下来。

中国有句话：凡事别高兴得太早。该死，一会儿工夫，电话铃声响了，他们还是发现了我！殷峻使尽了浑身解数也没有博得门卫的同情。无奈之下，殷峻不得不把他硕大的电脑主机放进车里，开了30多千米，到我家去修改。那时谁也没有笔记本电脑，更不用说智能手机了。

全部展板设计完了，满满当当地装了34个索尼CD光盘。当时DVD光盘还很少，小巧的U盘更不存在。吴琪用一个旅行包将这些光盘送到了位于北三环牡丹园宾馆附近的晶利达图片社，与主管制作展览的曹经理没费多少口舌就谈好了印刷和制作的价格，以及布展和撤展的相关事宜。

2005年2月2日周三下午，离展览开始仅剩4个小时，晶利达的货车到了，五六个工作人员一转眼的工夫就把展板布置好了。

整个展览充满了激情，人们热烈地讨论着如何合作、如何有效地保护长城。它展示了一个小小NGO（非政府组织）的创造力，外加一点"外交手腕"，一切都非常完美——这正是争取壳牌下一期资金所必需的。

这个项目也得到了北京市文物局的认可，就连当时的国家文物局博物馆与社会文物司（科技司）司长宋新潮先生也应邀发表了讲话。

他认为长城的这些变化说明，长城亟待保护："向公众展示这些对比照片，用显而易见的方式，提高公众的长城保护意识，是一个非常好的方法。"当时的北京市文物局副局长孔繁峙先生答应在对比照片全部拍摄完毕时，北京市文物局将给我们提供北京一流的展厅做一个大型展览。

诸多老朋友都来了，罗哲文先生、成大林老师、王雪农老师、吴梦麟女士，还有长城沿线帮助过我的新朋友。新华社的前同事林谷担任口译，使展览的双语座谈会进行得非常顺利。

展览获得圆满成功，也得到了中国官方的认可，壳牌（中国）集团的迈克·西默和他的"头儿"尼克·伍德为此感到非常高兴。他们认为这个项目没有理由不继续下去，随即签署了第二期和第三期的合作协议。

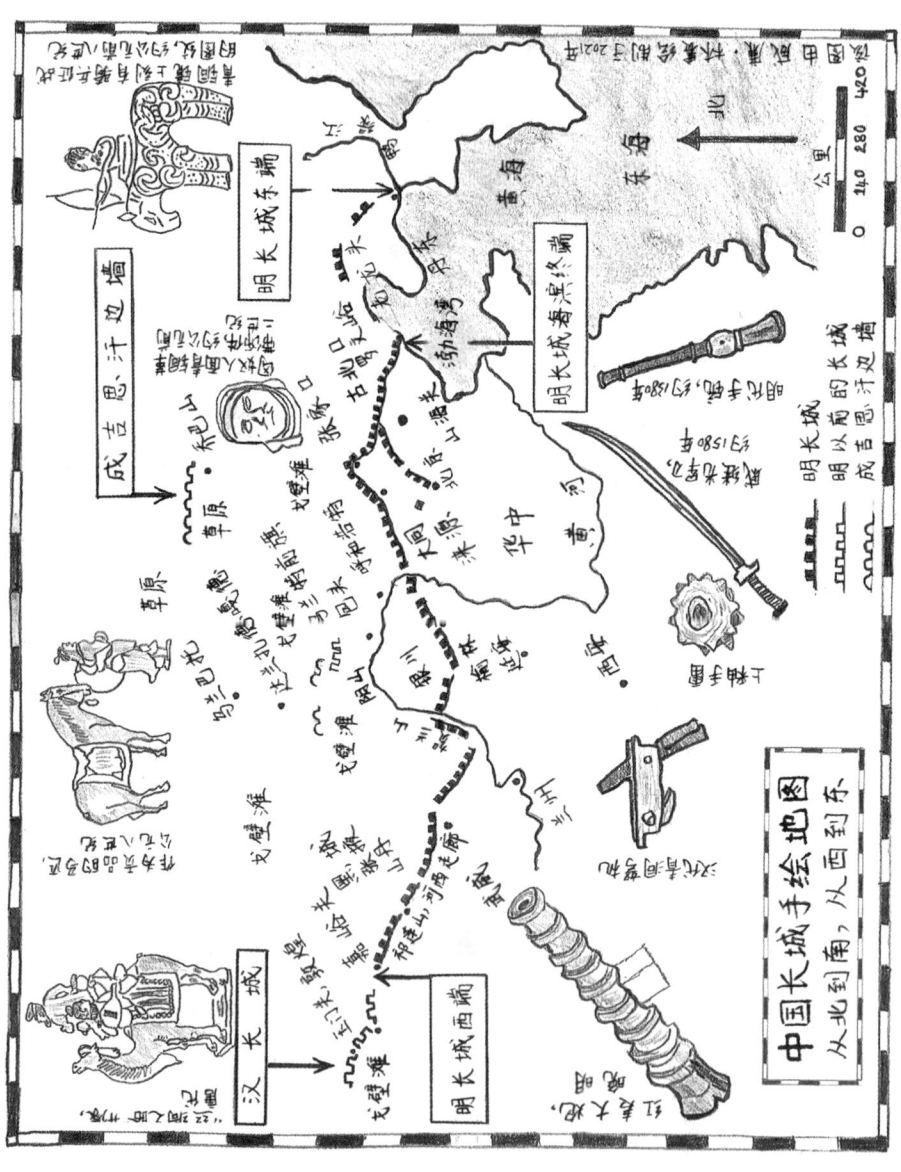

34

重摄长城中的新故事

肖像摄影要抓住拍摄对象的特征；新闻摄影讲究快捷和实效；风光摄影则要找到最佳视角拍出全景图。而长城重摄有所不同，我所追寻的是新老照片取景的最佳重合效果。当我找到一个老照片的拍摄地点，最奇妙的感觉是，我好像在现在与过去的时光之间穿梭。在不同的重摄地点，拍摄过程中的感觉也不同，有的是兴奋，有的是惊愕，有的则是沮丧。我经常会感到我在与老照片的摄影师同行，那位摄影师在长城上永久地留下了他的个性。

我把甲壳虫乐队主唱约翰·列侬和保罗·麦卡特尼的《在我一生中》的歌词改了几个字，变成了自己重摄长城的怀旧之歌：

在我一生中，
有些地方终生难忘，
有些地方变化无常，
有些地方不会变好。
消逝的消逝，留存的留存，
所有这些地方都能唤起，
我对新老朋友的回忆。
逝者已去，生者依旧。

在我重新造访长城的路途中，

我再次与所有人相逢。

　　盖洛先生《中国长城》中的图片是我重摄长城的主要资料库，它们从东到西，一处连着一处展示了整个明长城。同时，我也收藏了其他人，如斯坦因、克拉普、克拉克和索尔比等人拍摄的长城照片。他们都是 20 世纪初的探险者，仅有少量老照片保存在了一些出版物里。这些老照片同样开阔了我的视野。我的老照片资料库中还有一些散装的原版照片复印品。在香港和伦敦时，我经常去逛一些特别的画廊、艺术品店，偶尔碰到一些与长城有关的老照片，都会立即收集起来。其中一部分来自于 19 世纪末 20 世纪初北京的一些老照相馆，摄影师们把照片出售给有钱的游者，再由他们带去世界各地。还有一些老照片是我从 eBay、Invaluable 等网络平台上购买的，很多价值不菲。经过若干年的收集，我见证了老照片价格不断攀升的过程。近来，一些财大气粗的"机构"也加入收藏老照片的行列之中，使我再无法与他们竞争。到 2004 年为止，我已经收集了 400 余张老照片。

　　为了拍摄方便有效，我将老照片按照拍摄地点分成七组，从西到东，在中国地图上依次排开。最西边在玉门关地区，最东边在山海关老龙头，其间包括嘉峪关、陕北、河北涞源、北京和古北口地区。在重摄长城当间，我常常停下来思索，这个地段的长城未来会是什么样的？我拍的"新"照片，过多久就会变成"老"照片？我是否还会回到此地见证它未来的变化？或许我会像拍到长城老照片的摄影师那样，与一些新人结缘？ 15 年之后的今天，我终于可以对比眼前的长城，找到一些答案。到 2008 年，我总共重摄了 150 多个地点。后来又陆陆续续补充了几处。在所有重摄之旅中，有四个地方给我留下了深刻的记忆。

　　第一个地方是玉门关。威廉·盖洛并没有去过玉门关，他的旅行目标是整个明长城，最西边到达明长城的西部终点嘉峪关即止。

1906 年，英国人奥雷尔·斯坦因（1862—1943）从斯利那加（昔属印度，今属巴基斯坦）出发，翻越帕米尔高原，进入中国西北。沿着塔克拉玛干沙漠南缘前往敦煌时，他先在喀什休整。当他来到敦煌莫高窟千佛洞时，被藏经洞里的经卷、绘画等珍宝震惊，他使用各种伎俩劝说道士王圆箓，最终支付了 150 个金币，将大批佛教宝物从藏经洞运至大英博物馆。

此后斯坦因在中国臭名昭著，他被认为是一个十恶不赦的敦煌文物强盗。1980 年，彼得·霍普基克出版了《丝绸之路上的外国恶魔》一书，详细描述了 20 世纪初的殖民探险时期，多国的"小偷和强盗"伸出魔爪，掠夺中国西北部的文物。然而，斯坦因敦煌探险的另一面并不被人所知，那就是他对敦煌以北 80 多千米的汉代长城和烽燧的考古研究。无论从学术上还是从实践上来看，他的考古日志都是极具价值的。他不仅记录了他所观察到的长城和烽燧，而且研究了它们在御敌和传递信号上的作用。他还请人翻译了上千件汉代竹简，从而阐述了古代军人作战的场面及驻守的日常。

斯坦因考察汉长城时，做了详尽的笔记，绘制了精确的地图，还有序地拍摄了长城和烽燧实景。在其著作《沙埋契丹废墟记》里，他发表了十几张汉长城图片，展示了汉长城用土坯建造的烽燧，以及用芦苇、红柳木和砂石层搭建的边墙。斯坦因拍摄照片时，也非常注意实景比例尺寸，他经常用正在参与测量和发掘的随行人员，甚至他的"四腿朋友"——爱犬"达西"当作参照物。"达西"是跟随斯坦因万里探险的名犬，英国《每日邮报》曾过一篇标题为《探险犬》的文章，说它跟随斯坦因在塔克拉玛干沙漠探险时，行程达 1 万英里，如果加上它追逐、撒欢儿跑的路程，行程超过了两万英里。

我对斯坦因和他的忠犬在戈壁探险的故事很感兴趣。2019 年，我收到了一位朋友的邮件，他知道我爱好研究和收藏长城相关文物，于是提醒我，英国伯克郡梅登黑德拍卖行里正在拍卖"达西"的一个皮质项圈。斯坦因称它是"爱犬成就项圈"，专门为纪念"达西"参加 1906 年至 1908 年中亚探险之旅而制作的。项圈上面镶着 9 块黄铜牌，刻有 27 个"达西"探险过的地名，包括敦煌地区的汉长城。这件极其珍贵的文物，最终加入我收藏的行列。

第二个地方是从戈壁滩一路向东，进入黄河大湾子里的毛乌素沙漠南缘的陕西安边小镇。2005 年，我第一次去那里，带着一摞克拉克和索尔比在 1908 年动物学探险考察中，以及地质学家菲德克·克拉普在 1914 年的石油勘探中。这些照片上的长城都是夯土墙，烽燧外面包着砖，但部分被不断向南推进的沙海所掩埋。对于能否找到这些照片的拍摄地点，我没有抱太大希望，直到有一天我找到了李生程，如果他早出生上 80 年，肯定会是中国的威廉·盖洛。1992 年，他对家门口的长城心生好奇，决定从西到东徒步全程。他从盐池到府谷，徒步 900 千米，找到 1115 座烽燧，并给每一个烽燧拍了照片、编了号码。走运的是，他把所有的照片按照地理顺序排列，并装进自制的相册里。当我给他看老照片的扫描件时，他马上找到了图片景物所在的大致位置，他说："这张好像是第 194 号烽燧。"正像斯坦因给汉长城烽燧编制序号一样，李生程也给陕北明长城编制了这样的序号。

这些年来，我多次回到安边与李生程见面。现在，他已经出版了好几本有关当地长城和风土人情的画册，我有幸为其中一本写了序言。同时，他还在安边文化站里开设了长城展览馆，展出长城图片、文字记录和与此相关的物件。李生程和妻子以及三个女儿都是摄影爱好者，研究、展示长城成了他们主要的生活方式。

第三个地方是河北涞源。经常有人问我："你最喜欢哪一段长城？"我想如果问威廉·盖洛这个问题，他准会推荐两个地方。一个是他在《中国长城》一书中用大量篇幅赞美的"吉利沟"（箭扣长城）。遗憾的是，书中仅有几张那里的照片。但我有理由相信，这是因为气候与拍摄技术限制等问题，导致他拍摄的许多箭扣长城美照都被损坏了。另一个就是河北涞源的长城，那"壮美的长城关隘"被印成浮凸图案，用在了他的《中国长城》美国精装版封面上。盖洛拍摄的长城敌楼像山脊线上的"明珠"，从左至右、从下到上缓缓攀升。最高处3座等距离排列的敌楼完好无损，上面是晴空万里，下面是光秃秃的山坡。这张照片不是他从山海关西行至嘉峪关路途中拍摄的，而是定格于他从嘉峪关返回北京的路途中。

> 让我们着迷的不仅有这静止的风景，还有迅疾变换的云影和光线。太阳穿过云层照射群山，此时此刻，蜿蜒的长城像是彩链，一座座敌楼是这彩链上的珍珠。此景之美，言辞难以形容。我们只用短短一个小时来拍摄这个仙境，当然无法充分表现它不断变化的壮美。

（摘自《中国长城》中文版，
山东画报出版社，2006年第1版）

2005年我第一次来到这里重摄盖洛这张老照片，2016年我又和"二米"一起来这里航拍。当我们站在盖洛当年站过的地方再次拍摄时，看到的则是另外一番景象。这里长城的状况随着岁月的流逝变得越来越糟。如果盖洛这本珍贵的图书也因岁月流逝而褪色、脱落和散架，那就是一个"双重悲剧"了，里面展示的长城美景以后的人将再也看不到了。所以我打算让英国最好的手工图书装订匠人威尔士鲁思因的保罗·德尔吕先生用多彩皮革重新装订这本记录着"壮美的长城关隘"的图书，让它的光辉永久留存。

最后一个地方是浴火重生的古北口姊妹楼。姊妹楼是我在2004年至2020年间唯一亲眼见过的长城重建工程。当我收到一张拍摄于20世纪30年代的姊妹楼精美着色照片时，便决定前往实地考察。这张照片非常独特，两座敌楼，一大一小，并排而立。起初，我并不知道谁拍了这张照片，也不知道在哪儿拍的——肯定不是照片背面写的山海关，因为我对山海关比较熟悉。两座敌楼前的水流不是大海，肯定是一条河，但是它在哪里呢？

我把这张照片和其他一些长城老照片拿给长城专家罗哲文和成大林看，罗老一眼便认出这个拍摄地，因为1948年他去过那里，当时他还是一个学生。他说："去古北口找。"

2004年我来到古北口，不但找不到姊妹楼，就连它前面的河水也无影无踪。北京为筹办2008年的奥运会大建场馆，砂石一时供不应求。潮河河床成了取砂工地，到处都是挖土机、卡车和工人，一片繁忙景象。当时正值隆冬季节，水位极低，我看到的仅有几处水洼。西水门村离潮河仅仅100多米。我和王宝山走进一位名叫吕文财的老大爷家，当时他正坐在炕上抽着烟斗，享受屋外射进来的阳光。他说："姊妹楼不在了，都破坏了！最初抗战时日本人的飞机扔炸弹，炸出了窟窿，后来新中国成立后又拆掉砖去修铁路了。"这些话都被录进了王宝山的摄像机里。

当我2007年再次来到西水门村时，吕大爷已经去世了。2012年我又重返姊妹楼，这两座敌楼已经在北京市文物局的经费支持下得到了重建。2016年的一天，我在姊妹楼的大楼顶上见到了两个西装革履的别墅销售员，他们正在给别墅的潜在客户介绍这里的风景和房价。就在姊妹楼50米开外的河畔，一排排别墅拔地而起。

潮河水向东流经金山岭和司马台。在古代，潮河上建有水门和吊桥，在河水流过的同时也能阻挡外来入侵者。后来，水门被洪水冲毁。这些别墅开发商似乎没有意识到，把房屋建在河边，它们早晚也会遭受长城水门的命运。

2017年初，我站在姊妹楼上往外看，200多座别墅已经建成。这些别墅丑陋得让人吃惊。我对这里长城景观的保护状况感到绝望，但又十分期盼这些违建者能早日被绳之以法。

天助我也。2018 年 11 月，我再次来到古北口时，发现这些别墅被彻底拆除了，理由是它们太靠近河床，安全不达标，但并没有说它们太靠近长城。2020 年初，直到我写这本书的时候，拆别墅时成堆的建筑垃圾还没有被彻底清除。

35

出乎意料的消息

2005 年重摄长城的过程中，我不仅拍摄对比照片，还拍摄重摄过程的纪录片。那时候要拍摄纪录片，需要配备专业摄像机和一整套辅助设备。好在我有"三大王"——摄像师王宝山、摄像装备租赁商王光达和他的助理王海波的帮助。我们从北京京郊出发，东至山海关，西至玉门关，多次外出探索拍摄，收获颇丰。自从认识王宝山之后，他拍摄了我和杨肖的若干个长城探索旅行与国际长城之友协会的活动，以及所有地段的重摄长城行动。当我们的摄像素材积攒得足够多了，就开始进入剪辑、制作纪录片的阶段。首先出炉的是一个 8 分钟的样片。

一早上的配音结束后，我们到一个饺子馆吃午饭。我突然感觉手指麻木、头晕目眩、恶心想吐。我只吃了几个饺子（往常我至少能吃25 个），就支撑不住了。王宝山立刻送我去了中日友好医院国际部。

我不知道自己得了什么病，也不知道该挂哪个科室的号。一番检查过后，医生告诉我心脏没问题，可以先回家休息，然后再观察。我暂时放心了。但是回到家后，我又开始头晕，太阳穴周围出现持续性针扎般的刺痛。第二天一早，吴琪又带我去了中日友好医院。

照 X 光、验血、做心电图、脑 CT……反正能检查的项目都检查了。因为像我这样的外国人，没有国家免费医疗服务，费用需要自理，这次大约花了 1000 美元。最后一个大夫一会儿用汉语、一会儿用英语跟我说："你得了颈椎病。"

颈椎病如同腰椎间盘突出，40 岁以后发病率很高，但是前者比后者要难受得多。几周里，我一直受头痛和心律不齐的困扰，这是我有生以来第一次重病缠身。我一直觉得自己是个永动机，每周末徒步 30 千米、跑步四五次都不在话下。现在，我不得不停下来，感觉头顶上的天都塌了。

经过 3 个月的煎熬，我的病情逐渐好转。支撑我生计的项目"野长城周末"还得继续。然而，我只能勉强在院里给客人讲故事，徒步是不可奢望了。这一阶段，我们的管家老赫、老赫的儿子、吴琪的新姐夫龙小军和 12 岁的杰米帮着带队。龙小军是个户外爱好者，曾骑着摩托车穿越西藏、东北三省。因此，他很自然地融入到了野长城的活动中。

长城重摄工作重新开始时，"三大王"中的王光达不但给我们租借摄像装备——索尼相机、三脚架、悬臂架等，还亲自开自己的"陆地巡洋舰"送我们去北京京郊、古北口、涞源和山海关拍摄。慢慢地，重摄工作又赶上了进度。

2005 年 11 月，我已经可以短程徒步了。我清楚地记得，一次徒步回家，吴琪说我二哥尼克从英国打来了长途电话，"他说收到一封给你的信件，非常重要的信件……他一会儿再打电话过来。"电话铃突然响了，是尼克。

"威廉，我收到一封上面印着英国皇家徽章的信函，是给你的……"

"你的意思是，这封信来自白金汉宫？"我问。我想，尼克向来以开玩笑见长，这回可能又是他的搞笑伎俩，难道是白金汉宫邀请我去参加女王的庭院派对？

"你让我打开，读给你听吗？"

"你在开玩笑吧？"

"不是开玩笑……好了，我念给你听……尊敬的林赛先生……英联邦外交和事务大臣让我通知您，您的名字将列入翌年大英帝国官佐勋章（OBE）荣誉名单中，表彰您在增进中英相互理解和保护世界文化遗产万里长城方面所作出的贡献……"

"什么？我？帝国勋章？"

"干得好！威廉，你做了那么多事，值得拥有这份荣誉……"

"我真不敢相信！"

吴琪听到我们的对话，冲进屋里问："怎么了？你们是不是在谈论女王？"

"我们要去白金汉宫见女王了！"

"真的吗？太好了！"

尼克平静地说："事情得一件一件来，你先写回信，告知你愿意接受这份荣誉，然后再等下一步的消息。"

"还有一件事要记住，"尼克接着说，"在 2005 年 12 月 31 日荣誉名单公布之前千万不要向外界透露消息……"

听到这个消息，全家都很兴奋，也感到非常骄傲，吴琪马上给在西安的妈妈打了电话。"我妈问，除了奖章，分不分地产？"她说着扑哧笑了起来。

"没有封地，也没人称你为'爵士'，官佐勋章只是一种荣誉……但是能获得它也是非常光荣的。"

通过尼克，我收到了 2006 年的两个授勋日期，我选择了暑假初的 7 月 12 日。这会儿我还要耐心等待着这个消息正式公布的日子。2005 年 12 月 31 日，尼克跑步去报摊购买了一份《泰晤士报》。"公布了，在报纸上，白纸黑字，真真切切！"尼克通知我。

在 20 年前的同一天，1985 年 12 月 31 日，我同样上了报纸。那天《利物浦每日邮报》和《利物浦回声报》同时刊登了我手拿《泰晤士中国地图集》的照片，宣布我即将探险中国长城。此刻我打开了一瓶法国皇牌香槟酒庆贺。按照英国传统，喝酒要保存酒瓶的软木塞，但我这次连整个酒瓶都保存起来，并在商标处写上：2006年1月1日大英帝国勋章。此后，又有一些庆祝酒瓶一起加入这个收藏行列，现在它们都摆放在我家冰箱的顶部。

36

在白金汉宫的一天

授勋仪式前一周，我们一家从北京回到英国。吴琪进宫的行头已经有了，一身紫红色的柞蚕丝套装裙，是我在柬埔寨吴哥窟给她买的。她只缺一顶装饰帽，这个问题我二嫂伊丽莎白会帮着解决。至于孩子们的服装，我们可以去玛莎百货买英国校服，到其乐鞋店购置黑色皮鞋。我们爷仨的领带已经订购了，是林赛家族的格子绸布做的。而我除了脚蹬一双自己的鞋，剩卜的衣裤和帽子都需要租赁。镇上有一个服装租赁商店，当务之急是去那里搞定这一切。

"你好……我想租一套燕尾礼服……"

"好的，先生……是婚礼上用吗？"

"不是，是为了特殊的日子，我获得了帝国勋章，要去参加女王授勋仪式。"

"太棒了！祝贺你！"商店老板娘说，"仪式是在哪一天？"

"就在下周四……"

"什么！下周四？只有 6 天了？"

"是的，没错……"

"你在开玩笑吧？一般人在几个月前就预订了！我不能保证有合适你的……上帝！"她说着，慌乱起来，翻腾着挂在衣架上的衣服。

我很走运，个子高，身材不特殊，我所需要的这家店全都有。

一切准备妥当之后，我们一家人整装出发，去伦敦，见女王！每个人都兴奋至极。

"汤米……猜猜看……女王的厕所肯定是黄金做的……"杰米对比他小六岁半的弟弟说。

"你俩得好好表现……"吴琪告诉孩子们。

"如果我们表现好，之后我们能去哈姆雷斯玩具店买玩具吗？"杰米问。

"当然。"吴琪说。于是，"去哈姆雷斯玩具店买玩具"成了确保孩子们良好表现的承诺。

我们全家人做了一次试衣彩排，几乎用去了一个小时，这还不算熨烫衣服和给皮鞋打油的时间。第二天上午10点整，是女王接见的时间。这会儿，二哥和二嫂在伦敦"地标"餐厅招待我们一家享用下午茶，用香槟酒提前庆贺。他们的孩子——儿子克里斯和儿媳萨拉、女儿艾丝特都兴奋地回忆起我这个"疯子"叔叔在儿童电视节目《蓝彼得》上的表现。

重要的日子终于来了，天气也堪称完美。当我拉开酒店的窗帘，观赏伦敦天际线上的建筑轮廓时，我记起了小时候的一件事。我10岁的时候，一心向往伦敦，但是第一次真正要踏上伦敦之旅时就一败涂地。因为过度兴奋，我还没上火车就开始上吐下泻。伦敦没去成，就近去了切斯特动物园。后来，我终于实现了见识伦敦的梦想。每次去伦敦，游览的首选必是白金汉宫。那时，我是上百个围在大铁门外面的游客之一。我从铁栏杆缝隙往里张望，但从未想过有一天我也能进入宫内，更没想过我会得到这样高的荣誉。

第二天，一家人早早醒了，吃过早饭，换上了进宫的服装，一切准备就绪。为了不在高峰时段遇堵，我们预订了出租车。等出租车的时候，我脑子里还有一个未解开的结，今天授勋仪式是女王陛下主持还是查尔斯王子主持？对我来说这个问题很重要。

1986年女王陛下来华访问时，我虽然在北京，但没有机会见到她。对我来说，女王比查尔斯王子更有威望，媒体对女王的报道也更具吸引力。但是，这次授勋仪式由谁来主持，不能由我决定，全凭运气。

好运连连的一天开始了，首先是出租车。伦敦满大街跑的出租车大都是黑色的，来接我们的那一辆却是紫红色的，与吴琪那套裙装的颜色非常般配。

"早上好！"我与这位面相喜庆的司机打招呼，"去白金汉宫！"

"我一看就知道您要去那儿，先生！"他得意地说，"如果您不介意，请告诉我，您得了什么勋章？"

"帝国官佐勋章……"

"棒极了！干得好，先生……你们一家人看上去都很出众……今天天气也真好啊……"

我附和地说："是啊……我只希望今天是女王陛下来主持……"

"女王80岁了还不休息……"他说着，从反光镜里盯着我，"我敢担保，先生，今天是女王陛下……刚才我路过白金汉宫，看见屋顶上飘扬的是君主旗帜……意思是女王在宫里。"这真可谓第二重好运。

在去白金汉宫的路上，我给孩子们当临时导游。"看那儿，是埃及方尖碑……那是纳尔森柱。"当我们的车经过宫前的林荫大道时，我告诉孩子们："我曾四次参加伦敦马拉松比赛，每次跑到这里都已经精疲力尽了！"

白金汉宫外面游人如织，我家的亲戚们已经在那里等着了。当我们穿过人群，走进白金汉宫时，互不相识的游人自动让开，喊声此起彼伏："嗨，先生，祝贺你！""干得好，伙计！""你们真漂亮！""享受今天！"

"爸爸，你在英国出名了！"汤米说。这使我想起我老爸说过的话："没人不想出名，千万别与成功擦肩而过。"

当我们走过戴着熊皮帽、身着红色军服的卫兵时，杰米吓唬汤米说:"你最好乖一点,他们的枪可是真的……"

进到白金汉宫里,孩子们惊呆了,满墙的名人名画,到处摆满了珍贵的文物。这时,我们开始分头行动。吴琪和"二米"与其他嘉宾直接进入授勋仪式主会场舞厅就座,我则随着其他获奖者进入女王的画廊。这是我见过的档次最高的等候厅,墙上挂满了世界绘画大师的原作。我们每个人还可以来一杯葡萄酒,一来祝贺获奖,二来也可以在觐见女王前压压惊。一位身上挂满勋章的公务大臣,简要而幽默地介绍了11点整将要开始的仪式议程和我们应当注意的事项。

"我们要像鳄鱼那样,一个连着一个,排队进入舞厅。王室侍从官帕蒂·尼特将在前面带路……他的工作是确保你是勋章获得者本人……当听到叫你的姓名时,你就向前走五六步,左转身,在女王站的台子前停住,再往前走两步,站在女王面前……如果你是男士,就向女王鞠躬;如果你是女士,就行屈膝礼……女王会把一枚勋章挂到你胸前已经别好的一个挂钩上……她身旁的侍从官会告知女王你是谁,做了哪些成就……这时,女王先开口与你交谈……你在回答女王问话时,请使用'女王陛下'……当女王跟你握手时,就说明交谈已经结束,请你不要再啰嗦,不要再进入你人生故事的第二章!"

不一会儿,我们这些"鳄鱼"就开始组队了,我站到了我的位置上。接近11点钟时,我们开始往画廊通向舞厅的门口汇集。我感觉到墙上的鲁本斯、卡纳莱托、维米尔、伦勃朗都在注视我们。我们都准备好了!《上帝保佑女王》的音乐声响起,我们开始往前挪动,很快就轮到了我。这是我人生的重要时刻,我站在队列的最前沿,真真切切听见了我的名字。

女王身旁的侍从官告诉她:"威廉·林赛……促进中英友好,保护世界文化遗产长城……"之后,我已经站在了女王面前,鞠躬。她将一枚十字形状的银质勋章别在了我的左胸前。

"我去过中国，登过长城，但只有一次。"女王说。

"是的，女王陛下，那是在 1986 年 10 月，我看到英国国旗在北京城飘扬……"

"对，长城保护工作一定很艰巨，我想这需要用尽一生来做好……"

"的确，女王陛下，自从 1998 年开始，我尽力而为……"

这时，女王向我伸出手来，我和女王握了手，再鞠躬，倒退几步，右转，走出舞厅。

这是短暂而难忘的时光。和女王交谈，使我感觉平静又舒服。当我和家人坐到嘉宾席上时，孩子们争抢着看这枚勋章，但他们更想要的是吴琪许诺的大玩具。整个仪式结束后，专业摄影师先是为我们一家拍照留念，然后我们又与白金汉宫外面的亲戚们合影。

我们事先准备的中、英两面国旗，在与新华社记者马建国在白金汉宫外合影时派上了用场。这些年来吴琪的无私奉献不容忽视，能得这个勋章也有她一半的功劳。在超长的仪式期间，孩子们良好表现，他们被准许在哈姆雷斯玩具店多买了一倍数量的玩具。接下来，我们与亲戚们在考文特花园共进午餐。

二哥尼克举杯祝酒："恭贺威廉和琪，你们真的很棒……我们全家人都为你们感到骄傲……这么多年来，你们克服了不少困难，这一点我们大家都明白。下一步你们还要做什么？"

"明年，我们将在北京举办'万里长城 百年回望'展览，到时候，希望你们都能来观看。"我和吴琪回答。

37

北京首个"万里长城 百年回望"
展览

截至 2006 年，原先的七摞长城老照片大部分已经重摄完毕，只剩下最后一摞。这一摞的拍摄地点都集中在中国地图左边的西部地区，距离明长城的西部终点嘉峪关还有 450 千米。它们都是以玉门关为中心、方圆 100 千米区域内的长城。这一地区位于塔克拉玛干沙漠南缘通向古都长安的丝绸之路边上。这些长城都是在汉武帝（公元前140—公元前 88 年在位）时期为保护丝路上的商队不受北方匈奴的侵扰而修建的。

这些汉长城的老照片都出自考古学家奥雷尔·斯坦因之手。1906年，他首次来到这个区域探险。虽然这些珍贵的长城照片的拍摄地点离北京相当遥远，但这并没有吓倒我。因为在探索长城方面，我从来不是一个胆小鬼，但是不得不说，这里的自然环境和人文环境都颇具挑战性。我拍摄的对象是 21 个世纪之前的建筑，也是斯坦因在 100 年前拍摄过的长城遗迹，它们的保存现状如何还是一个未知数，加上这一地区临近死亡之海——罗布泊，我也不情愿浪费时间、金钱，甚至生命，迷失在沙漠中，或莽撞地穿越军事禁地。因此如何完成拍摄任务，需要慎重考虑。我知道玉门关周边 10 千米之内对游客开放，如果再往西，就需要办理特别通行手续，加上这一地区是特种耐旱植被保护区，所以需要办理的手续比较繁杂。即使获准进入，我还得找一位了解该地区古长城的考古学家陪同，并且由熟悉沙漠地带的司机找路。我有些犹豫不决，是就此打住，放弃玉门关的拍摄，回北京投入年终的展览准备之中，还是花上 10 天的工夫，踏寻玉门关，做完整个项目？

其实，我已经做了不少"跟随斯坦因探险"的准备工作。我在大英图书馆查阅了斯坦因的原始资料，通读了他的田野笔记，并将他在这个地区每个用 T 开头编号的烽燧与他在手绘地图上标出的地方成功地对应起来。2006 年初，我还专程前往兰州考古研究所，拜访了汉长城专家岳邦湖先生。在我们一起研究斯坦因的照片和地图，以及岳教授自己的著作后，我对做好重摄工作充满了信心。一旦必要的手续办好，后援团队组成之后，我就可以一试身手。

奇怪的是，与研究威廉·盖洛比起来，研究斯坦因似乎更得心应手。在英国，大英图书馆和牛津大学伯德利图书馆里保存着大量斯坦因的探险资料；而在美国，盖洛的探险记录却无处寻觅。另外，虽然斯坦因在中国被称为敦煌藏经洞上千经卷的盗贼，但是我们不得不承认他是一位坚韧不拔的考古学家，他对汉长城的考古发掘和研究比中国考古学家早了几十年。斯坦因在他的《沙埋契丹废墟记》里记录了他探索汉长城的过程和细节，这是他整个探险生涯的亮点之一。就凭这一点，我觉得我应当与斯坦因一起"重访"玉门关。

在不同寻常的地方过生日总会记忆犹新。我的 50 岁生日就是在玉门关附近的戈壁滩上度过的，为我庆生的是"三大王"——王宝山、王光达和王海涛。10 月的戈壁滩，天干物燥，但晴空万里、蓝天白云。我和"三大王"一道拍摄戈壁滩上的长城，正在面临一个棘手的问题，这种历经 2100 年风雨的"软墙"是否还能找到？如果我们真能找到这些由耐旱植物固化而保存下来的建筑物遗存，也将是一个奇迹。我对探索的痴迷，引起了《泰晤士报》记者珍妮·马戛尔尼女士的兴趣，她也加入我们的队伍。与她一道来的还有一个摄影师，他也姓王，叫王彤。

我们非常走运，为我们驾驶"陆地巡洋舰"的司机很有经验，他曾经为来自兰州的考古学家服务过。另外，我手里的斯坦因手绘地图复印件也很精确、好用。我们找到了 10 个拍摄地点中的 9 个，里面包括几个独立的土坯砖垒砌的烽燧、几处用芦苇和沙土砌就的墙体和粮仓。比起土地肥沃的河西走廊，这个地区的戈壁滩荒无人烟。

令人惊讶的是，斯坦因在 100 年前造访过的汉长城，变化微乎其微，可能是因为这些遗迹均处于荒无人烟的地区。经过三天的田野考察，只有一个位置未能找到。斯坦因在《沙埋契丹废墟记》里说拍摄那张照片的位置在 T35 号烽燧以东的边墙。我发现，那个地点距离这 9 个拍摄地很远。据司机说，那是一片深沟洼地的尽头，机动车基本上开不进去。

10 个地点找到了 9 个，按理说应该知足了。可是根据岳教授的说法，"第 10 个"地点是保存最好的一段汉长城，比起其他长城遗址，它的墙体高、段落长，而且里面用了更多树枝。司机说，只有穿越那些长着带刺灌木的洼地，徒步去那里。当时我还没有从颈椎病的折磨中恢复过来，面对 20 多千米的沙地徒步，我选择放弃。"三大王"中的两个——宝山和海涛决定试一试，而我和光哥（王光达）找了一棵灌木树等他们。3 个小时过去了，不远处又见到了"二王"的身影。由于天气炎热，水也没有带够，为了不出现意外，他们还是选择打道回府了。我心想，这的确是明智之举，那座 T35 号烽燧只能另候时机去找寻了。

当下要做的就是重摄用于今昔对比的长城老照片，同时也该准备策划展览、撰写图书和拍摄纪录片这些"媒体"产品了。尽管我已经在思考图书的内容和风格，写了一部分内文，但是面对眼前繁重的案头工作，还是感觉自己快要被压垮了。

"万里长城 百年回望"展览得到了北京市文物局的支持。我们在首都博物馆见到了相关的负责人。这座新近开张的博物馆坐落在北京贯穿东西的十里长街上，正赶上 2008 年北京奥运会，它将展示北京作为首都的 800 年历史。我们的展期终于定下来了，2007 年 1 月 12 日到 2 月 25 日。这个时间段刚好包含春节在内，是冬季节假日室内看展人流量最多的时候。

我和吴琪身上压着"三座大山"——办展览、出书和剪辑纪录片。办展览，需要准备中英对照的图片说明，校对文字，设计并制作 80 块展板，最后进行布展工作；出书，需要找到一家出版社，写书，校对文字，检查设计版面，用最快的速度印制出来，赶上展览开幕式；剪辑纪录片，得将王宝山 4 年来拍摄和积累起来的素材进行编写、剪辑、配音和配字幕，制作成一部大约时长 30 分钟的成品。

吴琪组织和管理事务的能力无与伦比。她制定了完成这三个任务的具体方案，按照任务之间的联系分期、分批推进。她还将三个任务按照轻重缓急排出顺序，挑出主要任务，寻求国际长城之友协会"智囊团"志愿者的帮助。

吴琪了解我，如果只给我一件工作，我能很好地完成，但如果多项工作摆在面前，我　项都做不好。因此，吴琪分给我的工作就是写书。书里的内容是其他工作的基础，其他任务也是靠着它发芽开花。

在寻找出版社的过程中，我俩有点想当然。我们想，这本书是有关万里长城的，而且还是首本有关长城保护研究方面的书籍，找一家愿意出版该图书的出版社应当不成问题。然而，实际情况正好相反。吴琪联系的几个出版社一听到这本书的内容是关于长城的，都连连摇头，尽管这本书的作者是一个外国人，他们也不愿意出。用他们的话说，现在关于长城的图书太多，大同小异，不好卖。后来，当我们向北京市文物局局长孔繁峙诉苦时，他二话不说，拍板决定，这 2000 本书的中、英文两个版本的图书设计和印刷费由北京市文物局支付！解决了出书费用和销售问题，我们很快选择了五洲传播出版社出版我们的书。出版人荆孝敏女士给我们展示了该出版社历年设计出版的中英文版图书样品，种类繁多，吸人眼球。因为我要出的这本书图片较多，实际上是一本画册，所以需要做相当多的图书设计工作。当我问及这些图书的设计师情况时，她立马安排，让我与他们合作的设计公司的负责人闫志杰见面。

当我走进一间面积不大的工作室时，闫志杰问我的第一个问题就是："你们什么时候需要图书成品？"

"2007年1月5日之前……"我给自己多留了一周的时间，以防万一。那会儿离展览开幕的时间只剩不到10周了。

"我们能做到……但是需要用'深圳速度'……"闫志杰说。用出版杂志的速度出版一本书，在英国出版界看来简直是疯了。于他们而言，9个月已经是很快了，18个月出版一本书的速度属于正常。

11月和12月这两个月里，我和吴琪往设计公司跑了不下20次。经吴琪的翻译，闫志杰接受了我的设计理念，他指派刘娜负责具体设计。

这本书的布局，如同实地重拍的行程，从西至东依次展开。书的开篇介绍长城图像，从手绘地图到素描再到版画发展的历史。我把早期长城老照片按照地域分成7个部分，每个部分打头的是一张具有代表性的经典长城图片，旁边配上从我日记本里选取的原创铅笔素描图。接下来介绍拍摄这一地区老照片的"里程碑式先驱人物"的生平。最后就是成组的"新"和"老"长城照片的对比。

我一写完英文初稿，就发给新华社的前同事李竹润翻译成中文。他不仅是优秀的翻译家，而且能当中国历史的百科全书使用，工作的效率也非常高。在长城历史方面，长城专家成大林指点了我。张丹是我的另一位前同事，他的工作是从中、英文书稿中选出合适的文字，编辑好之后，用在展板上。我联系上了当时《华夏地理》杂志的主编李永适，想配合展览为他们2007年1月的期刊贡献一篇文章。他很赞同这个主意，并且决定安排专人组稿，出版一本200多页的长城特刊，为展览开幕式献礼。王宝山以我写的那篇文章为蓝本，写成了纪录片的脚本。为了保质保量按时完成所有任务，我和吴琪每天早上4

点起床，一直干到晚上 11 点，圣诞节和春节也没空儿休息。

吴琪画了一张"倒计时"表格，上面有每天必须完成的任务和最后期限。在展览开幕的前三天，我们来到首都博物馆布展。除了墙上的展板，展柜里还陈列了一些珍贵的原始资料，其中包括与长城有关的古旧图书、19 世纪末的原版长城老照片，以及在照相机发明之前的原版手绘地图、素描和版画。每件展品下面都有我和吴琪写的中、英文说明。

2007 年 1 月 12 日，开展的日子终于来了。开幕式设在首都博物馆一楼大厅，牌楼下已经搭起了大舞台。一切准备就绪，现在唯一缺少的是一件重要的东西——画册。闫志杰向我保证过，他将亲自画册送到开幕式现场。我相信他。

嘉宾们陆续到场了。新闻媒体朋友带来了他们的"长枪短炮"；官员们着正装走进会场；"长城圈"的人也到了，与其他人截然不同，他们个个灰头土脸，仿佛刚从前线下来；我二哥尼克早在 2006 年 7 月的帝国勋章午餐会上，就已经决定了他和妻子伊丽沙白将代表英国的林赛一家前来参观展览；吴琪的姐姐吴小平和姐夫龙小军专程从老家西安过来；还有诸多我在长城沿线认识的朋友，他们分别从嘉峪关、陕北、涞源、山海关和八达岭青龙桥车站赶过来。啊！这是"万里长城 百年回望"项目"合作伙伴"的一场大聚会，一个长城的盛大节日！

离展览开幕式只剩 40 分钟了，画册还没送到。吴琪一脸焦急。我俩跑到博物馆大门口，搜寻闫志杰和他公司的人的影子。直到最后几分钟，我们终于看见一辆白色金杯面包车缓缓倒向门口。大家都长长地舒了一口气，这正是给我们送书的车。闫志杰用他许诺的"深圳速度"跳下车来，马不停蹄地开始卸车。

"都弄好了……只是没有时间在封面上过油了。"闫志杰抱歉地说。画册看上去棒极了，标题是《万里长城 百年回望——从玉门关到老龙头》。志愿者们快速行动，把卸下来的画册与《华夏地理》长城特刊一起装进了印着壳牌公司标识的布袋里。吴琪招呼我去拜见那些 VIP 嘉宾——我们的老朋友、时任英国驻华使馆政务参赞的吴百纳女士陪同时任英国驻华大使的威廉·埃尔曼爵士和妻子佩内洛普夫人、北京市政府文物部门的领导，还有赞助商壳牌团队成员，以及受人尊敬的长城"尊师"罗哲文、成大林、王雪农和吴梦麟。经历了种种压力之后，站在这个光鲜的舞台上面对观众讲话，对我来说是再容易不过的事了。

重要嘉宾上台讲话时，一些回忆开始像放电影似的，一幕一幕地在我脑海里闪过：

身穿披风的盖洛骑着骡子，走在我的农家院附近的小路上；斯坦因在戈壁滩上的篝火旁做着笔记，脚下蜷卧着他的爱犬"达西"……

我想起在陕北，坐在摇摇晃晃的牛车上过河，随时可能人仰"牛"翻，我的照相设备也有掉入泥水中的危险；还有一次我差点丢了架在三脚架上的莱卡相机，那时我正在八达岭厚厚的草丛中聚精会神地寻找一张老照片的准确拍摄地点。我不由自主地笑了起来，仿佛还听见从远方飘过来的声音。

"我们将努力工作，让未来的历史学家们不得不'拷贝'我们的成果。"盖洛。

"或许，这本书已经过时了。"玛约里女士。

"你是否有现成的项目策划我们可以帮忙？"迈克·西默。

"我们可以提供展览场地。"梅宁华。

"我们可以帮助出版 2000 本画册。"孔繁峙。

大多数我想见到的人都在这里了，可惜还有几个人不能来。多少年了，我总自问，威廉·盖洛的后代住在哪里？他的考察日记和原始图片都在何处？最重要的，盖洛先生，为什么在美国那些著名机构，比如史密森尼美国艺术博物馆里没有你的一席之地？要想搞清楚这一切，我必须接着去寻查。

最令人失望的是，我未能让美国人意识到这个展览的重要性。我觉得，盖洛"长城探险第一人"的身份，可以成为促进中美两国相互沟通、相互理解的一个重要的文化渠道。我曾给美国驻华大使克拉克·兰特先生写了一封信，提前邀请他来参加这个展览。然而，出乎意外的是，他并不了解万里长城对中国人的重要性，那就不可能指望他有"用长城老照片去影响长城未来"的责任意识了。

开幕式结束后，我和吴琪既兴高采烈，又精疲力尽。我们邀请了一些人去我们最喜欢的凯宾斯基酒店享用了午餐。在之后的6个星期里，我多次重返展厅。有时会怀疑自己举办这么一个大展的真实性。想想看，有多少外国人能有在中国首都北京举办个人长城图片展的机会呢？当我走在展厅里，戴上那顶标志性的牛仔帽，就会被人认出来。有时我悄悄观察人们的表情，偷听他们在议论什么。我看见一些人神情专注地观看着纪录片，一些人聚精会神地盯着变了色的老照片，一些人站在新老长城图片展板前讨论着长城的变化，还有一些人为长城的损毁长吁短叹，甚至有一些人埋怨为何这个展览不是出自中国人之手。听到这些评论，看到这些场面，我深深地感到我所做的这一切都是值得的。显然，重摄长城展览以一种寓教于乐的方式，把长城毁坏的现实展示在中国大众面前，可以激发和增强人们的长城保护意识。

我们所有的合作伙伴，包括壳牌（中国）集团、北京市文物局、首都博物馆和五洲传播出版社对展览的效果都非常满意，后续我们还有不少项目可以做。在首博的展览结束后，我们把所有的展板捐赠给了甘肃嘉峪关关城，在那里，这些展板一展就是8年！在嘉峪关这个我开启独步长城之旅的起点看到自己的展览，我感到心满意足！展板的复制件还分别在山海关、古北口和榆林展出。我带着一本以"深圳速度"出版的画册去了伦敦，在没有提前打招呼的情况下就走进了弗兰克斯·林肯出版社（Frances Lincoln Publishers）。主编约翰·尼科尔（John Nicoll）被我放在他面前的画册迷住了。"我不敢相信，这本画册的质量这样好……"他说，"在中国设计和印刷……这个内容……如此直白地展示长城的毁坏……我感到惊讶，他们还让你出版？"我解释道，中国不仅在基础设施等"硬件"方面改善了，思维方式这种"软件"也在发生变化。尼科尔先生接受了我的请求，答应出版这本画册的英文版。

至此，"万里长城 百年回望"项目的宣传效果比预期的要好得多。我之前觉得如果能在《南华邮报》周日版上刊登一篇文章就很不错了。很多人问我，是否要把这个项目继续做下去。我觉得，可以做"续篇"，但应当有新意。我不会在重拍老照片的数量上下功夫，除非我能找到威廉·盖洛的长城探险资料库，见到他的后人，在美国把他从默默无闻变得家喻户晓——这是我的一个期望。另外我希望能拍摄一个名叫《两个威廉与长城的故事》的纪录片，并在全世界播出。

举办展览后，北京市文物局首先向我提出合作项目。当时北京将要举办奥运会，需要诸多用外语出版的书籍，以供世界各地的来访者和新闻媒体使用。北京市文物局也要出版有关中国历史题材的书籍。他们问我："你是否可以再写一本有关长城的书？"这个提议对我来说是一种荣誉，我当然不能拒绝。我早期的长城探险故事写在了《独步长城》中，《万里长城 百年回望》是我第一本有关长城保护的画册。我还想写一本全面介绍长城的大部头著作，但这个想法四处碰壁，遭到几个国外出版社的拒绝，主要原因在于他们的市场销售部门都认为这种读物不是大众题材，不会大卖。其实，在英国书店里，有关中华文明的读物比起美索不达米亚、埃及、希腊和罗马等文明的读物要少得多，但是他们不看好这类书。我打算先以问答的简单方式全面阐释长城。然而，这本书的写作过程一波三折。经过多次重新构思和写作，这个难产的"婴儿"4 年后才面世。与此同时，澳大利亚必和必拓（北京）公司首席代表戴坚定先生（Clinton Dines）赞助了我们在箭扣长城脚下西栅子村的长城环保站项目。必和必拓公司是一个煤矿开采公司，是北京奥运会奖牌制作原材料的赞助商。

如果你觉得出新书和建立环保站的项目还不过瘾，我再来介绍一个 2007 年夏季的突发奇想。一天，我在厨房喝着啤酒，和正在做晚饭的吴琪聊天，我突然意识到，这一年是我来华独步长城整整 20 周年的纪念。

"我们得搞一个别具一格的庆祝仪式。"我兴奋地说，"……吉普自驾行怎么样？全家人利用整个暑假，走遍整个长城……找到 20 年前接待过我的老乡、追捕过我的警察……一路传播长城保护理念……同时还可以造访没有去过的长城地段。"

"这么长的旅行得花不少钱吧……我们今年要做的事是不是已经够多了？"吴琪答道，她一向善于用实用主义的方式思考问题。

如果她说："好主意！我们随后讨论一下更多的细节！"那么我倒是会犹豫不决了。

"我们能找到赞助商……"我很自信。

于是，我开始寻找这次行程的吉普车。一个参加过"野长城周末"的朋友把我介绍给克莱斯勒（北京）公司的"头儿"。在接下来的 3 个月里，我多次拜访了他和他的下属。我给他们赠送我写的书，邀请他们去参观正在首都博物馆展出的"万里长城 百年回望"展览，为他们播放关于我的纪录片，摊开地图介绍我将从山海关到嘉峪关的自驾路线。我需要两辆吉普车，因为我要带上我的历史顾问成大林、野外考察助手朴铁军和厨师杨艳丽等人。克莱斯勒同意提供一辆大切诺基和一辆新款"指挥官"，还允许我使用这辆"指挥官"一年。韩国户外装备品牌 Black Yak 一直是我的忠实赞助商，这次也给整个团队提供速干衣、冲锋衣、睡袋、防潮垫和帐篷。但是在出发前一周，戈尔公司（Gore-tex）改变了他们赞助资金的意向。没有资助，餐饮费、住宿费、过路过桥费、汽油费等都没有了着落。为了按时启程，我不得不自掏腰包，最后大约花掉了 15 万元人民币。

38

长城的"显赫时期"

2007 年 7 月初，学校刚放暑假，我们就开启了长城自驾行。一早从北京出发前往山海关，第二天傍晚时分到达了河北省抚宁县城子峪村。这个村庄坐落在长城的怀抱里，一条小河从村旁淙淙流淌而过。从这里开启我们的"庆贺之旅"是再合适不过的了。城子峪长城壮美而独特，我们对她的喜爱融于每一次气喘吁吁地攀爬、每一次停步赏景的片刻之中。

当晚，我们在村民张鹤珊家借宿。院落中，清凉的晚风习习吹来，蝉儿高唱，构成了背景音乐。盘中餐产自长城脚下的土地，在露天炉灶上烹煮，山海关啤酒放在水桶里用凉水冰镇。提起镇守长城的传奇统帅戚继光，老张滔滔不绝，像是谈论不久前仍健在的一个人，而不是一个历史人物。

中国人说到籍贯，往往指祖籍。张鹤珊说他老家在浙江义乌，但他还没有去过那里。他告诉我，16 世纪晚期，张家祖先随戚继光(1528—1588) 北移至此修建长城。之后长城修建者的后人也都成了长城的守卫者，一代传一代，直到 1644 年作为防御工事的长城被废弃。军队解散后，张家继续住在长城脚下的村庄里，靠务农为生。

直到 360 多年后的今天，张家与长城依然血肉相连。老张告诉我，每年清明节，祖孙三代都要在张家祖先修建并戍守的"张家楼"里，通过逛楼烧纸，向祖辈敬上特殊食物的方式祭祖。

张鹤珊给我们解释了为什么张家对一座长城敌楼这样引以为荣。明代长城分成 9 个重镇，戚继光是重镇之一蓟州镇的杰出军事将领。为了鼓励军民修出高质量的长城，1570 年戚继光让跟随他从浙江来的"戚家军"，以家族为单位来修建长城和敌楼。要想得到将领的赏识，各家族之间就得相互竞争。他们不但卖力干活，而且还对修建的长城和敌楼加以装饰，以显得与众不同。相应地，他们也得到了好马和优良武器作为奖赏。其实，把长城修得既结实又漂亮，这些家族也是自觉自愿的，因为建成后的敌楼和长城也得由这些家族来维护与戍守。老张讲的故事如此生动，但我有点疑惑："你是怎么知道这些事情的？"老张说，是他父亲告诉他的，他父亲也是他父亲的父亲告诉的，以此代代相传，从 16 世纪至今已经有 20 代人了。

老张说，他脑子里已经积累了 30 多个祖辈口耳相传下来的长城传说。在不少故事里，我们了解到了修长城时遇到的各种困难和挑战，包括长城修建者后勤保障匮乏、长城修筑原材料运输不便等。

那天晚上填饱肚子之后，我陷入深思。万里长城不仅是建筑物，还是一个完整的文化景观——我的这一认知，在这里再次得到印证。就在城子峪村，凭借家族世代相传的习俗和民间故事，长城依然充满生命力。同时我也在问自己，长城的生命还能延续多久？非物质的长城文化遗产是否像长城建筑物一样面临危机？大量农民正在从农村涌入城市，从田野涌入工厂，古老的传统是否正在因此消失？如今孩子们无不沉迷于电视节目、电子游戏和近年来兴起的自媒体，长辈是否还会向晚辈讲述他们并不感兴趣的长城故事？

第二天凌晨，大约 3 点 15 分，张鹤珊陪我登上长城，喷薄欲出的太阳把周围一切照得通红。张鹤珊满怀热情地领我去"媳妇楼"。在箭扣长城上就有"口子楼"，传说这个名字与明朝一个将士在那座敌楼里发生的浪漫故事有关。我想"媳妇楼"恐怕也因类似的传说得名。当我们进入冷飕飕、黑黢黢的空心敌楼里，券室的尽头有一个距离下面的步道两米多高的券门。老张探出身子，手指向他头顶上的门楣，示意我也探出身子看，这时我才看清，在一整块花岗岩拱顶石上，有四个阳刻汉字"忠义报国"。

我对这座敌楼的传说只猜对了一半——这个故事是有关爱情的，但还有另外的意义。故事是这样的，小伙子吴三虎和姑娘王秀英都来自戚继光将军的老家山东省。吴三虎随戚继光移师长城边董家口村，王秀英是父母许配给吴三虎的未婚妻。一天傍晚，秀英给在敌楼里执勤的三虎送晚饭，忽然听到外面的嘈杂声，发现了爬长城的敌人。三虎放下碗，跑到烽火台上，在点烽火的时候中箭倒地，秀英前来帮助，他却说不要管他，快去点烽火。后来援军到了，击退了敌人，但是三虎因中箭伤势严重，不幸去世。

不久，戚继光将军来到董家口调查这次遭袭的情况。他听说了王秀英的勇敢行为，欲以白银重赏。但是王秀英却说，她宁愿继承未婚夫的遗志，加入戚家军，守卫边城。她还割破手指，用鲜血写下了"学兰"二字，意思是向花木兰学习。众所周知，花木兰是女扮男装参军抗击北方游牧民族的女英雄。戚继光被王秀英的勇敢和决心感动，准许了她的请求，并命她负责守卫这座敌楼。从此以后，她带领其他50名年轻姑娘，驻守在未婚夫曾经戍守的董家口敌楼。戚继光离开这里前，写下了"忠义报国"四个汉字。后来这些字由石匠镌刻在一块花岗岩上，做成拱顶石镶嵌在这座敌楼的券门顶上。后人从此都称这座楼为"媳妇楼"。

造访城子峪、听张鹤珊讲传说故事、爬上这座特别的敌楼，是我们这次"长城自驾行"的亮点。然而，我们与老张以及城子峪的联系并没有到此为止。我发现，在长城沿线已经很难看到依旧保留在原地的石碑、石匾，它们大部分都已经遭到厄运，要么被撬走，要么被毁坏。我担心长城民间传说也将会消失殆尽，于是决定帮助老张编辑出版这些传说，让它们得以保存。随后，我向澳大利亚朋友、必和必拓（中国）公司的首席代表戴坚定先生提出建议，除直接资助城子峪和董家口长城环保员拾长城上的垃圾和竖立环保标志牌之外，2009 年国际长城之友协会还可以利用必和必拓的资金，请五洲传播出版社为张鹤珊出版一本书——《长城民间传说》。

接下来的几天，我们沿着当年戚继光将军管辖的长城地段，一路向西从河北进入北京地区。我最初了解戚继光的光辉业绩是在 1998年。那时，我帮助中国国家博物馆古代中国展厅将 4000 件文物的说明翻译成英文，镌刻有戚继光名字的钢剑就是其中一件文物。在卢龙县，我们来到一个叫梁家湾的小村庄，找到几头毛驴和赶毛驴的农民后，就启程去往几千米之外与长城走向平行的山沟里。潺潺的小溪、清凉的溪水让孩子们兴奋异常，一切疲劳和因太阳暴晒引起的不适都被忘到了九霄云外。我们到这里来的主要目的不是走长城，而是寻找一块石碑。它是一块近乎长方形的、表面平滑的粉色花岗岩，尺寸如同两个乒乓球桌的大小，上面用 13 列文字镌刻了戚继光的丰功伟绩。据说，当时戚继光和手下一位将领以及一位好友一道来此地，举杯同庆戚继光 52 岁生日，两人夸赞戚继光为长城所做的丰功伟绩就像这里的山河一样多。

当天傍晚，我环视四周，山顶上的敌楼一座连着一座。它们都是戚继光设计的"空心敌楼"，有助于屯兵储藏粮草和武器，我称之为"戚氏敌楼"。戚继光的长城事业始于 1567 年，但是 1550 年他在京师学习时就有了这方面的思考。这一年，年仅 22 岁的戚继光见证了一个著名的事件——史称"庚戌之变"，蒙古土默特部落首领俺答汗带领 10000 人攻克了古北口，距离京城仅 120 千米。自从 1530 年以来，俺答汗就不时地侵扰中原边境。半个月内，俺达汗带领士兵在古北口和京城之间的乡村劫掠后向北撤，使京城的人松了一口气。兵部专门派出一支队伍阻止入侵者逃离，然而入侵者还是带着劫掠的财宝，大车小车地逃脱了明军的阻截。长城工程和军事策略双双失利让戚继光深思，怎样才能更有效地让边墙起到作用呢？当时，戚继光在军界还是个小人物，他真正在北方前线施展才华还是 17 年以后的事。后来，他被派到南方去抗击日本倭寇。这些倭寇不仅袭击沿海居民，还侵入明朝南都为所欲为。尽管撼动不了明朝的江山，但是他们祸害当地人，会让这些人不满，引起动乱。如果再加上庄稼歉收、国库空虚、税粮减少，那么接下来就会引发叛乱。戚继光在内阁首辅张居正的支持下，抗击倭寇有功。在嘉靖皇帝（1522 年—1567 年在位）驾崩的 1567 年，隆庆皇帝继位，在兵部的推举下，戚继光被召至京师。

戚继光首次在北方与游牧民族打交道，为了熟悉环境，他沿着长城骑行千里，从京城到山海关老龙头探访考察，试图了解所有关于长城建筑、戍守和维护的事情。他一路试探守兵们的心理、测试他们使用武器的技能、观察他们的斗志。最后得出结论，戍守长城的士兵人数严重不足、长城质量欠佳、没有供将士们休息和储藏粮草和武器的空间。于是，1569 年戚继光向兵部提交了一份文书，试图用建筑 3100 座新式的"空心敌楼"来解决这个问题。而且他强调，这种新式敌楼的间距要足够近，每座敌楼至少需要 20 个训练有素、斗志昂扬的士兵戍守。戚继光把长城的"硬件"与驻守将士的"软件"有效地结合起来，建成了一道真正能保卫大明朝的盾牌。

我们一路西行，从城子峪到涞源，路经金山岭长城。这一路上的长城又高又大，敌楼大都是在戚继光的指挥下修建。几个世纪过去了，这些高大的建筑群成了今天山脉上的"环境艺术"。

39

在"老龙"的心脏里

我曾经寻迹长城时都在陕西受阻,这让我感觉这个省份不欢迎外国人。意外的是,这次长城自驾行彻底改变了我对陕西不友好的印象。我们来时,榆林的警车已经等在山西和陕西交界,他们将为我们的陕西之行"护航"。警灯闪闪、警笛声声,好不威风!我们这会儿正向榆林市进发。

时间过去了 20 年,榆林已经变得让我认不出来了。20 年前,这个鄂尔多斯沙漠边的小镇还不对外国人开放。如今,这里丰富的天然气资源开发驱动着当地经济迅速发展,甚至 2008 年北京奥运会使用的天然气也来自这里。最具重大意义的是,榆林向世界张开了双臂。

榆林市政府对我这次"回归"做了很多安排,这让我又惊喜、又感动。"热烈欢迎国际长城之友协会会长威廉·林赛"的大红横幅悬挂在榆林宾馆门口,而这里正是曾经我写检讨的地方。走到宾馆大门口,我真怀疑这一切的真实性。

"我们安排你和你妻子吴琪住在你当年住过的房间里……"一个姓高的女士说。我把这种安排称作"升格",房间也从一个普通的单人间升级成了浪漫的双人大床房。

这位名叫高秋燕女士在我重返榆林的安排上起了至关重要的作用。1987 年,她还是一个英语专业的大二学生。她好奇心强,并且勇气十足，跟着她在宾馆当服务员的同学一起给我送饭，趁机向她见到的第一个老外练习英语。我只跟她聊了一会儿，她似乎就记住了我的名字，和我对长城的痴迷。11 年之后的一个早晨，在榆林师范学校当老师的她，注意到了《中国青年报》头版对我在金山岭长城上组织志愿者拾垃圾的报道，并看到上面我的照片，马上向榆林公安局打听 11 年前在榆林被拘捕的那个人的姓名。她相信，那个被拘捕的威廉就是报纸上的这个威廉。于是她写信给《中国青年报》的摄影记者程铁良，通过他获得了我的联系方式。

1987 年，我在被驱逐出境之前的最后一个请求，就是去看一下镇北台。镇北台是在榆林城边的一个巨型墩台，名字的意思是"镇住北方游牧民的墩台"，是监督汉人和蒙古人的茶马互市的台子。不幸的是，我当时的请求被拒绝了。这会儿，我荣幸地接受了在镇北台旁种植"友谊林"的邀请，这是一个防沙尘暴的"绿色长城"环保项目。我手握亮闪闪、绑着红绸子的新铁锹，用新的不锈钢水桶往外倒水。照相机的"咔咔"声此起彼伏，为的是赶制当地电视台的新闻节目。我很激动地对着镜头，用半生不熟的汉语说："我叫威廉，1987 年我途径陕北，那时我正徒步从嘉峪关到山海关。20 年前，我在这里结交了第一批朋友。我很高兴，改革开放的春风已经吹到了榆林，榆林已经向世界开放。中国长城像一条长龙，蜿蜒万里横跨中华大地，它的头在东边的山海关老龙头，它的尾在西边的嘉峪关，镇北台是非常特别的地方，是'老龙'的心脏，我们可以称它为'老龙心'！"

第二天一早，我们来到榆林世纪广场，参加在这里举办的"万里长城 百年回望"展览的开幕式。一排排展板陈列在广场中央，一串串彩球飘舞在广场上空，现场观众熙熙攘攘。

令我想象不到的是，在此次开幕式上，榆林市政府突然宣布我将被授予榆林"荣誉市民"的称号！这真是一份特殊的荣誉，同时也是一种奇妙的缘分。1987 年，我是当地公安局见过的唯一擅自进入不对外开放地区的外国人；2007年，我是第一个被授予榆林"荣誉市民"称号的外国人。

我第一次见到周吉斌的时候，他刚刚大学毕业不久，被分配到榆林公安部门当英语翻译。他自己肯定也很惊讶，刚工作没多久，就见到了真正的外国人来检验他的英语水平。一周内，他忙于口译和笔译，还把我送到延安汽车站。当时我琢磨着，中国和中国长城与我再也无缘了。然而，后来在北京与吴琪的奇遇，不但使我能够重返长城，还令我的全部生活发生了天翻地覆的变化。

"我想感谢你当我和吴琪的'红娘'，"当我们与周吉斌面对面坐在他办公室里的沙发上时，我说，"要不是那次被你们驱逐，我也不可能认识吴琪。"

"你知道，"周吉斌说，"回到那个时代，外国人在这一地区旅行的确困难。我们不得不阻止你，因为这是中国当时的法律规定，我们必须执行公务。然而，我很高兴你能坚持下去，并取得了成功。我更要感谢你对我们长城保护事业作出的贡献。我们中国人讲缘分，你和吴女士的结合就是一种缘分。我们很高兴在其中助了一臂之力。"周吉斌还说，中国有句谚语叫"不打不相识"，我们之间的故事的确就是这样的。

2009年10月，正值中华人民共和国成立60周年之际，《北京晚报》报道了60则人物事迹，我的榆林故事就在其中，文章标题是《从偷渡者到荣誉市民》。

离开榆林后，我们向西开车3个小时，来到了一个叫安边的小镇，这里有我的朋友李生程和他的"文化站"。这次旅行出发之前，我们就已经约定好了要来拜访他，他承诺会热烈欢迎我们。起初我只是期待能吃上他家的安边烤羊肉，然而直到走进他的"文化站"，我才意识到他的"热烈"二字的真正含义。院子里坐满了当地老乡，台前两位说书人已经准备停当。李生程让我做自我介绍，我激动不已，用汉语说："朋友们！你们好！我是威廉，我是榆林人！"

下面的老乡笑得好开心。他们开始以为我在开玩笑，耍英国幽默，但当李生程拿过话筒，告诉老乡们我的确得到了榆林"荣誉市民"的称号时，下面一片喧闹。

20年前，我独步长城时偶然闯入一个小村庄，村子里的静谧突然被一阵刺耳、高亢的声音打破，那就是令人难忘的秦腔。我转到后台观看演员穿戴服饰、往脸上抹油彩，那是我见过的最鲜亮、最具有感染力的颜色，我一口气拍了好几卷照片。遗憾的是，这些照片后来都被榆林警察没收了，但是秦腔那"古怪的尖叫声"，我一辈子都忘不了。今天，为了热烈欢迎我的到来，李生程特意准备了这样一台秦腔演出。

演出中最出彩的是一个说书人，她双手各拿一个快板，声音圆润高亢，看上去信心满满，一招一式都很专业。她的身旁是一个"三管齐下"的演奏家，他手弹三弦，一只脚敲锣，另一只脚打鼓。

说书人以一小段音乐开始，突然的停顿之后，快板响起，紧接着开始说唱。因为她说的是方言，我不大听得懂，但是从下面观众的哄笑声中，我感受到了他们对这个节目的喜爱。说唱完毕，全场掌声雷动。

我想要她的说唱词，好等以后翻译出来，弄明白其中的意思。但是李生程说："这些说书人从来不把说书词写下来，都是现编现唱，他们唱的是欢迎你来安边，也欢迎你的婆姨吴琪，感谢你保护长城，等等。"

40

寻找木长城

　　2007 年的长城自驾行，无论从哪个方面讲都是成功的。我的两个儿子杰米和汤米第一次见识了整个明长城。我和吴琪把之前推广的《山野之约》稍做调整，变成了《车友之约》，介绍给这一路的司机朋友们，希望他们在开车和停车时不要乱扔垃圾。我们还亲自走访了在榆林、古北口、嘉峪关举办的"万里长城 百年回望"展览。嘉峪关的这个展览设置在半露天的碑廊里，旁边是"天下雄关"石碑。嘉峪关是我独步长城的起点，也是威廉·盖洛长城旅游的终点。

　　在盛大的开幕式过后，我带领嘉峪关市领导观看了展览。讲解到玉门关地区的新老长城对比图片时，我想起了在一年前的秋天，由于我的身体状态不佳等原因，还有几张斯坦因的汉长城老照片没有重新拍摄到。其实，敦煌地区的那些汉长城距嘉峪关近在咫尺，如果能利用这次机会完成拍摄，那么这次庆祝之旅就会完美收官。

　　我下决心一定要亲眼看到斯坦因提到的"木长城"，因为它非常独特。斯坦因在《沙漠契丹废址记》中这样写道："在第 35 号烽燧以东，有一段保存良好的长城，长 276 码（约 252 米——译者注），高 7 英尺（约 2.1 米——译者注），厚度是 6 英寸（约 15 厘米——译者注），由混杂的红柳芦苇与盐渍砂石相间修建而成。"在玉门关地区，长城的建筑材料大都使用的是生长在疏勒河周边盐碱沼泽里的芦苇。而距离玉门关 100 千米之外的瓜州地区的长城大都使用形状怪异的红柳木。

尽管时值 8 月盛夏，热浪翻滚，我还是对成功拍摄"木长城"持乐观态度。我有 GPS 定位器、吉普"指挥官"和优秀的助手。重摄长城以来，我还是第一次使用 GPS 定位器这种卫星定位系统，那是阳关长城博物馆的工作人员戴文胜提供给我的。我们的私家车司机李刚似乎对穿越红柳区信心满满。与我同行的还有我的户外助手朴铁军。我与小朴相识在国际长城之友协会的一次活动中。他英语说得还不错，2006 年我请他参加南非长城慈善跑的后援团，他毅力坚韧、不知疲劳，而且大公无私，还是一个不错的摄影师。

我打开卫星定位系统，按下"定位服务"键。当我们在 215 国道上行驶的时候，GPS 定位器上显示的数字从 78 千米处逐渐减少。然而，半小时之后，数字又开始增加。无疑，我们刚刚错过了最接近目标的地点，从大路到目标直线距离 15.1 千米。也就是说，这段木长城就在我们东边的什么地方，要靠越野才能到达。

我们在戈壁滩上行驶，两条车辙印留在后面。我心想，在这里拍出来的照片，赞助商肯定喜欢！可就在几百米之后，我们来到一边是洼地崖边、一边是怪柳沙包的地方。车小心翼翼地碾压着地面，土块不时地掉落到洼地里。为了给载重 1600 公斤的吉普车减负，我们得不时地下车徒步。车绕着灌木包缓慢地前行，但是越向前走，沙子越深，有的灌木包比人都高。可以想象这里的植被是多么的强壮、耐旱，可这让我们的车子遭了殃。"指挥官"的车轴磨损得厉害，底盘被坚硬无比的灌木剐蹭。难怪，当年长城的修建者就地取材，选用这种最耐用、也是此地仅有的植物来建造长城。我们花费了 1 小时 10 分钟，才向前挪动了 800 米，木长城离我们还有 14.3 千米！

如果我们有如铁锹和沙垫等合适的工具，"指挥官"或许可以继续往前走。但是，我们并不知道前面的地形是否还像这里一样糟，另外我又不甘心一整天都在"修路"，也不愿意毁坏这里脆弱的沙漠植被。

我和小朴一商量，决定第二天一早徒步进去。我们准备在6点（太阳出来之前，差不多是当地时间4点30分，因为我们现在的位置与北京相差21经度）出发。这样，我们可以避免被太阳炙烤，到达目的地后还可以在斜照的阳光下拍摄。我们最多在45分钟内拍摄完毕，上午10点往回折返，安全回到"指挥官"里，不然等到下午气温会高达40摄氏度。

第二天出发前，我们在全身上下裸露的部分都涂上了强力防蚊霜，因为前一天我们被成群结队的蚊子叮得很惨。我们一开车灯，蚊子就蜂拥而上。真走运，此时满天星斗，北斗七星倒挂在天上，像是个巨大的问号，今天我们能成功吗？

我一手拿着GPS定位器，一手拿着手电，步履匆匆，这样能抵御清晨的微寒。在海拔1100米、中亚大陆气候的沙漠环境里，白天的平均温度在30摄氏度上下，到夜晚还是比较凉的，再加上万里晴空，地面的热气很容易散去。然而，我为了减轻负重，宁可受点凉，也不肯带上过多衣物。

点击GPS定位器的go键，显示今天的来回路程为29.5千米。没多久，我们就到了昨天探路时走到的最远处。太阳已经在东方地平线上露头，放射出橙红色的光芒。今天肯定又是万里无云、阳光灼人的一天。太阳升起来了，除了我们长长的身影，广袤的戈壁滩上别无他物。不时能看到两道车辙和清晰的轮胎印，还有兽蹄印，可能是骆驼或羚羊留下的。透过望远镜，我看到前方大约400米处有3个白色的"脸"，仔细一看是3只羚羊的臀部（不是脸），它们正在穿过灌木丛，踢起阵阵尘土。

所有的生命迹象——当地人畜留下的也好，匆匆过客留下的也罢——终于被我们甩在身后。现在我们置身于一块广袤无际的平地上，到处散落着五颜六色的碎石。地面有一两寸厚的板结层，走在上面像是踩着薄雪。回头看，来时的脚印清晰可见，我们心想回去时只要顺着自己的脚印走就可以了。远处正前方突然出现的一个物体引起了我的注意。

我对小朴说："那好像是一棵树。"小朴用望远镜看了看说："是的，是一棵树。""你觉得有多远？""大概5千米。"但我觉得是4千米。25分钟之后，我们走了2.5千米就到了，我管这棵树叫作"天来之树"。方圆好几千米内，就这么一棵树，树冠稀稀拉拉的，我们在它的阴影下休息了一会儿。现在是7点40分，太阳仍未完全升起，树冠的阴影离它的躯干竟然有20多米远。我们开始吃第二顿早餐，我们一共带了12瓶水、6个五谷杂粮营养条、一大包杏干、几个脆甜的苹果和补充盐分的鸡蛋火腿三明治。

这是一棵胡杨树。2006年10月，我在玉门关以西20千米处考察时，见过一大片胡杨林。秋天的时候，胡杨林叶子一片金黄，美丽动人。据斯坦因记录，汉朝人用胡杨树干修建烽燧，制作木梯和烽燧里的各种木质构件。

我们在胡杨树下稍事休息之后，就起身上路了。我们尽量加快速度，在比较坚实平坦的地方，达到最快时速6.2千米，遇到板结地面，我们就把时速降低到4千米以下。

在我的右前方，烽燧的轮廓依稀可见。那就是奥雷尔·斯坦因1907年4月考察过的玉门关至安西（现在叫瓜州）的汉长城。整整100年过去了，在这样恶劣的自然环境下，我们终于来到了他曾经来过的这个地方。与他的决心、毅力和顽强相比，我自愧不如。

我们又走了两千米，来到一个到处是低矮沙丘和大片红柳的地方。这里的地面特别软，走在上面十分费劲，我们只好把行进速度降低到每小时两千米以下。然而，没过多久，我们又走进一个地面坚实的广阔地带。只剩下最后几千米了，我们把行进速度加快到每小时6千米。我信心满满地说："大概9点15分我们就能到了。"

前方又是一座接着一座的低矮沙丘，GPS 显示我们距目标只有800 米了。此时，我想起了斯坦因在《西域考古记》中说过的，"突然间"，他看到了两边全是沙丘的长城。这会儿我也看到了！"在那儿，就在那儿！"我忘情地喊起来。

对于他考察的长城，斯坦因是这样描述的："这个地方的中心部位有一段非常结实的长城。墙面上几乎看不到风蚀的痕迹，因此很容易考察它的建筑方法。这段长城高七英尺多，用护捆加沙土建造，我数了数，一共八层。"

斯坦因说的显然是木长城，然而我们在这里看到的长城最多 4 英尺（1.2 米）高，底部被沙子掩埋，而且墙面风蚀严重。总而言之，它与老照片上的形象对不上号。要么是斯坦因一个世纪前考察过的长城已经毁坏，要么是眼前的长城是 GPS 定位器显示的另外一段保存不够完好的长城。此外，我们晚到了一个小时，这段长城在光照的阴面，无法拍摄高质量的对比照片。

突然间，我想到这段长城应当有两面。我找到一个缺口爬过去，向前再走几十米，转过身来，才真正来到了 1907 年 4 月斯坦因拍摄照片的地方。这段长城，正是斯坦因当年拍摄过的木长城。简直难以置信，这座拥有 2100 年历史的建筑物竟然与 100 年前一模一样！

时间已经不多了。拍摄完，我们又爬回墙的另一面，准备顺着来时的脚印打道回府。然而，让我吃惊的是，那些原本清晰可见的印迹在我们的眼皮子底下消失了！太阳高高地挂在天上，阳光直射下来，没有一丝阴影。一路上，我根本没有看到一丁点儿脚印，即使在我们休整过的那棵"天来之树"附近。

我们保持着缓慢而匀速的步伐，有规律地喝水，不时地往嘴里塞几个杏干。我用望远镜侦察前方，发现离我们车不远处有一个棚子。"那一定是个西瓜棚，我们去看看？"我对小朴说。我们走向棚子的方向，看清了，的确是个瓜棚。一阵敲门声之后，一个面带惊恐的女人开了门，我们寒暄了几句，说明我们想买一个瓜，她说："不用，不用，你们随便吃吧……"

我环视了一圈，发现瓜棚里除了有西瓜，还有哈密瓜。"太好了！真是好东西。"我暗喜。我拿出瑞士军刀，刚准备切瓜，只见那女人手提着菜刀进来。"咔嚓，咔嚓"，两个哈密瓜张开了嘴，凉爽、多汁、甘甜……那女人还说，吃好后还可以带走，带几个都行。之后她转身进了瓜地，我们把 20 元钱压在菜刀柄下，向她挥手再见。

半小时之后，我俩坐在了"指挥官"里，把空调开到 20 摄氏度，向敦煌开去。这时已经是下午两点，车外的温度高达 40 摄氏度。这是我重摄长城记忆最深、收获颇丰的一天。

41

戈壁滩遇险

我从未想过要重返木长城。然而，这一信念被老朋友乌沃（Uwe）从德国科隆打来的电话打破了。他是第五组影视公司的"头儿"，曾经邀请我为他们给美国国家地理频道拍摄的纪录片《长城》当顾问，后来那部纪录片获了奖。在颁奖仪式上，他遇到了美国国家地理频道的一个编导，被告知美国国家地理频道正在筹划一个系列纪录片——"伟大的探险"，"或许可以让身居北京、把后半生贡献给长城的那位英国人参与拍摄。"那个编导对乌沃说。

"……这就是给你打这个电话的原因……"乌沃说，"你有兴趣在纪录片里讲长城故事吗？纪录片时长为50分钟……思路是你带领观众去8—10个长城地段，给他们讲长城鲜为人知的一面，这些地方由你来挑选。"

这个机会让我感觉难以置信。我迫不及待地答应下来，同时还试图掩饰一下自己的兴奋，因为我还希望能得到与美国国家地理频道"主持人"相匹配的劳务费。

"你们想什么时候开拍？拍摄多长时间？"我接着问乌沃。

"明年，应当在7月……实地拍摄大约28天。"他回答。

"可是那是在盛夏，中国东部的天气闷热，天空灰暗，4月到6月，或者9月到10月是最佳拍摄月份。"我建议。

"但是我们没办法，摄制组的人员只有在 7 月才能到齐，否则我们得放弃这个机会。"为了向观众展示特别的长城体验，我建议拍摄那段独特的木长城，他们后来接纳了这个提议。

克里斯·特文特是"伟大的探险"系列纪录片的导演。为了给他前一个纪录片《长城》做准备，我曾经带领他走过长城许多地方。在新年假期里，我邀请他们全家来我在箭扣长城脚下的农家院做客，除了度假，还可以讨论这个新纪录片摄制组成员名单。托比是这个片子的摄像师，托马斯负责音效。其他辅助人员如摄像助理、灯光师都在北京当地找。杰森·陈是王宝山的老朋友，他是该片的制片人。由于这是一个国外摄制组，要求有国内机构监督管理，央视国际合作部派出莱斯利·董负责这件事情。另外我们还必须有一位专业翻译，尽管杰森和莱斯利的英语非常棒，我的汉语也不差，但我们还是请来了上海姑娘小倪做翻译。加上我、助手小朴和 3 个司机，整个摄制组一共13 个人。

6 个月之后，2010 年 7 月的一天，我和小朴在北京首都机场与摄制组的全班人马集合，一同飞往敦煌。中国太大，3 个小时的飞行距离，我们装设备的车辆走了整整 4 天！第一天拍摄的是玉门关，非常顺利。高大的夯土墙，有两个门洞可以进关出关。之后，我们就开始计划最具挑战性的木长城的拍摄方案。

以下是我在事后的日志中所描述的拍摄当天大家经历的险境：

> 2010 年 7 月 16 日。黎明前，星光闪烁，我们离开大路，在 GPS 定位器的指引下向木长城进发。现在是清晨 5 点 15分。在今天的拍摄中，我的助手朴铁军也是第一次上镜。我在前边带路，一队人沿着干涸的水沟和红柳从中间的小路前进。走了几英里，地势逐渐平坦，我们已越过红柳"雷区"进入真正的戈壁，这里是平坦的硬地，遍布各种颜色

的风化碎石。每个人都一声不吭，拖着沉重的步子走着。小朴和我，还有导演克里斯、摄像师托比和音效师托马斯走在前面。我们身后是摄制组的其他人。大家背着背包，提着话筒、支架等设备。我看到350多米之外有一只羚羊，在戈壁上跳跃着跑远了。不久，我们就到了这段路上唯一的一个路标——一棵胡杨树处。我称它为"天来之树"。

"我们只走了四分之一的路程，剩下的四分之三不比这段简单多少。所以如果走到这觉得累，在这里休息一会最好不过了。把水和一些给养放在这里，留几个人在这里等待其他人回来，谁愿意留下来等？"

我真希望有人能留在这里接应我们，但是没人响应。我们继续前进。气温还不算太高，大约35摄氏度，偶尔有一丝凉风。我看到长城在近300米以外露出痕迹，大家也都兴奋异常。现在大约是11点钟，我们赶紧着手拍摄。我的全部注意力都集中在木长城身上。它那用红柳木搭建的结构独一无二，保存状态完好，堪称奇迹！

我们用了一个小时完成拍摄，"我们"指的是我们中的5个人，其他7人坐在红柳沙包的下边等待。阳光直射，红柳沙包下根本没有树荫，但人们感觉还是需要挨在沙包旁边，似乎这样能有些依靠。那场面就好像刚刚吃过午饭的人正昏昏欲睡，慵懒得不愿意起来去工作。大家都又热又累，我预感返程将会更加的艰难。

我是队伍里年龄最大的，但我觉得自己的身体最好。我已经喝了5瓶水，背包里还有1瓶。小朴背着我俩其余的水，我事先告知其他人也都带上10瓶水。所以唯一的问题就是天气稍热，慢点儿走也就需要4个小时，边走边喝点儿水应该没问题。我们开始返程。

现在更热了，我估计能有38摄氏度，而且空气更加干燥。热气不仅从上面直射头顶，还从地面升起。我和小朴走在前头保持稳定的节奏，小朴还把摄像机也给背上了，小董和他并排走着。我回身看去，虽然我们刚出发不久，但已经和其他人员拉开有200多米的距离。我停下来等着他们跟上来，有些人明显已经体力不支。第一个是录音师小侯，他是个瘦高个儿，穿着牛仔裤和黑T恤，没戴帽子，现在脸色通红。另一个是小黄，大约25岁，长得瘦小，同样穿着休闲的衣服，也没戴帽子。还有小倪，一个漂亮的姑娘，似乎已经没有了力气。她最喜欢的早餐就是几块巧克力饼干外加一支香烟。摄像助理托马斯背着一堆装备，看上去也是疲惫不堪。小翁，制片主任兼司机，双腿已经僵硬。剩下的几个人看着还算正常，但也在强忍着，没人再互相开玩笑了。他们问得最多的问题就是，还有多远？还得走多长时间？

我们拉着长长的队伍蹒跚前行。我看到他们几个人在扶着一个人，那是小翁，他的双腿已经抽筋，表情痛苦不堪。我们尽全力施救，水、药片、藿香正气口服液统统用上，随后他才勉强可以一瘸一拐地挪动双腿。时值下午3点，我们都在太阳下暴晒，无处可躲。躺在地上钻过五六道铁丝网时，我感觉后背和大腿就像在锅里烙饼一样灼热。

从望远镜里我能看到前方那棵孤独的胡杨，估计到达那里还需要40分钟。我们的队伍完全走散了。小朴首先到了那里，在树荫下休息。随后我也到了，问他有没有水。"我已经把水都给他们了，"他回答说，"他们几个人出发时只带了几瓶水，根本不是你建议的10瓶。"

我立刻意识到大麻烦降临了。等所有人都挣扎着到胡杨树下时，我们12个人只剩下1瓶水。但是，接下来大家还要在43摄氏度的高温下穿越6英里（约9.6千米）的戈壁。我们几乎要被烤干了。

我试图减轻形势的严峻性，鼓励大家坚持到底，慢慢走就能走出去。但才过了几分钟，就感到有人要崩溃了。除非我们明确地决定分开走，体格好的先走到公路停车的地方，否则继续耗下去，用不了几个小时，大家就会因为干渴和炎热而葬身戈壁。

又走了几百米，我们又遇到了铁丝网，几个人瘫在那里没法站起来了。我说了我的计划——我们6个人先走，走出去找救援，其他人在原地等待。导演克里斯同意了。我用GPS定位器记录下地点并用"999"标记为紧急救援点。我让小王用话筒的长杆挑起一件红色的T恤，救援者最早晚上7点才会赶到。我知道我们要想成功救援，不仅仅需要体力，更需要一些运气。

在"999"救援点，小侯的状况看起来最糟，他四肢发抖、冒着冷汗、面色通红。小倪面色苍白，小黄的情绪几近崩溃，小翁的腿仍然抽筋不止。只有小王和克里斯还能动，陪在他们身边给他们一些支持和信心。

我、小朴、杰森·陈、托比、托马斯和小董出发了。刚出发就有人拉肚子。走完1英里（约1.6千米），来到了一个风蚀台地，杰森·陈和小董也走不动了，坐下休息。还剩下4个能走的，我让大家把摄像装备扔在土堆边，这地方别没人来，丢不了。托比把手伸进装满空瓶的背包一阵掏，居然从背包底部拿出来1瓶水。我们都乐疯了！水在背包里都被晒热了，大家嘴里干得就像是塞满砂纸一样，我们每个人分了一点儿喝下去，至少能润润喉咙和舌头。

我试图弄清楚3英里（约4.8千米）有多近，而不是有多远。我担心的并不是距离，而是酷热。温度可能已达48或49摄氏度，热气从四面八方扑来，正在大量消耗着我的体能，一旦倒在这儿，灼热的沙地肯定能把我给烤干，几个小时就能丢了命。如果我命丧在此，后边的人全得玩儿完。这种想法一冒出来，我感觉浑身一激灵，胳膊上都起了鸡皮疙瘩。

　　他们怎么样了？我回头瞧了一眼，托马斯不见了，托比在30米后踉踉跄跄地走着。他的后边是小朴，也因为肚子难受显得痛苦异常。

　　我干渴得难以忍受，嘴上起满了大泡。拖着沉重的步伐一步一步向前挪动，心里不住地念叨，我能行……挺住……我一定能走出去……

　　突然看见一道反光，那是前边公路上正在驶过的汽车。GPS定位器指示距离公路不到3千米，我回身嗓音嘶哑地向托比和小朴喊："跟上，我们快走出去了！"

　　最后的这段路是最艰难的。地形已经不是平坦的戈壁，而是沙地和红柳包，还有干涸的河道、陡峭的河岸。我连抓带爬地上了河岸，看到我们的汽车就在前边几百米处。我激动地想跑、想大喊，但我知道现在最好是保持镇静。

　　警方接到我们的求救电话后，已经找来一辆救护车在路边等候。我从护士手里接过几瓶水，还有一袋生理盐水。小朴和托比随后赶到。我们的一个司机老陆已经带着水徒步进到沙地去找大家，但我们在路上并没有见到他。

　　警察还调来一个当地的治安协保员，只有他的摩托车能在这种沟壑纵横的沙地中越野。小朴主动提出愿意带路，以最快的速度重返救援点送水。我们赶紧在后座上绑了一箱水，他们发动摩托车绝尘而去，身影消失在红柳丛中。

各种各样的想法闪过我的脑海。我相信每个人都能平安归来，但又害怕真的会有人死掉。我尤其担心小侯、小倪，还有托马斯，刚才他还在我们后边不远，但不一会儿就消失了。现在拍摄已经不重要了，人命才是大事。我很后悔一开始没有坚持谁该跟着、谁不该跟着进入戈壁险地的建议。

"有人回来了！"有人喊道。我用望远镜看去，是我们的4个人——托马斯、克里斯、杰森·陈和小董。我抓起几瓶水，急切地迎上去，边挥手边喊："你们怎么样？"

原来是小董打通了报警电话。托马斯说他实在走不动了，就把T恤衫脱下，挂在一棵红柳丛上遮阴。大约过了15分钟，突然听到好像有人在呼喊，他赶紧回应，老陆这才找到他。据老陆说，平时文质彬彬的托马斯，当时眼睛里像是冒了火，发疯似的冲过来，一把从他手里抢过一瓶水，一口气全部灌下。稍微缓过点神后，又很有礼貌地问，能不能再给他一瓶。

我问小董有没有"999"救援点那边人的消息，尤其是小侯的情况。她说没有任何消息，她也担心小侯会死。

大约过了一个小时，吉普车和摩托车返回来了，带着我们所有留在救援点的人。奇迹真的出现了！尽管我们遭遇了难以忍受的酷热和干渴，每个人居然都还平安无事。车边摆满了切开的西瓜，那是我这辈子吃过最甜、最水灵的西瓜。

为了安全起见，我们被送到敦煌医院做身体检查。晚上10点，我给吴琪打电话，告诉她我们成功地到达并拍摄了木长城。至于其他的故事情节，只有等回北京再讲给她听了……

第三部分

长城使者

2008—2020

42

北京奥运会带来的机遇

在 1570 年前后的明王朝，北京周边的景观发生了天翻地覆的改变。那是因为几百千米的长城正在修建之中，而且比往期建造得更高大、更坚固。一个世纪之后，长城已经被遗弃，成了荒野长城。一位俄国使者从圣彼得堡路经长城到达北京时，从居住在长城脚下的农民视角看到了长城修建的内幕。他说："修长城耗尽了山上的石头，周边的树木所剩无几，山间溪流干涸。"正是这样的环境巨变，让一条明朝"龙墙"在华北燕山山脉腾空而起。

2001 年，北京获得举办 2008 年第 29 届夏季奥林匹克运动会的资格，"新北京，新奥运"是北京对世人的承诺。短短 7 年里，北京几乎变成了一个全新的城市。新体育场馆、新机场、新地铁站、新高速公路、新高铁设施、新公寓住宅和新购物中心……这些建筑和设施越来越多，越来越豪华壮观，建设速度也越来越快。

现代超规模的建设项目也许与我想象中明长城建造时的景象相似。新北京的建设要从全国各地招募成千上万个民工参加，正像当年修筑长城一般。那时长城的原材料是石料、砖头、木料和石灰，而如今基础设施、厅堂楼阁则使用的是水泥、钢铁和玻璃。如同长城修建时期需要大量原材料，新北京建设原材料也逐渐供不应求。截至 2008 年，仅北京地区的建设项目所耗费的原材料就超过了欧共体 20 多个国家的总和。新北京准备的不仅仅是一场运动会，还是向世界展示中国的时机，现代中国的实力将通过这场盛会展示出来。

我们一家人，包括在英国的亲戚朋友，都期待着这场"新奥运"的到来。吴琪和杰米有幸在"四个八"时刻观看在北京"鸟巢"举行的奥运会开幕式。"四个八"的意思是2008年8月8日晚上8点，北京奥运会正式开幕的时刻。当时，快8岁的汤米代表北京芳草地国际学校，在奥运会闭幕式上用希腊语演唱奥运会会歌。而我则手气极佳，在门票抽签中抽中了42张门票！我决定打开我们美林香槟小镇新家的大门，欢迎我的家人到来。正是他们长久以来和我一起长跑训练，以及对我鼓励和鞭策，才让我把长城探险、研究、保护和文化传播当成一种生活方式成为现实。

在奥运会来临之际，我参与了不少长城活动。因为不少公司和名人都与我联系，请我为他们讲长城、带他们游长城。有了丰厚的收入做保障，我就有了扩展"长城教育基地"的底气。我将这个教育基地设在了箭扣长城脚下，与我的农家院处于同一个山谷的小学里。中国大多数国际学校每年都会安排一周时间到校外体验生活，让这些国际学生离开他们的国际社区和国际校园，真正了解中国文化和中国人的生活。我的农家院在通往正北楼的路边上，成了长城游客经常驻足、讨论的地方。他们对我这样一个英国人在这里的生活感到好奇，有的人不请自来，有的人反复打扰，令人心烦。而这个老校舍既偏僻又安静，似乎能够避免游人的干扰。于是，我们租下了这所学校，在校舍原来的基础上增盖了一排三间的东厢房，作为我们自己住的地方，其他经过整修的设施供前来体验的学生使用。

国际长城之友协会与壳牌（中国）集团的合作随着"万里长城百年回望"展览项目在2007年2月的结束而终止了。然而，这个项目还遗留下一系列问题。例如，在哪里能看到威廉·盖洛的原始探险资料？他在美国的住宅在哪里？他的家人在何处？我猜想，如果我能找到他的家人，或许就能找到他的资料库。但是我也不能无期限地找下去，因为 2008 年将是威廉·盖洛探险中国长城 100 周年，我必须在这一年里做一个纪念活动，因此留给我的时间已经非常紧张了。我写信给美国有名的报刊《国际先驱论坛报》和《史密森尼杂志》，希望他们能回复一些线索，但毫无结果。

4 年里重摄长城老照片的过程中，我找到盖洛老照片拍摄地点后，在自己的日记里加上 GPS 点和其他细节时，就时常琢磨着，他的日志在哪里？我希望能在他的日志里发现他探险和拍摄的细节，比如谁与他同行？他们走了多少路？他们的路线是怎样的？当我在整理自己上千张的 35 毫米反转片时，也在渴望找到他那些装玻璃幻灯片的盒子。

我唯一的成果是在耶鲁大学斯特灵图书馆找到了盖洛的上色玻璃幻灯片。它们是由曾经陪同盖洛走过山海关到北京这段长城的牛顿·海斯收藏的。牛顿·海斯出生在中国，父母都是传教士。他能说一口地道的中国话，后来自己也撰写了一本名叫《中国长城》的小书，还在上海做过演讲，也许他在演讲中解释了自己拥有这些幻灯片的缘故。这些珍贵的幻灯片在图书馆里已经深藏 70 余载，其保存状况令人担忧。让我惊讶不已的是，他们要我支付 2500 美元，才肯为我取出、清洁和扫描这些幻灯片。我虽然很不情愿，但转念一想，能目睹盖洛的黑白幻灯片上了色的模样，同时可以得到一份拷贝片，花这笔钱也很值得。

搜寻盖洛书稿和其他图片之旅，我也是从零开始。我先联系上位于英国伦敦出版盖洛《中国长城》一书的约翰·穆雷出版社，但没有找到该出版社出版过盖洛这本书的任何信息，更别提原始书稿和图片了（令人哭笑不得的是，我就拥有 3 本由这个出版社出版的《中国长城》）。出版盖洛书的另一个出版社是曾经位于美国纽约的司徒基斯·沃森出版社，但是它已经倒闭好几十年了。

我想，是不是盖洛把自己的手稿等资料捐献给美国某个全国性机构了？于是我从最上层的机构查起，向国会图书馆和史密森学会档案馆求助，结果再次让我失望。我转向纽约探险家俱乐部、美国国家地理学会和宾夕法尼亚州立博物馆，仍然一无所获。我不断地发问，威廉·盖洛为什么被他的祖国遗忘了？

我只能猜测其中的原因。大发现时代的探险家外出探险，或由国家资助，或由机构支持，最后以探险发掘成果作为回报。然而，盖洛只是一个传教士，完全靠自己的财力作为探险经费，也没有参加劫掠文物的"主流"活动。一路上，他多次见到过石碑，每一次都是让助手把碑文抄录下来或拓下来，而不是把石碑挖出来运走。他这种"除了照片，什么都不要带走"的超时代做法，让我非常敬佩。但是，盖洛没有带回中国的文物，就等于放弃了在美国某家博物馆留名、留影的机会。

与此同时，我也从盖洛的家谱上寻找线索。1909年盖洛离开中国后回到美国；1912年他与心上人康斯坦斯·埃墨森结婚；1925年盖洛在以色列到威尼斯的船上患上肺炎，医治无效逝世。爱妻康斯坦斯悲痛欲绝，她独自收养了一个女孩儿，给她取名康妮，康妮就是最近刚刚去世的康斯坦斯·莱科克女士。康妮出生在宾州多埃斯顿城，长大后与一个姓莱科克的男士结婚，生了3个儿子，布雷德利、约翰、罗伯特。莱科克这个姓氏在美国虽然不算大姓，但也不少，要找到康妮的3个儿子，仅用电子邮件联系的名单也很长。看来，在"世纪纪念"最后期限之前完成这项工作恐怕是不可能了。

但我仍然不想错过这仅有的一次机会，我决定先做眼前要紧的事情。对我来讲，除了从个人角度感谢威廉·盖洛的"陪伴和友情"之外，我也应当借助这个机会展示盖洛的长城探险成果，提高他在美国的知名度。我计划去美国宾夕法尼亚州多埃斯顿城，站在他的墓前向他致敬。

在盖洛探险长城 100 年后，能站在他的墓前纪念他，将会是一个多么神圣的时刻！能在中国和世界范围内继承、发展和分享他的壮举，更将是我的荣幸！打定主意后，我立即开始准备这次"朝圣之旅"。我先写信给多埃斯顿城默塞尔博物馆，博物馆的贝斯·琳达女士乐意帮助我。她答应亲自骑单车去盖洛墓地和 1915 年后盖洛的住宅"荒原之家"考察一下，搞清地点，并拍摄照片。现在，我至少有两个去美国的理由了，一是要去盖洛墓前祭奠，敬献花环；二是要去拜访盖洛故居，如果走运的话，或许还可以进去看看。在多埃斯顿城期间，我还可以在当地报刊上刊登寻找有关威廉·盖洛信息的广告。

我在中国已经找到盖洛长城老照片的每个拍摄地点，但还没有在美国找到他宝贵的资料库。2008 年 6 月的美国之旅，将会有重大发现。

我、王宝山（左）和朴铁军（右）在美国宾州多埃斯顿城盖洛先生的"荒原之家"，我们身后的汉字是盖洛1908年在嘉峪关复制的，2008年。

纪念盖洛探险长城100周年仪式在他的墓前举行。到场的除了他的3个孙辈、当地历史协会会员之外，还有"荒原之家"新房主和老邻居，2008年于美国宾州多埃斯顿城。

与珍妮·古道尔博士（中）共同推广《山野之约》，2009年。

坐落在箭扣长城脚下西栅子村的林赛长城学堂，2009年。

我们结婚20年的纪念日，2008年于北京箭扣长城上。

我在向电视观众介绍夯土长城的建造方法，
2010 年于甘肃山丹。

美国国家地理频道纪录片《跟着威廉走长城》
的导演克里斯正在给我"说戏"，2010 年于
甘肃河西走廊。

在河北抚宁城子峪村参加传统庆祝活动，
2010 年。

美国国家地理频道摄制组在罗文峪结束拍摄
（从左到右）：我、导演克里斯、摄影师托比、
音效师托马斯、助理朴铁军，2010 年。

行走在内蒙古乌拉特前旗古老的秦长城上，
2010 年。

我与抚宁长城修建者的后裔张鹤珊谈论文化衫
上的"不爱长城非好汉"口号。老张的祖辈在
16 世纪跟随戚继光从义乌来到这里，2010 年。

蒙古国的一段由梭梭木和红泥土黏合的"成吉思汗边墙"，2011 年于蒙古国南戈壁省。

在广袤无际的蒙古南戈壁上露营，2011 年。

杰米观察由火山岩建造的"成吉思汗边墙"旁边的羚羊足印，2011 年于蒙古国南戈壁省。

杰米与《成吉思汗和今日世界之形成》的作者杰克·威泽弗德交换作品，2011 年于蒙古国乌兰巴托。

参加美国动物学家柯克和蒙古女士奥蕴托娅的婚礼，2012 年于蒙古国乔巴山。

行走在东部草原"成吉思汗边墙"上，2012 年。

蒙古国制作传统弓箭的巴特满克家族，2018年于蒙古国肯特省。

我与吴琪一起研究蓟镇地图，2014年于北京。

第10代聚元号传统弓箭制作传人杨福喜演示汉代弩机的使用，2013年于北京。

我的几本长城图书的翻译者李竹润（左）和历史顾问王雪农（中）在箭扣长城上，2011年。

在箭扣长城脚下发现的各种各样的石雷和石炮，2015年。

赠送给时任英国驻华大使吴百纳女爵士海报《长城友谊万里长》，2015年于北京英国使馆官邸。

蒙古国一家私人博物馆馆长南布克巴娅女士手拿铜镜，上面刻有公元前9世纪的骑兵对决的场景，2012年于蒙古国乌兰巴托。

我躺在一座敌楼里仰望天空，2016年于河北涞源。

无人机拍摄的我仰望天空的敌楼，2016年。

航拍长城之旅出发前，我的家人和合作团队合影留念，2016年于北京箭扣长城脚下。

杰米（左）和汤米（右）为航拍箭扣做准备，2016年。

暴风雨过后，云消雾散，箭扣长城展露峥嵘，2016年。

侯荣贵师傅在制作城工碑拓片，2016年于黄花城长城。

我在箭扣长城上，2016年。

杰米和汤米走在被黄沙掩埋的黑城上，准备航拍日出，2015 年于内蒙古额济纳。

用无人机在 500 米高空拍摄的黑城全景，2015 年。

家住甘肃山丹长城边的尹建喜和尹兰兰姐弟俩，1987 年 4 月于甘肃山丹。

30 年后的姐弟俩，2016 年于甘肃山丹县城里的新居里。

在河西走廊长城边露营，2016 年于甘肃山丹。

我在榆林学院演讲时，杰米为我当翻译，2016 年。

杰米和汤米在下载航拍素材、为电池充电，2016 年于甘肃嘉峪关。

吴琪、汤米、我、杰米和杰米的未婚妻慧婷，2016 年于榆林镇北台。

杰米和汤米参加我的第三次成吉思汗边墙探险，2016 年于蒙古国乌兰巴托。

与牧民在蒙古包里聊天，他答应让我们拍摄他家的马群，2016 年。

东部草原临近中蒙边境的"成吉思汗边墙"上镀上了一层金色，2016 年。

航拍的"成吉思汗边墙"，2016 年于蒙古国东方省。

"成吉思汗边墙"探险队的部分成员，2016 年于蒙古国肯特省。

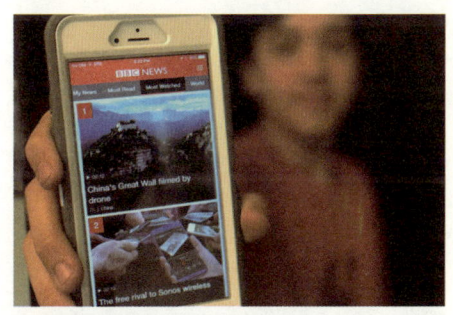

汤米展示他手机上的 BBC 有关我们 60 天航拍长城的新闻报道，2016 年。

杰米和我手拿着立体儿童图画书《小威廉长城历险记》，这是 1993 年我专门为他写的，2018 年由中国少年儿童出版社出版发行。2019 年于嘉峪关西门外。

诺曼（中）更新了他 20 年前写的歌曲《跟着威廉上长城》，由他儿子（右）演唱，孙子（左）伴奏，并录制了下来，2021 年于英国康沃尔。

杰米和汤米抱起妈妈"美玉"，2018 年于北京。

林赛大家族在北爱尔兰老宅前聚会，2019 年。

43

在美国寻找长城探险第一人

2008年1月和2月，我收到了两封令我激动不已的电子邮件。第一个邮件来自罗伯特·莱科克。他写道：

> "威廉·盖洛博士的遗孀收养了我的母亲……我的哥哥约翰是一个牧师，他更了解我们家的历史……我建议你与他联系……我很高兴你找到了我……"

找到了盖洛的家人，又给我增加了一个造访多埃斯顿城的理由。但是约翰·莱科克牧师告诉我的消息令人失望。他说他和他的兄弟对盖洛的长城探险经历一无所知，更没有见过那些探险资料。他这样写道：

> "我的祖母很少谈及她的丈夫威廉·埃德加·盖洛博士。盖洛1925年去世时，他俩结婚仅仅13年，这给祖母留下了无法治愈的伤痛。我小时候经常来祖母的'荒原之家'，而且玩遍了大院的所有角落，唯独没有机会进入盖洛博士的书房——因为那扇门总是锁着的。"

另一封邮件来自多埃斯顿城的历史学会，一位名叫蒂姆·阿达姆斯基的学者告诉我，他们最近收到了一些捐赠物——其中有一些是盖洛在中国长城探险的资料。在得知我也在长城探险后，他希望我能够帮助他搞清楚这些资料，以便日后归档。从他的描述中我可以看出，尽管蒂姆已经见识过盖洛家族引人注目的墓地，但他对盖洛在中国作出的成就知之甚少。

蒂姆提到的盒子外面用白色笔写着两个英文单词"North China"（中国华北）。盒子里装满了有关长城的资料，有手写的笔记、打字机打印的信件、报刊剪贴、演讲广告和各类门票。蒂姆在谷歌网络浏览器上打出"威廉·盖洛和长城"的字样，搜索出来的前几十条信息都是关于"两个威廉的长城重摄"的，因此他联系了我。蒂姆在邮件最后写道："如果你依然对此感兴趣，请回复我。"

我几乎不敢相信我的眼睛。接下来好几天，我和蒂姆之间的电子邮件在太平洋之间来回穿梭。不到一个星期，我决定把去美国的机票从1张增加到3张。我将在摄影师朴铁军和摄像师王宝山的陪同下，前往多埃斯顿城，尝试揭开威廉·盖洛尘封多年的探险记录。

这些新发现的意义比我仅仅在盖洛墓前摆放花环要大得多。从蒂姆发给我的盖洛家族墓地照片来看，没有任何墓碑描述盖洛探索的业绩和独特的生活。蒂姆向墓地管理机构介绍了我的情况，他们准许我在访美期间留下一块符合他们要求的纪念碑。他们甚至建议使用美国佛蒙特州墓碑石材，这样可以与盖洛家族墓碑石材统一起来。与此同时，吴琪联系了给我们协会制作过绿色环保标志牌的公司，请他们设计并制作出一块高质量的铜牌，上面的浮雕是刻有盖洛长城探险路线的地图。

1908年，威廉·盖洛不远万里从美国多埃斯顿城来到中国，路上花了61天。2008年6月，我只用了20个小时就从北京抵达华盛顿，然后乘坐90分钟的美铁去费城，最后搭乘短途通勤火车来到多埃斯顿城。我们的行程安排得很满，除了要翻阅盖洛珍贵的记录、研究他的遗物，还要拜见和造访与他相关的人和地方。

蒂姆专程到多埃斯顿火车站迎接我们，并且把我们一一介绍给了历史学会的成员，其中包括学会的创始人埃德·路德维格法官。我们这趟"朝圣之旅"从盖洛的"荒原之家"出发。大院里矗立着一座中式佛塔，任何路人都会对此好奇。还有装饰在主建筑物外墙上的一些中国汉字，从大门口就可以看到。前来陪同我们的是威廉·盖洛的3个孙子。现任房主斯蒂夫·奥斯本先生在大门口等候着我们。当我们步入大院走在车道上的时候，斯蒂夫告诉我们，1984年在他准备购置这所住宅的时候，他只是单纯地觉得这座建筑很美。后来，透过那座中式佛塔和一些神秘的东方元素，他才了解到，这个大院的设计师和建造者及原主人曾是一位壮游世界的旅行家。我们一行迫不及待地直奔这些中国字而去。

这些汉字个头很大，虽然我认识的汉字不多，但我知道这些汉字的意思。我首先看到的是矗立在山海关老龙头石碑上的铭刻"天开海岳"四个大字的复制品。老龙头石碑是盖洛称之为长城两端的一对石碑中的一块。另一块在长城西端的嘉峪关关城外——我敢肯定，这块碑的铭文一定在大院里什么地方，因为盖洛一定会保存他探索长城的起点与终点。不出我所料，在房子的拐弯处屹立着嘉峪关"天下雄关"铭刻的复制件。

在"荒原之家"的大房子里，斯蒂夫有一个专门摆放威廉·盖洛所有著作的书架。我拿出那本《中国长城》，用其中的一段话来解释这两块碑的重要意义：

> 我们没有携带计步器来测量每天徒步的里程，我们大多要依靠骡马的腿脚。我们也无法算出这个2550英里（约4103千米——译者）长的防御工事上的每个分支、辅助设

施和环线的长度，但是我们只想知道长城两端的距离是多长。我们可以用一个整数估算出：从黄海到黄沙，从"天开海岳"到"天下雄关"的直线距离是1145英里（约1843千米——译者）。

（摘自《中国长城》中文版，
山东画报出版社，2006 年第 1 版）

莱科克三兄弟上次回到"荒原之家"还是在 1959 年。那一年，盖洛的遗孀康斯坦斯去世，3 个孩子随着他们的母亲康妮回来，康妮是盖洛家族唯一的继承人。她继承了大院房产和里面的所有家什，所以清理和变卖家产成了她的任务。因为盖洛的书房总是"铁将军"把门，估计康妮也从未听说过她这位养父的生活和探险事迹。因此，她对处理掉所有家什包括书房里面的遗物没有感到不安。这样就能解释通为什么盖洛的遗物会分散各处了。那些面包盒子里的资料都是盖洛在世界各地旅行的原始记录。蒂姆还找到一张由布朗兄弟公司负责公开拍卖的广告剪贴。康妮出售的东西除了住宅，还包括古董、旧书和私人物件，当然其中也有盖洛书房里的宝贝。极其悲催的是，"荒原之家"和里面的遗物都在 1960 年10 月1 日——盖洛 95 岁诞辰日这一天被就地拍卖掉了。

拍卖当天，只有一件事令人欣慰。当地一个古书迷沃尔特·古斯塔夫森先生一次性购买了盖洛的大部分纸质品，包括那几个装着盖洛旅行资料的面包盒子以及盖洛自己的新书，所有东西的价格便宜到 1 美元一个（本）。古斯塔夫森先生在他家院中盖了一栋二层小楼，取名"谷仓"，当作他的藏书馆。在他两个女儿玛里琳和卡罗尔的陪同下，我有幸参观了"谷仓"。

2008 年 2 月，蒂姆接到卡罗尔的电话，询问他是否对这几个装满各种纸片的面包盒子有兴趣，因为她正在清理父亲的遗物。我确信，就是在这个时候，盖洛的资料库开始"分崩离析"。照片、新书和未出版的手稿都分别被几个收藏者和古董商收购了。新房主斯蒂夫从两姐妹处购买到盖洛的几本新书，其中一些还包有封套和书盒。这些书有《这是帕特摩斯岛》《一个美国佬在俾格米人的土地上》《长江上的美国佬》《中国长城》《中国五岳》《中国十八省府》，它们都摆放在斯蒂夫的书架上，诉说着盖洛在 20 世纪初探险世界的旅行轨迹。

我拜访了宾州艾伦斯顿城的一位古董商，希望能找到我想要的长城老照片。这位古董商收藏了上千张盖洛的老照片，但是当我在一个个鞋盒子里面翻看它们时，却没有找到几张和长城有关的照片。一个多小时后，我终于找到了一张，而且是一张绝顶之作。照片上，身材高大的盖洛身着风衣，头戴牛仔帽，与当地老乡并排站在一座农家院墙外。这个院墙用的都是长城砖，房屋的背景就是长城。这个地方距离我俩在 1987 年"偶遇"的罗文峪仅仅 200 米。最后，古董商"狮子大开口"，管我要 750 美元。因为他知道我会不惜代价购买盖洛的照片，何况这张如此精彩，又是绝无仅有的。

在网上，我还购买到盖洛的一份打印书稿，上面有他的修改手迹和注释。正是突如其来的离世，导致盖洛这本名叫《长城脚下的土地》的书未能完成出版。蒂姆之前在翻看盖洛长城遗物的过程中，就失望地告诉我，他在那个写着"North China"的面包盒子里，只找到了两张照片。所以，我有理由相信，盖洛的原始负片、玻璃幻灯片和冲洗出来的照片还隐藏在世界某处。直到 2020 年我写这本书时，它们依然"在逃"。

我小心抚摸翻看着这些笔记本、打印稿和手写稿。一个世纪的岁月，让它们变薄了、发黄了、字迹变浅了、纸张发脆了。盖洛先生用挂包把它们从长城边运到北京，再游历大半个世界，来到多埃斯顿城。这些看似不起眼的纸片，将开启探索和研究长城历史的新纪元。

我草草阅读了一些摆在我面前的各式纸片。笔记本里主要是用铅笔或钢笔随手记的，其中我最感兴趣的是他的这段描述："直到现在我已经拍摄了150张照片，明智的做法是返回北京，把这些负片冲洗出来，花一些时间写作，再接着重新上路。1908年6月19日在从山海关到南口的路上，雇了20个人和8头骡子，一共花了96美元，其中，3美元是小费。"

1908年6月10日是个周三，他写了一个便条，提醒自己要感谢一位主人的款待："黄花城，给直隶省撞道口周昌文先生寄去照片，他招待我，还不收费，真是个大好人！海斯先生在山边拍了三张照片。"我对黄花城一点不陌生，那是我开始考察野长城的首站，我也认识那里的周家人。

盖洛的打字机最终的归宿是多埃斯顿城默塞尔博物馆。博物馆只知道它属于当地一位作家，但对它跟随盖洛旅行长城的情况知之甚少。这款Blickensderfer 6型打字机，是用先进的铝合金框架制作的便携式打字机，1900年前后被称作"体重五磅的小秘书"。几摞印蓝纸塞在打字机盒子里，其中有"长城通信"字样的纸张，是盖洛用这个打字机打出的"长城博客"，为以后出书做的前期准备。我称之为"双语"页码，上面详细记载着盖洛旅行的路线、地名和到达的时间，以及行走的距离，都有汉字和韦式拼音标注在旁边。

这些资料填补了盖洛故事里面的许多空白，如果能把它们带回北京，那是再好不过了。但是，这里的人几乎与世隔绝。在多埃斯顿城，我还没有遇到一个去过中国的人。有时我在城中随机向路人打听，是否听说过一个名叫威廉·盖洛的当地人，大家给我的回答都是"没有"。好像那些埋藏在多埃斯顿城里的档案资料，描绘的异国风情，对当地居民来说没有什么意义。

与此相反，在我把威廉·盖洛介绍给中国人之前，他写的那些书就已经被翻译成了中文。盖洛探险长城100周年纪念日即将到来，我必须想办法借到这些资料，带回北京。我敢肯定，北京市文物局会支持我再做一期"万里长城 百年回望"展览，并将这些在美国发现的新资料公之于众。但是我不确定这一想法能否实现，如果实现了，我还得再做一版《万里长城 百年回望》画册。

中国有句谚语："车到山前必有路。"我给吴琪打电话，向她解释了我的计划，让她去北京市文物局和赞助商壳牌（中国）公司转述一下这个方案，并说明抓住这个大好时机的意义。离我回北京只剩5天时间了，我想知道北京市文物局是否可以支持国际长城之友协会在秋季举办展览，这样我就有可能把所有"展品"带回北京。吴琪问："秋季几月几号？"我回答："10 月 16 日，持续 6 个星期。"北京市文物局没有犹豫，立马答应下来，虽然具体展览地点还没有敲定。

我抛给壳牌（中国）集团的问题是："我们已经有了展览场地，贵公司是否可以提供一部分资金，为'万里长城 百年回望'项目的第二次展览制作新的展板？"这个项目最初是由迈克·西默和尼克·伍德两位先生负责的，他们调离后，新换了一位叫刘小薇的女士负责，她很快理解了这个提议的重要性，没有丝毫犹豫就答应了。

蒂姆全心全意地支持我，并建议我们与历史学会的创始人埃德·路德维格法官商量。埃德·路德维格法官也支持，但他表示还有义务与学会的其他董事会成员协商一下。最后他们协商的结果是，他们需要知道什么时候以及如何借用这些物品，另外他们要求我承诺不丢失、不损坏这些遗物，且向第三方支付保证金。

"下周，我将亲自手提着这些资料上飞机。"对第一个问题，我这样回答。但我无法回答第二个问题，因为我还没有搞懂这个"向第三方支付保证金"的真正含义。

法官解释说，这个保证金是第三方（一个信用机构）确保借用方会向借出方如数归还所借物品的押金。我略感不快，我的画册和"帝国勋章"居然都不能证明我的可信度，却必须使用一种押金的方式。

不过，我没有争辩，生怕失掉了良机。为了节约时间，我直截了当地问：
"你能告诉我需要押多少钱吗？"法官回答："一万美元。"

我指望历史学会能够通过这个一万美元保证金的安排，也希望我
从中国汇来的钱能够在24小时内到账。已经没有时间决定带什么不
带什么了，我打算"一锅端"，这样又产生了另一个"最后期限"——
我们要用最短的时间，把几百件物品复印或者拍照，还要列出清单。
还好，玛里琳不辞辛苦地帮忙完成了这个任务。之后，历史学会批准
外借，钱也到位了。我急忙在当地银行取出一大摞现金，恭恭敬敬地
递给了第三方——历史学会的律师。

这次行程的"压轴戏"就是2008年6月23日在威廉·盖洛墓地
举办的纪念仪式。盖洛家族的墓地以一块巨大的花岗岩石碑为中心，
碑的一面用英文大写字母镌刻着"GEIL"。参加纪念仪式的除了我，
还有莱科克三兄弟、"荒原之家"房主斯蒂夫、古斯塔夫森两姐妹，
还有几个历史学会的成员，包括路德维格法官、蒂姆·阿达姆斯基，
多利斯·卡尔女士和比尔·斯蒙兹先生——他俩是康斯坦斯在20世
纪30年代的老邻居。当然还有两个来自中国的代表——朴铁军和王
宝山，他们拍摄、记录了这次纪念仪式的全过程。墓地管理办公室的
工作人员乔亲自前来测量我在中国专为这个仪式制作的铜牌，以便定
制底座。

路德维格法官主持了仪式。他先请所有到场者介绍自己，并讲述
自己与威廉·盖洛的关系。然后，他说："我们今天相聚在此，是由
来自中国的新朋友促成的。我们一道来纪念多埃斯顿城伟大的探险家
威廉·盖洛，他热爱中国，敬重中国人民和伟大的长城……现在由威
廉致辞……"

我没有准备演讲稿，一切即兴。我手拿着自己收藏的盖洛先生的
原版书《中国长城》，说："我们每个人都有生死。葬在这里的盖洛
先生，是我在中国认识的……可惜美国人，甚至这个城市的人，对他

了解得很少……路经此地的人或许能够在墓碑上读到他的姓名、生卒日期，但无法了解他长达60年了不起的一生……我们留在这里的这块铜牌将告诉大家他所创下的具有历史意义的成就。正像法官所说的，中国地图上有一道伟大的长城，盖洛先生完成了从海岸到戈壁滩的'中国长城全线之旅'，这也是盖洛先生在自己这本著作开头写的话。就是我手里拿的这本……"

"威廉·盖洛，"我在转身面向墓碑说，"您是全程考察长城的第一人。是您，为长城漫长的历史写下了新的一章。您在长城探险、为长城写作、拍摄，使我们获得了巨大的教益。您是'国际长城之友'的第一人。"

我把帽子留在了盖洛的墓碑前。小朴从盖洛墓前的草坪上收集了几束青草和几片秋叶。更使我感动的是，几年之后，他给他的一对儿女取的英文名字分别为埃德加（盖洛的中间名字）和康斯坦斯（盖洛妻子的名字）。

44

有关"成吉思汗边墙"的问题

　　回到北京几天后，我接到老父亲去世的噩耗。尽管父亲已经93岁高龄，但是正像约翰·莱科克牧师所说："无论在任何年龄段，失去父母的孩子都会感到心痛。"我急忙飞往英国，参加父亲的葬礼，还代表我们兄弟姐妹致了悼词。或许我长期居住北京，已经不习惯这样长距离的飞行，加上身体和情感上的劳累，我感觉整个人都要垮了。北京奥运会即将来临，大哥大卫、二哥尼克和他的女儿丽贝卡应我们的邀请，一起到北京观看比赛，这让我又振作起来。尽管之前有各种不适，在奥运会期间，我还是鼓足干劲，参与了一系列的长城演讲活动，做了一回"国际长城使者"。

　　忙乱的夏季结束之后，留给我和吴琪筹备第二次"万里长城　百年回望"展览的时间不多了。我选择了一个"吉祥"的日子——10月16日——我自己的生日作为展览开幕的日期。地点再次由北京市文物局提供——孔庙和国子监博物馆——科举考试的最高等级殿试所在地。第二届"万里长城　百年回望"展览增加了从美国带回来的威廉·盖洛的所有遗物，包括他的考察笔记、书稿和其他遗物。我想，这个展览在这样一个著名的学术殿堂里举办是再合适不过了。

　　当2008年接近尾声的时候，我翘首回望，感觉这是不寻常的一年。画册《万里长城　百年回望》中、英文两个版本再版了，新版增加了

60 页有关寻找盖洛先生"长城资料库"和美国之行的内容。闫志杰一如既往，以"深圳速度"在开幕式开始一小时之前将新书运到了国子监。另外，弗朗西斯·林肯出版社和哈佛大学出版社分别在英国和美国出版了这本新版书。就在一切看似顺风顺水的时候，一场金融危机降临了。

如果人们要勒紧腰带过日子，那么，很多事情就要放缓了。金融危机到来，全球的旅游业大受冲击。长城环保站的赞助商澳大利亚必和必拓（中国）公司也切断了资助资金。我只好自掏腰包，继续支付环保员的费用。但随着 8 个月来"野长城周末"的客人持续减少，我也渐渐无力承担了。无奈之下，我在 2010 年关闭了这个环保站项目。10 年来长城环保站的运营资金主要来自 4 个不同的公司和机构，最大和最后的赞助商就是必和必拓（中国）公司。在这些年里，我花了大量时间来运行和管理，希望这个环保站成为长城沿线的示范。但是事与愿违，箭扣长城越干净，游客越多，垃圾增加的速度越快。长城环保站真正起到作用了吗？它的未来会怎样？是不是每月 400 元不足以提高环保员的积极性？这些都是我脑海里的疑问。

到目前为止，我已经开启了三个旅程：独步长城、保护长城环境和重摄长城。当我看到《牛津学生地图册》里中国地图上的雉堞线时，我决定来中国独步长城；当我在长城上目睹长城环境越来越差时，我决定身体力行呵护长城环境；当我发现盖洛的长城老照片时，我决定启动重摄长城项目。走运的是，现在我又有了一个新旅程，这是另一本地图集带给我的。

《成吉思汗地图集》是澳大利亚人格雷厄姆·泰勒送给我的礼物。1986 年我第一次见到他时，他还是一个初出茅庐的自行车手，我俩在北京龙潭饭店相遇。那时我也很年轻，我正在徒步长城，因得了痢疾，也住在这个饭店休养。我俩第二次相聚已经到了 1997 年。当时，我在新华社工作，住在北京友谊宾馆，他前往蒙古国首都乌兰巴托，路经北京。他利用整个夏季骑马环绕蒙古国，之后再没有回到澳洲生活。他热爱蒙古国，在乌兰巴托市创建了一个探险旅行公司，取名"哈拉和林远征"。就这样，我俩在不同的国家、不同的城市，各自有着不同的生活目标，但都由这同一条长城相连。

1990 年我曾乘坐国际列车，匆匆浏览过窗外蒙古国的风景。2002 年夏季我带全家到此旅游，才真正走上这片土地。尽管旅行时间很短，但我对蒙古国的景观和生活方式有了最初的概念，特别是深深感受到了游牧民对牲畜的依赖。

我参观了蒙古国家博物馆，与那些曾征服中原和亚洲大部地区的蒙古骑兵用过的武器和铠甲亲密接触。我意识到，多年来我研究长城的视角过于偏颇，我只是站在了长城的一边——中原这边。但其实，防御冲突的长城承载的应当是两边的、两个民族不同的生活方式和故事。北方的土地不适合耕种，只能喂养牲畜，而在戈壁以南的中原地区，则是土地肥沃、万物生长。当自然灾害如干旱、雪灾，或疾病来袭时，游牧民的牲畜往往难以幸免于难，无法生存的牧民就会南下劫掠中原。

格雷厄姆经常在北京和蒙古间往返，他要在中国大超市里采购长城另一边买不到的探险"粮草"。有一次他来北京，送给了我这本地图集。在仔细查看地图集里面的每张地图之前，仅仅扫一眼地图集的标题《成吉思汗地图集》，就足以使人感到震撼。试想，历史上有多少人具有用地图集的方式展示个人征战一生的资格呢？然而，整本地图集的注释用的是西里尔字母的蒙文，我不认识，只能从标识和日期上猜测其中的内容。从一个地理学者的角度来看，这的确是一个让人着迷的地图系列。地图集里的每张地图，都有用曲折的红色箭头标出的路线，生动地描绘了成吉思汗从一个普通牧民变为一个征服者的生命历程。这个地图集实际上是《蒙古秘史》的地图版，那是撰写于 13 世纪早期的成吉思汗传记。

我顺着红色箭头，了解到一个叫铁木真的男孩儿在 1162 年出生，

1207 年他成为大蒙古统治者成吉思汗，后于 1227 年逝世。世人记忆中的他是一个"无情的征服者"。这本地图集描绘了他年复一年的掳掠——有时是抢马匹，有时是抢女人。他对周边部落发起一次次进攻、侵袭，顽强地与强敌纠缠、战斗。这样的活动持续了将近半个世纪。这本《成吉思汗地图集》是我迄今见过的唯一一本不以国家或地区为主题，而以个人征战疆域为主题的地图集。去世 8 个世纪后，他被《华盛顿邮报》和 CNN（美国有线电视新闻网）评为"世纪人物"。尽管这种评选有主观臆测之嫌，但不得不承认的是，在中国游览长城的外国游客中，80% 的人总是把成吉思汗与中国万里长城联系在一起。

我知道这个比例是可信的。我经常向我的客人和听众提出这样的问题："在历史上，谁的名字与长城联系得最紧密？"得到的回答总是成吉思汗。他们的回答给了我解释明长城修建动因的机会。其实，成吉思汗在世的时间（1162 年—1227 年）和明长城修建的时间（约1368 年—1644 年）根本没有重叠，很多人只是想当然地把他们牵扯在一起。成吉思汗在他有生之年征服了中国北方许多地方，他的儿子窝阔台继续向南扩张，征服了大半个中国，他的孙子忽必烈在 1275年征服了整个中原，成为一个由少数民族建立政权——元朝的开国皇帝。为了确保蒙古人南侵的历史不再重演，明朝强化了长城的防御作用。

我在翻阅《成吉思汗地图集》时发现上面标有"成吉思汗边墙"，感到很纳闷。这边墙是成吉思汗自己修建的？是他命人修建的？是后人为他修建的？还是他的敌人为了对付他而修建的？这个所谓的"成吉思汗边墙"在蒙古国境内有好几处，总共约长 1500 千米。为了弄清这些神秘边墙的地理位置，我把它们都标注在手绘的蒙古地图上。它们都在中蒙边境附近，我试图找出其与长城的关系。我想，如果边墙与长城相连接，是属于中国某一朝代的长城，那么如今属于蒙古国境内的这一部分边墙当时也应当属于中国。从《中国历史地图集》上可以看到，中国分别于公元前 1 世纪、公元 10 世纪和公元 11 世纪，在中蒙边境一带修筑过长城，那时分别是中国的西汉、辽、金时期。八达岭长城博物馆的展厅里也有一块标有中国各个朝代的长城示意图，上面有几道长城延伸至现在的中蒙边境处就戛然而止了。

我曾对甘肃省玉门关地区几段保存良好的西汉长城研究得比较多。根据我所谓的"拼图理论"，边境线的两边——中国境内的汉长城和蒙古境内南戈壁省达兰扎达嘎德市的"成吉思汗边墙"其实就是同一座建筑。那么，这个理论能否被证实？"成吉思汗边墙"和中国境内的汉长城有什么不同？我下定决心，有朝一日一定要亲自前往蒙古国一探究竟。但我也清楚，要实现这个愿望并非易事。

首先，我面对的蒙古国是个广袤无际的地方。为了缩小搜寻范围，我请我的荷兰朋友查林·霍波斯玛在他到蒙古出差期间帮我留意一下。20 世纪 90 年代，我和他一起骑自行车探索北京周边长城，后来，他在蒙古国政府环境部门做顾问。几年之后，当时的蒙古国环境部部长成了国家总统，查林也成了总统顾问。2009 年，查林发给我一张"成吉思汗边墙"图片，我花了好久才下载下来。在下载过程中，我最先看到的是蓝天白云，慢慢出现的是黑色头发，接下来就是一个蒙古人用摩托车载着他的妻儿。我回信提醒查林有可能发错了图片。"照片是对的，"他坚持说，"'成吉思汗边墙'已经低矮到变成了当地的'路标'，现在它又被称作'成吉思汗路'了。"

我拿着这张图片细细查看，图上的边墙只是一条低矮的土埂。我琢磨着，这么不起眼的建筑是否还值得我费力前去探索？而我始终保持着乐观的态度。在中国境内，明长城有的地方高大，有的地方矮小，还有的地方已经消失殆尽；尽管秦汉长城年代久远，也有保存下来的。我想，或许在蒙古国也有保存良好的"成吉思汗边墙"呢。

一年之后，查林那边又有了新的发现。他来北京时，给我带来一本小册子《什么是成吉思汗边墙？》，作者是一个名叫图德文·拔桑的蒙古国地理学家、沙漠化专家。"你一定要想办法找到他！"我请求查林。几个月过去了，此事毫无进展。查林说，在蒙古国想要找人，最好的办法就是在全国性报纸上登"寻人启事"。于是，我们起草了一份启事，说明我们不是债主，不是为了追债，只是想寻找一位对长城研究有兴趣的学者。启事登出的第二天，拔桑教授就走进了查林在乌兰巴托的办公室。他一身蒙古传统装束，上面别满了自己曾经获得的奖章。同年冬天，我邀请拔桑教授前来北京。他在登上箭扣长城时，眼睛里闪烁着光芒。他张开双臂几乎是扑向长城的墙面，仿佛是与许久未见的老朋友重逢一般。他还爽快地答应了加入我将在 2011 年组织的"成吉思汗边墙"探险队，并担任探险队的专业向导。

我们的大儿子杰米这时已经 17 岁了，正在上高中的最后一年。他早已成了长城爱好者，还是一个不错的摄影师，并且在科技知识方面比我强很多。他通过谷歌地图在蒙古国各处探查了一遍，发现有好几处"成吉思汗边墙"。位于南戈壁省的边墙是一条数十千米长的笔直线条，中间有很长的缺口，估计是被泥石流冲刷或掩埋所致。我们打算探索那些从侧边能看到阴影的墙段，照理说这些地方应该属于保存比较好的"高墙"。记下了它们的 GPS 坐标点，输入我们的 GPS 设备里。接下来我们将重点考察这一地段，它离中蒙边境只有 20 千米。

我准备好了所有露营装备，和杰米一道前往首都国际机场，去蒙古国寻找另一座城墙。这种感觉非常奇妙，或许称这座墙为"中国境外的长城"比较合适。

我们在蒙古国首都乌兰巴托采购了一周的"粮草"之后，就向南行进。我对这次的探险团队很有信心。拔桑是地理专家，他的女儿娜奥米作为陪同，同时也是我们的蒙英文翻译，查林是经验丰富的外交官，山达克和托克桑是跑遍蒙古国的老司机，杰米也是一位出色的助理和摄影师。我们的两辆"陆地巡洋舰"装满了露营装备和户外炊具。我们需要用一天半的时间，向南穿越草原到南戈壁省的省会达兰扎达嘎德，它位于戈壁大漠的边缘，也是我们最后一个补给点。

我们的探险路线大致呈一个大三角形。首先向南开车 100 千米找到边墙，然后沿着边墙再开 100 千米左右，再转弯开 100 千米走出戈壁滩。13 个月前，我与美国国家地理频道摄制组在戈壁地区经历的"噩梦"始终挥之不去。因此，我们这次的探险补给不能有任何差错。我们先到最后一个小镇的加油站，把所有车辆的油箱和两只备用的油桶都加满。然后是备水，也在加油站补充。这个小镇常年处在零摄氏度以下的严寒中，没有自来水系统。能买到的都是桶装水。

"专家级向导"拔桑从现在开始就是我们的"指南针"。这会儿他正坐在领头的那辆车里，带着我们行驶在也就两道车辙的路上。达兰扎达嘎德渐渐地消失在身后，我们的探险正式开始了。拔桑有着 50 年沙地探险经验，他的脖子上挂着一个破旧的木框地图，一看就是 20 世纪 50 年代的产物。他拿着一款最新型的 GPS 设备，时不时瞄上一眼，抬头看看地形，预测沙丘的位置及其坡度，同时向司机指出最佳行驶路线。

在第一个下午，我们看到了戈壁滩多姿多彩的一面。这里有大面积深灰色的沙石滩，干涸的浅河道和多石的冲积扇。一排排暗色的小山坡勾勒出远处的地平线，零星的几座山峰就像浩瀚海洋里的孤岛。我们在不断变化的空旷中一点点摸索前进，仿佛闯入空无一物的世界尽头。有的坡非常陡，对司机的驾驶技术是个考验。即使在一马平川的路面上，我们的时速也仅能达到 15 千米左右。这里看不到任何出自人类之手的东西，似乎也没有任何人类存在过的迹象。

趁着停下来用望远镜观察前方道路的机会，我下车踩在这块几乎没有人站立过的土地上，俯身捡起一块石头。沙石地上覆满了各种五颜六色的石头，其中以煤黑色、奶白色、血红色和墨绿色居多。有的形状细细长长、有棱有角，有的则被风化得圆圆润润，还有的带着被火山岩石化的树枝的痕迹。它们仿佛一串巨型项链撒落在地上。

植物的生长情况与地质相关。这里的植被有的已经消失，有的正在垂死挣扎，有的则生机盎然。翻过一座小山坡，我们看到一条宽阔、隐蔽的山谷，里面长着郁郁葱葱的植物，简直是一片绿洲。沙砾覆盖的地方长着梭梭木，有的能长到 4 米高。拔桑告诉我，梭梭木通常是生长成一丛一丛的，每丛之间的距离至少 10 米，我们考察的那片梭梭林估计有几百年的历史，已经进入成熟期。梭梭木在很多地方已经极为少见，到了冬天，牧民会用它们的树叶喂骆驼，砍下树枝烧柴。

考虑到扎营和准备食物方便，我们决定在梭梭林边过夜。大家都忙着各种要赶在夜幕降临前完成的琐事。拔桑正察看地图，画出我们行走过和即将行走的路线。娜奥米正帮查林和我做饭。杰米把白天拍摄的照片拷贝到了平板电脑里，还烧了水。两个司机正在换胎。大家围着火炉坐下，喝口热茶，炉子上炖着的牛肉扑出阵阵白雾，弥漫在夜晚冰冷的空气里。

我们在篝火边聊起了历史话题，那些来自北方草原的游牧民入侵者是怎样穿越戈壁滩这个将他们和丰饶之地——中原隔开的天然屏障的？

从乌兰巴托出发之前，我还和《成吉思汗和今日世界之形成》一书的作者杰克·威泽弗德（Jack Weatherford）教授见了一面，我渴望了解他对"成吉思汗边墙"的看法。我能找到的参考书只有《蒙古秘史》，书中提到成吉思汗的儿子窝阔台为自己修建了一座阻止野兽跑入他兄弟领地的做法表示忏悔。威泽弗德教授解释说，这里说的野兽指的是羚羊，是牧民重要的食物、毛皮和羚羊角的来源。修建诸如墙一类的建筑，被认为是违反了蒙古人崇尚和顺从自然的文化习俗。

第二天一大早，我们拔营启程，准备在正午时分到达定位点与边防军人见面。前面的"陆地巡洋舰"突然停了下来，拔桑下车笑眯眯地向我走来，"成吉思汗边墙"到了！下午蒙古国边防军人恩克巴耶上尉过来检查了我们的各种手续，然后准许我们随意沿着边墙走上几千米。最终我们站在了保存比较好的"成吉思汗边墙"前。

近距离观察墙的构造，整个结构中梭梭木大约占 30%，树枝尺寸各异，有的是直径不到 1 厘米的短细木条，有的又长又粗，偶尔还有圆木。而玉门关的长城主体是红柳树枝和芦苇。我从上、中、下层采集了 3 个木材和绳子样本，准备带回北京去做碳 14 测年，用科学的方法了解这些木茎是何时被砍伐下来的，从而确定这座边墙的修建时间。当晚我们就近露营，恩克巴耶上尉回到他的驻地，说他第二天早上再来与我们会合。

第二天清晨，太阳出来了，阳光的角度很小，照在边墙上的影子也很长，看上去很壮观。我注意到，这里的边墙与汉长城有一个明显的区别，那就是在这里看不到任何烽燧的影子。玉门关附近的汉长城上都建有高大厚实的土坯烽燧，它们是防御工事的一个重要部分，而且很多都被很好地保存了下来。可以这样认为，因为某种原因，这里的烽燧从修墙计划中被删除了。

根据汉学家鲁惟一（Michael Loewe）在《汉武帝的漠北征战》一文中说的，持续了六个月的漠北之战是一次代价巨大的胜利。汉军阵亡将士数以万计，损失马匹十万，还花费了大量黄金用于犒赏凯旋的将士。据说单是赏金这一项就耗去了国家全年税收的一半。

这些代价只付出一次还好，如果是持续性的，那整个国家就要陷入危机了。虽然汉朝重挫匈奴，令其十几年没有再犯，还获得了土地，但这些土地和河西走廊不一样，对任何人都毫无用处。河西走廊有绿洲，可以从事农业生产，实现自给自足，派军驻守也成为可能。但荒凉的南戈壁什么也没有，所以没有什么值得防御的东西，只有令人绝望的荒芜。连从北方来的入侵者都得绕开这个地方。戈壁本身成了一道屏障。是否正是这个原因，使得开工不久的修墙工程很快就被废弃了？

第三天，我们继续在原地扎营。为了省油，我们把不必要的装备都卸下来，仅用一辆空车向西进发。我们的目的地是恩克巴耶上尉的边防站，这一路大部分和"成吉思汗边墙"重叠。上尉用手势预测了我们的路线。从他的手和胳膊比画的样子看，边墙直穿沙漠，到达一座山后才改变方向。

我们一路疾驶，眼睛一直盯着边墙，偶尔能看到一些轻微的破损。土埂越来越高，有时被石头覆盖着。接下来是很多上下坡，车速降了下来，车上的人摇摇晃晃、互相碰撞，车轮在松软的沙子里打滑，我们的好运气到此结束了，现在已经脱离成吉思汗路，走进了"没路"的地方。几分钟的工夫，广阔的蓝天就变得白蒙蒙了，然后又变成棕色，我们遭遇到了沙尘暴！车子似乎在往一个什么也不是、什么也没有的地方开着，司机山达克还是一副从容不迫、坚不可摧的样子。慢慢地，他完全凭着直觉带着我们冲出了漫天黄沙的包围。最终，我们在一座山的附近停下，拔桑指着地图说："这是一座有墙的山。"它实际上是一座死火山。

沙尘暴慢慢向南边内蒙古的方向移走了，天空又变得晴朗起来。能看清这里的边墙使用的是从火山坡上取来的火山岩块，墙平均高度为 1.5 米，从落下来的石块向两边铺展出 1 米左右的情况判断，墙最初完好时的高度应该不超过 2.5 米。墙体曲折蜿蜒，在光秃秃的灰色山坡上格外显眼，就像山顶的火山口流淌出的岩浆。

我们沿着墙大踏步地走着，越走越高，俯瞰无尽沙漠的视野也越来越好，建造者费尽心力把墙修上山显然只是出于一个目的，即获得一个可以将周边土地一览无余的制高点。

站在山顶上，用望远镜观察了四个方向的景象后，我对无处不在的苍凉和空旷深感震撼。我估计自己肉眼可视半径有 30 千米，如果能见度就像今天这样，当时的戍守者在这个山顶上至少可以看到 2800 平方千米土地上面敌人的动向。

在这个人迹罕见的区域，唯独这座人造建筑在向大自然挑战。这是在 21 个世纪之前，汉人守军建造的防范匈奴人入侵的军事工事吗？我相信，碳 14 测年法会给出证明。几周后，谜底将会揭晓。

起风了，能见度再次开始下降。可视半径在几分钟之内就变得只有几千米，令人目瞪口呆。我们拉紧帽子集合到一起，在翻滚的沙尘中拍了最后几张合影，然后小心翼翼地踩着尖利的石头下山，向那辆几乎就要消失在迷雾中的"陆地巡洋舰"走去。

45

惊恐与惊喜

任何能进出戈壁而幸存的探险都是成功的。我的首次蒙古国戈壁探险取得了巨大的成功，这要感谢查林的精心安排和拔桑教授做专家向导。回到达兰扎达嘎德与乌兰巴托之间坚实的草地上，我们搭建了最后一个营地。我问拔桑，等这次探险的结果出来，无论是什么结果，在我发表文章的时候，是否可能会在蒙古国引发敏感话题。他确信无疑地说："这些都是历史，都过于古老了，不会有什么敏感性的问题。自从1991年蒙古国脱离苏联独立以来，人们可以自由发表见解。"后来，我们商定第二年夏季再次一起前往东部草原寻找那里的"成吉思汗边墙"。

回到北京之后，我把从蒙古国带回来的3个样本发送到美国佛罗里达州迈阿密市的一个碳14测年机构。出乎我意料的是，没有一个结果老到2100岁，而都是大约1000岁。它们分别是在公元1030年、公元1070年和公元1130年砍下的植被。这些结果让我感到震惊、迷惑，又惊喜。根据时间和地点可以判断，这座边墙唯一可能的修建者是西夏王朝的党项人。与西夏同时存在的还有东部的辽和金、南部的南宋。但是历史上并没有对西夏建造过长城留下记载。尽管我掌握了确凿的科学证据，但还得解释清楚如此巨大的工程被编年史学家遗漏的原因。

公元前2世纪司马迁的《史记》开创了纪传体通史的先河。《二十四史》是中国古代各朝撰写的二十四部史书的总称，被历来的朝代奉为正统的史书。与西夏同时代的辽、金和南宋的历史都囊括其中，唯独缺少西夏。从成吉思汗对西夏的征战中或许可以得到一些解释。成吉思汗指给了西夏人两条道，一是投降，二是灭亡。西夏人选择抗争，直至灭亡，而且这个过程长达 20 年之久。我相信，西夏王朝从历史记录里消失，主要原因是所有历史资料都被蒙古人彻底毁掉了。蒙古人征服南宋统治中原直到 1368 年，最有可能"重写"西夏历史的年代已经是几个世纪之后了。

我为《华夏地理》杂志（美国《国家地理》杂志中文版）写了一篇长文论述西夏王朝曾经修筑过长城。当时的杂志主编叶南专门绘制了一幅插图再现西夏长城修建场景。美国《国家地理》杂志也在他们的官方网站上刊登了文章的英文版。文章一登出，顿时掀起轩然大波，特别是在蒙古国。我收到了多封非常不友好的邮件。一封邮件说："你竟敢把成吉思汗边墙说成是中国境外的长城……"另一封邮件说："你只不过是一个对亚洲历史毫无概念的白痴，你没有资格侮辱蒙古人民、篡改成吉思汗边墙的名称。"然而一些理性的蒙古朋友觉得这只不过是狭隘的民族主义的叫嚣，因为他们知道，"成吉思汗边墙"跟成吉思汗本人毫无关系，既不是他建造的，也不是为他建造的。与此同时，我的合作伙伴查林和拔桑教授也受到了指责，拔桑甚至不得不暂时到乡下避风头。这一连串的事件，从探索的惊喜到污蔑的惊恐，突出了边境地段历史和考古研究的敏感性。

这些年来，我发现来长城度周末的客人除了喜欢听我的长城故事之外，还特别喜欢听一些令人惊喜或惊恐的故事，比如我们曾遭遇过一场恶劣的天气、接待过一位古怪的客人，以及其他杂七杂八的事件。住在长城脚下 20 年，我也见识了不少这类事情。

特别值得一提的，有一个古怪的"双惊"体验。那是在北京奥运会期间，我接待了一个大人物——美国财政部部长亨利·保尔森先生。

我专门为他和他的家人安排了一次"长城私访"。经过美国联邦调查局审核后，我选择了有缆车的慕田峪长城地段。当天，警车护送，一路绿灯，从市中心到长城脚下仅仅用了45分钟，长城上游览也是包场。正当一切看似顺利的时候，这位部长的头撞到了长城敌楼的一个低矮券门的拱顶石上，这下便衣警察急了眼。幸亏这位部长大人还能报出自己的名字，数对自己的手指头。他只是擦破了一点皮，并没有眼冒金星。

另一个"双惊"体验跟我的身体有关。2012年我弄伤了膝盖，进了3家医院，见了3个专家，得到3种诊断和治疗方案。几个月里我都在忍受着疼痛，无法正常走路，更谈不上登山了。为了不让长城周末活动中断，我的两个儿子杰米（18岁）和汤米（11岁）成了向导。平常我领队上山、讲故事，做所有的事，孩子们只是偶尔插进来讲几句，现在全部重任都落在了他们稚嫩的肩膀上，我唯一能做的就是给客人泡咖啡，把他们送到门口，祝他们登山顺利，5个小时之后见……客人们回来后，满面春风，夸奖"二米"如何知识丰富，如何会关照客人。杰米讲他去蒙古国找中国境外长城的经历，汤米讲他收藏冷兵器的爱好……这番话对我而言如同优美的音乐那般动听。我想，如果没有我膝盖的病痛，孩子们也没有独立锻炼的机会，正是我的惊恐，给了他们带来惊喜的机会。

还有一种特别的"双惊"模式。我曾受托组织一种必须能带来"惊喜＋惊恐"的活动。这种独特的请求来自斯巴达赛事的组织者。斯巴达运动是近些年流行的跨障碍、拼耐力的世界性运动。大多数比赛场地都设在城郊，唯独Agoge系列在荒郊野外举办。这是一种挑战体力和脑力极限的60小时不休息的赛事。我帮助组织过两次这种赛事，一次在箭扣长城脚下，一次在蒙古国东部草原上。对于这些斯巴达勇士而言，痛苦即是享受，惊恐就是惊喜。

这20多年来，我遇到的令人敬佩的客人数不胜数，这也是我们长城周末活动的高光点。我特别想提到那些老年人，他们来登长城时年龄都在 75 岁以上了。早上 3 点半起床，登山徒步 10 千米，一点不输给年轻人。而且他们大都是女士：来自英国的帕梅拉·尤德女士（78岁）、来自爱尔兰的麦卡利斯特双生姐妹（80 岁）、来自新西兰的约卡·科戈尔曼女士（75 岁）、来自英国的患有帕金森病的加布里埃·伍德伍德女士（75 岁，她的女儿是 2015 年至 2020 年间担任英国驻华大使的吴百纳女爵士），还有来自英国的罗宾·福塞特先生，他是英国卡迪夫大学的教授，前后来过山里五六次，第三次来时已经 77 岁了。

相对年轻的好客人中，令我记忆最深的当属我们在友谊宾馆的老邻居诺曼·普里查德先生，他至少来过山里七八次。在我们为他庆贺60 岁生日的时候，他也给我们带来了一份珍贵的礼物——一首他自编自演的歌曲《与威廉一起登长城》，歌词是这样的：

克林顿来电话，说想跟我聚一聚！
女王请我有空去喝茶，叫我别嫌弃！
大 V 和大腕都在等我赏光呢，
可我说，别介，来不了，
我得登长城去。

我跟威廉登长城，
我登长城跟威廉。
是的，我想见的只有他。
千万不能没吴琪，
既给加油还做饭，
宾至如归真惬意。

我跟威廉登长城，
我登长城跟威廉。

是的，我要跟他去，
加上吴琪和杰米，
一家都是长城迷。

来到古都老北京，
日程真紧得不行。
白天故宫加看庙，
晚上吃顿麦当劳。
但有一趟若错过，等于你就白来了，
就是跟威廉、吴琪和杰米登长城去。

我跟威廉登长城，
我登长城跟威廉。
是的，我想见的只有他。
千万不能没吴琪，
持家在行少着急，
随时护着小杰米。

我跟威廉登长城，
我登长城跟威廉。
是的，我要跟他去，
加上吴琪和杰米，
一家都是长城迷。

转眼启程要离开，
眼泪都快落下来。
对威廉、吴琪和杰米，

说声再见真不易！
上了飞机还不忘，
和这一家三口登长城去。

我跟威廉登长城，
我登长城跟威廉。
是的，我要跟他去，
加上吴琪和杰米，
一家都是长城迷。

2021年初，我给已经82岁的诺曼写邮件，请他在这首歌里添加上我小儿子汤米的名字。他很快答复并加了两段歌词。他让儿子演唱，孙子用吉他伴奏，并且将歌曲录制下来。新增的两段歌词如下：

这首歌一唱已经20年，
杰米有了弟弟小汤米，
林赛家不再三缺一。
如果要我许个愿，
那简单，
我要跟威廉和吴琪登长城，
边唱这首歌给杰米和汤米！

我跟威廉登长城，
我登长城跟威廉。
是的，我要与吴琪、杰米和汤米，
跟着威廉登长城去，
登长城去！

还有许多客人总喜欢听"最可怕的客人"的故事。虽然我觉得讲这样的故事非常古怪，但还是忍不住要说一个。谭雅，著名的新西兰儿童故事大王，她写过不少儿童读物，有一次她来中国与北京的小朋友见面，赶上周五下午北京路上最堵的时候，接她的车晚到了半小时，她的苦瓜脸就再也没有变好过。美酒、美食、新鲜咖啡，加上长城日出的美景都没能博她一笑。丰盛的早餐过后，她对我说："威廉，我真有点失望……这里有那么多孩子……"我心想，这些孩子不吵不闹，你本来就是搞儿童教育的，怎么还能讨厌孩子？你的名声怎么像假牙那么假？当她告诉我她忍受不了了，要提前离开回城里时，我真的松了一口气，谢天谢地！

现在再讲一个两位来自巴哈马的女士的故事。那是 5 月的一天，她们喜热怕冷，我借给她们羽绒服穿。到结账的时候，"美国运通卡可以吗？"她们说。她们肯定没有认真阅读我在网站上写的只收现金的内容，然后她们说让我跟她们去找城里的 ATM 机取钱。经过两天的早起晚睡和上山徒步，我已经很累，于是我礼貌地说："等回到你们国家，可以转账给我。"但是她们一去音信全无，我这点辛苦钱也就打了水漂。

我对女士从来没有偏见，但这个故事的主角还是个女士，对此我表示抱歉。"最自私的客人"奖章应当授予来自美国纽约的埃德尔·鲍姆女士。她和丈夫带 3 个孩子来北京。我们头一天商量好，第二天早上 6 点半去酒店接她和孩子进山看长城。但是早上 4 点 30 分我起床，看到她发来的好几封邮件，说要把出发时间改到早上 5 点。理由是他们在倒时差，可以早走，从长城回来后，下午孩子们可以在酒店游泳。我说现在通知司机已经来不及，再说游泳什么时间都可以，跟着威廉上长城估计机会不多。她很不高兴，说："威廉，我不喜欢你的态度！"我也毫不示弱："我也不喜欢你的态度！"她还拿冻结我的 PayPal 账户、报告中间代理人来威胁我。我一点也不在乎，还告诉代理人今后别给我送这样没素质的客人。

"最可笑的客人"奖章非美国人杰森莫属。他是极端素食者，从来不和我们坐在一起吃饭，只在自己的房间里吃豆子和打营养针。对我来说这倒没关系，你想这样活着，别人也无权干涉。但是他回家之后以一名律师的身份控告我，说没有给他足够的食物，需要赔偿！

从普通人到影视明星，如果让我选出一位最令人尊敬的"明星客人"，那一定是英国女演员乔安娜·林莉。她不仅外在美，内心也美。她待人谦和，一点没有大明星的架子，她和她的摄制组在箭扣长城拍摄《西伯利亚之旅》的时候，我们一起度过了两天美好的时光。

这些年我们接待了那么多来自世界各地的朋友，如果有人问我你最喜欢哪个国家的客人，我会毫不迟疑地回答荷兰。他们是热情、有趣、简约、聪慧、大度、慷慨的客人。

46

我的几件长城宝贝

起初，在蒙古国寻找中国长城纯粹是我学术研究方面的兴趣，但是后来发现没有留下修长城历史记录的朝代可能修过长城的这一事实，引起了世界范围内的关注。长城如此重要，有关长城的消息也从来都不普通。中国的万里长城为何会有部分在蒙古国？对大多数人来说，这是一个古怪的脑筋急转弯式的问题。我的文章《走失的长城——在蒙古国寻找中国长城》登在了《华夏地理》2012年第3期的杂志上，仅仅两周，相关报道竟然覆盖了40多个国家！主编叶南委托并资助我继续进行蒙古国东部草原上的"成吉思汗边墙"探索。我抓住机会，向叶南提出了另一个用文物讲长城故事的计划。

多年来，我经常在博物馆、私家收藏室或者图书馆里与长城文物不期而遇。它们或是武器、档案，或是地图、书籍，分别从不同的方面讲述了长城故事。当我行走在长城沿线，偶尔也会被脚下的长城文物绊倒，便把它们收集了起来。在我收藏的文物中，有河北涞源长城敌楼铺房上的脊兽"乌龙凤"、宁夏长城边的水缸残片、怀柔山谷草丛中的石雷。在我登上长城给客人讲解长城的作用时，经常会用这些文物故事来丰富我的解说词。我的长城文物，不仅是在长城上找到的，还有在长城两侧，甚至距离长城万里之遥的地方找到的。造访蒙古国，使我开阔了视野，得以从入侵者的视角看待长城的作用。另外，中国的万里长城从 17 世纪废弃不用之后，成了西方人好奇和关注的纪念碑。从 1708 年到 1908 年这 200 年间，法国传教士在中国测量长城，英国使团造访古北口长城，美国旅行家游览长城全线，这些"老外"也留下了一些长城文物。

叶南主编喜欢我以这种新颖的方式讲长城故事的想法，他建议我深入拓展这个系列的内容，并提出一个问题，这个系列将包含多少件长城文物呢？于是，我和吴琪在一次长城脚下的徒步中开始了头脑风暴。我们从长城学校走了不到 3 千米就来到一个我们命名为"汤米景观"的豁口，从这里可以眺望从正北楼到北京结这段箭扣长城。我俩喜欢在这种贴近大自然的环境中思考问题和寻找解决问题的办法。我打算尽快写出一两个样章，建立起讲故事的模式，但是吴琪觉得我们首要的任务是列出文物及其所在地的清单。

近水楼台先得月。找长城文物最好当然是先去各个长城博物馆。然而，每进一个博物馆，我都必须申请观察研究文物的许可。好在我和这些博物馆之间已经熟络并建立起互相信任的关系。在重摄长城老照片期间，嘉峪关和山海关长城博物馆的馆长李晓峰和王雪农都非常友好地接待了我。王雪农后来还成了国际长城之友协会的历史顾问。在我前往蒙古国探寻东部草原"成吉思汗边墙"的时候，得机会造访了乌兰巴托的各大博物馆，我寻访了博物馆馆长，亲自触摸了那些文物，还拍摄了能够用于出版的精美照片。还有我携全家在东亚、北亚以及世界上其他地区旅游、参观当地博物馆时，也发现了一部分长城文物。从 2003 年开始，我和吴琪制定了全家一起慢慢环游世界的计划，通过这种方式让孩子们接受国际教育。旅行通常在寒暑假期进行，时长一个月到一个半月。

当然，我在中国和蒙古国找到的文物将是主体，估计要占整个系列的三分之二。我列出了一个 35 件文物的清单，同时还有再找到 15 件文物的自信，所以我决定用 50 件小文物来讲长城大故事。之后的工作将类似一条生产线——我寻找文物和撰写故事，吴琪修改手稿并将之翻译成中文，历史顾问王雪农会检查这些故事里是否有有违史实的"硬伤"，最后由《华夏地理》杂志发表文章。我和吴琪每个月要保证拿出两件文物的故事。叶南接受了我的写作计划，并安排了版面。我把这个系列称作"虚拟长城展：50件长城文物"。从2012年9月开始登出，总共持续了两年零一个月。

为了安排每期杂志故事的顺序，我绞尽了脑汁。小儿子汤米看到我为此烦恼，给我出了一个全新的好主意。他把每件文物画在名片大小的纸上，并标注上名称，然后开始玩"找朋友"的游戏。一种分类方式是按材质搭配，如金属、木头、纸张和石材等；第二种是基于功能分类，如武器、地图、书画记录等；第三种是按文物的来源地分类，如中原地区、游牧民族区和世界其他地区；另外还可以按文物的相关性或相似性来排列分类等，这样就可以采取不同的方式来讲故事。

这个系列的开篇故事，我计划用一对文物来说明最初中国人和欧洲人对长城的认知是怎样的。对于中国人，我用的是保存在大英图书馆的一幅老戏曲年画《孟姜女万里寻夫全部》；对于欧洲人，我选择的是由比利时安特卫普的亚伯拉罕·奥尔特留斯绘制的《寰宇全图》（或者叫《世界大舞台》——译者）。

《寰宇全图》第一版出版于1570年。它是一部具有创新思维的地图出版物。奥尔特留斯非常有商业头脑，他是将大小一样的单页地图汇集成册的第一人。《寰宇全图》是世界上首个在全球出版和销售的地图集，它被翻译成六种文字，是十六世纪最为昂贵的大型出版物。在1570年至1612年间，它被多次更新、增页并再版。于我而言，1584年版最为重要，因为它在常住澳门的耶稣会会士的帮助下，第一次将中国万里长城的历史和地理介绍给了世界，当时一次就印制了5425本。

我亲手触摸到的这部地图集是荷兰朋友马汀·布维特拉先生借给

我的，当时借它是为了在我第二届"万里长城 百年回望"展览中增加一些原版地图。在照相技术出现之前的300年里，长城的形象首先出现在地图上。我书桌上的这部巨型地图集包着深棕色的厚牛皮纸封面，几乎有我整个手臂那么长，两个手掌并起来那么宽，厚度相当于我握紧的拳头那么高。当我一页一页地翻开它，感觉似乎在大探险时期游历世界！弗朗西斯·德瑞克爵士在1577年至1580年间环球探险中就携带了一部《寰宇全图》。尽管这些地图集的所有者并非都是地理学家或探险家，但他们大都是知识丰富的有钱人。几个世纪过去了，这部地图集给人们留下了什么信息？上面的标识是否都可信？比如冰岛地图页上的火山喷射出岩浆的同时还喷出了魔鬼，冰川环绕的大海上围坐着各式各样的妖怪。在中国地图页上，一道长长的弧线横穿华北地区，下面标注了一行拉丁文：一道400里格长的墙穿越于山涧，它是由中国皇帝为抵御外敌下令修建的。

从我们的农家院出发，沿着山沟走上3千米就可以爬上长城，这道山沟曾经是一片地雷区。1996年我就在这儿发现了第一个地雷。原本我打算找登长城的小路，结果走到了"死胡同"，来到一块山顶空地的边缘。这时我无意中发现了一块石头。它与众不同，有明显经过人工雕琢的痕迹。这块特别的石头支棱在地表，很容易就被我抠了出来。它的尺寸跟一个大菠萝差不多，外表呈灰色，带有闪亮的斑点，还有清晰可见的条纹，顶端有一个圆形的孔洞。清理干净之后，我发现这个孔洞有一根筷子那么深，大约占整块石头的三分之二长。再往里看，洞壁十分光滑，还有一处从洞口往里延伸的规整的凹槽，一直通到一个与它垂直，并穿透洞壁的细孔。也许这个空道就是石雷的火药腔，凹槽和细孔里装的就是引线！

我翻阅了明代初期焦玉编写的《火龙经》和名将戚继光写的《练兵实纪》等，对地雷的制造和操作等有了一定的了解之后重返山沟，又发现好几个地雷，有的完好如初，有的残缺不全，有的难以辨识。

这条距长城仅仅 50 米的沟壑，正是当年的地雷区！这是我第一次亲临战场，找到了 425 年前布设的地雷！这种地雷所用的石材与周围的石灰岩区别很明显，它是一种带粗晶粒的灰绿色火成岩。后来我又在一个长城敌楼的瓦砾堆里发现了好几个小菠萝大小的地雷，它们与"大菠萝"的形状和材质相同，但个头只有"大菠萝"的一半，重量大约 5—7 千克，而较为完好的大菠萝大约有 11—15 千克。另外，"小菠萝"主要集中在长城上面的敌楼里，而且洞壁上没有细孔，我猜想它们是用来投掷的石炮。虽然这些石雷的表面看上去粗糙不堪，但它们在不同的地点发挥着不同的作用，也得有精密的制造技术和娴熟的使用技巧。虽然是石制武器，但也有不小的威力。

我首先写出的长城文物故事中，9 个与地图有关，4 个与马有关，还有 7 个与武器有关。这三组文物首先出现并不完全是一种巧合，而是由我的研究偏好和它们实际的价值所决定的。之所以选择了好几幅地图，首先因为我是个地理学者，我很欣赏地图能把世界规模缩小到一页纸上的特质。而且，在地图上我们可以概览长城全貌，而在实地，无论你站在长城上的任何一处都不可能做到这点。选择马是因为从北方游牧民的角度来说，马在他们扮演入侵者角色的长城故事中发挥着重要作用。而选择武器，是因为攻守长城的两方使用的武器有着显著的区别。游牧民擅长骑射，他们有精良的弓箭，而中原人除了修筑长城，还使用了先进的火药。

我非常感激蒙古国家博物馆的工作人员，他们站在梯子上，用大型吸盘把文物橱柜的玻璃门吸开，允许我自己挑选文物。我走近一套盔甲，仿佛看见一位蒙古骑士。我掂量着他的武器，擦拭着锋利的箭头，想象着他把箭射出去的路径和命中目标的力度。这位骑士从头武装到脚，甚至包括牙齿。他的盔甲重 25 公斤，里面有毛织品内衬。他的战靴也很特别，外面看上去就跟普通皮靴没有两样，但里面却藏着具有防护作用的金属鳞片。

我在蒙古国家博物馆收获满满，为了对馆长萨鲁布彦教授表示感谢，我登门拜访了他。当我告诉馆长我已经做的和将要做的事情之后，萨鲁布彦教授给了我一个惊人的回答："你似乎遗漏了一件东西，一件非常重要的东西……那就是蒙古马！"他强调说："蒙古人能够赤膊上阵，空手战斗，但绝不能没有战马。否则他们无法离开草原老营远征到中原地区。"

　　"但马是活物，并非文物呀……"我心想。或许我能够在博物馆里挑选出一个"马图腾"，这种文物并不罕见。但最后我还是不走寻常路，选中了活的蒙古马。

　　世界上有好几百种马，蒙古马在高度上并不起眼，成年马最高也不超过 1.5 米上下，但它矫健、敦实，并且具有惊人的耐力。蒙古马的时速一般在 20 千米左右，一天大约能跑 160 千米。每位蒙古骑兵通常备有 3 匹马。作战时备用马跟在其后，轮换使用，以此保持速度和耐力。游牧民族衡量军事力量主要看有多少马，而不是有多少人。他们也以马的数量作为衡量财富水平的标准。

　　在博物馆里，我如愿以偿地仔细观察了 800 年前的游牧民使用过的弓，它是用有机材料制成的反曲复合弓，这样的材质很难保存下来。因此，我想见识一下现代蒙古人制作传统弓箭的方法。我在乌兰巴托郊区一个廉租公寓的地下室里，"挖掘"出了这样一个手工作坊。一进地下室，我就被里面的景象惊呆了！墙上挂满了弓臂的框架，野山羊角在墙角堆成小山，一串串的不知道是什么动物的筋高高地晾挂在铁丝上，一扇秃鹰的翅膀放置在工作台上等待工人去拔毛。一个年轻小伙儿正在酒精灯的紫色火苗上对铁箭头做最后的加工。这就是巴特满克父子弓箭作坊，是我在蒙古国找到的与中世纪弓箭制作工艺最为接近的作坊。

　　蒙古国每年 7 月举办那达慕大会，巴特满克曾多次获得射箭比赛冠军。他给我演示传统弓箭制作的过程，这个过程在实际制作中需要

12 个月之久。我对白桦木和山羊角并不陌生，但那些纤维和深棕色的硬块，我就不那么熟悉了。巴特满克拿起一把纤维，指着自己的小腿说："这些纤维是从动物的筋腱上抽出来的，我们通常用的是鹿筋。"又指向那些硬块说："这些是用牛皮熬成的胶。我就是用它将这些纤维缠绑并黏合在弓臂上。"接着他又递给我一个小铁罐，有趣的是他的手并没有碰着铁罐，而是握着铁罐里的刷子柄。铁罐里的胶已经变得硬如顽石，刷子牢牢地黏合在铁罐里了。正是这些黏在弓脊上面的纤维，为弓脊提供了巨大的抻拉力。这使我回想起自己小时候做的弓总是折断，现在领悟了这些动物筋腱的作用。成品的弓是看不到这些细丝的，因为它们已经被用于装饰和防潮的桦树皮包裹上了。

当桦木弓臂粘上鹿筋，它的韧劲就大大增强了。弓在闲置不用时，弦是松弛的。弓上弦的过程就是反曲的过程，能使人感到弓的内置力量。翻转后的弓臂，原先几个黏和的部分汇成了一个天衣无缝的整体，加上弓弰特殊的延长部分，使得其机械优势发挥到了极致。弓臂的两股力量——外侧的张力和内侧的压力在发射的瞬间传递到了弓弦。

匈奴使用这种弓箭袭击丝绸之路上的商队，1200 年后的蒙古人使用的弓箭也是如出一辙，今天巴特满克和他儿子用相同的材料和方式继续着这种传统弓箭的制作。如果说弓箭是游牧民族第一个伟大的发明创造，那么他们第二个伟大的发明就是马镫子。马镫子使得骑士稳坐在马背上的同时还可以弯弓射箭，这个场景被镌刻在一只浮雕青铜镜的背面。它曾是一件陪葬品，被盗贼盗走后，又被富有、爱国的蒙古商人额德内楚伦先生购回收藏，并建立博物馆来展示它。

我头一回见到额德内楚伦先生是在 2011 年，那次我专程来蒙古国寻找"成吉思汗边墙"。我们互相交换了礼物，我送给他我的《万里长城 百年回望》画册，他送给我一本他的个人收藏品的目录。第二年，等我再次来到博物馆想看一看那只目录里的青铜镜的时候，他已经不幸因病去世了。他的遗孀继承了丈夫的遗志，迎接我参观他们的博物馆。据其介绍，这件文物制造于公元前 8 世纪，镜子的正面光可鉴人，背面浮雕上人马之间密不可分的关系被刻画得淋漓尽致。两个相互对峙的骑士，一个弯弓射箭，满弓待发；另一个用盾抵挡，忙于招架。这类表现两骑冲突的文物在当地不仅是最早的，而且为数不多，在世界其他地方也是极为鲜见。

这面镜子上两个相互对峙的骑士使我们相信，草原牧民是最早、也是最好的骑兵。从其他地域的考古发掘，比如几乎与这件文物同一时期的亚述人的浮雕上，我们可以看到阿拉伯人有双人骑马的场景，一人控制马匹，一人弯弓射箭。而草原游牧民出于生存的需求，兼备了两种技能于一身，并且运用自如。正是在蒙古国，我发现并感受到了长城故事的源头。

47

《中国长城建造时》

在我搜集的《50件长城文物》故事中涉及了三本书。第一本是司马迁的《史记》，他记载了自己亲眼所见的长城；第二本是威廉·盖洛的《中国长城》，这是第一本关于长城探险的书籍；第三本就是卡夫卡虚构的短篇小说《中国长城建造时》。

《中国长城建造时》是从德文原稿直译过来的书名，它的作者弗兰兹·卡夫卡（Franz Kafka，1883—1924）从未登过长城，他甚至没有亲自踏上过中国的土地。据说他"宅"到仅仅离开过他的出生地布拉格一次，还是为了去柏林与当地一位女士同居。然而，他超乎寻常的想象力无人可比。他用现在时描述了古代修建长城的场景。卡夫卡"亲临"300多年前万里长城的某个建设工地，试图探究长城修筑者的内心。

《中国长城建造时》是文学创作，并非真实历史。卡夫卡在世期间，销毁了90%的手稿。当他于1924年去世时，仅有为数不多的作品出版。在遗嘱中，他请挚友马克斯·布劳德（Max Brod）将他所有的手稿付之一炬。然而，布劳德并没有照办。相反，他大胆的举动使得《中国长城建造时》等许多手稿得以问世。

万里长城在某些西方人眼里是使用人力资源最多的工程，也是世界上最长的公墓。根据传说，修长城的男人背井离乡，辛劳致死，他们的尸骸也成为长城的组成部分。那些想象力贫乏的作者往往把暴虐行为、恶劣环境与修长城画上等号。而英国作家威廉·萨默塞特·毛姆则是同时提出长城正反两面性的先驱。1923年他在一个有关长城的短篇中写过这样一句话："在雾霭之中，一座雄伟的、令人敬畏的庞然大物沉默地屹立在那里，它就是中国的万里长城。"

卡夫卡在《中国长城建造时》中深刻地描述了长城"吓人"的一面。他刻画出统治者与被统治者之间、工头与普通民夫之间的矛盾以及前者对后者统治和管理的办法。万里长城得以竣工，除了靠国家机器发挥作用，也与老百姓"绵羊"般顺从的天性有很大关系。

卡夫卡透过一个中等级别的长城修建工头的眼睛看待修建长城的荒诞性。这个人的家乡在远离长城的南方，长城似乎与他关系不大。他不懂为啥要修长城，但知道干活能挣钱，他只想要确保按时按量完成任务。他常说的一句话是："长城如此之长，一辈子也修不完，即使能活500岁！"

阅读《中国长城建造时》使我产生了一种奇异的共鸣。过去20年里我在数百个地方目睹到的画面不时地浮现在脑海。北京曾有无数个长臂吊车林立的建筑工地。机械设备下面，是徒手劳作的建筑工人。那灰尘、那噪声、那千篇一律的动作，仿佛都可以从卡夫卡的笔下找到对应——"那些来自千里之外的人年复一年所做的工作就是垒砌石头。"

北京的建筑工人中有很多是操着南方口音的外来打工者。与拔地而起的建筑物相比，工人们显得如此渺小。他们根据不同的分工头戴红黄两色的安全帽，在大型工地的各个角落移动，如同红头和黄头的蚂蚁一般。他们夜以继日地劳作，一座座高楼大厦拔地而起，一条条高速公路及时连通，一个个体育场馆和办公楼区迅速竣工。是他们改变了这座城市，使它提升、扩大和发展。

这种工地场景似乎可以直接平移至几个世纪之前的大明王朝，那个时期是真正的"中国长城建造时"。忽略时空上的区别，就建设规模来看，两者都是需要举国人之力来建造的大工程。所以在很大程度上，现代工地算是古代工地的一种历史的、循环式的重复。

卡夫卡想象中的"长城"是一点一点、一段一段修建起来的。5年的辛劳之后，工人们被允许回家与亲人团聚。看到自己修建的成果，他们有了成就感。每个人的力量积少成多，居然能将这样一个伟大的工程完成。他们回乡被当成英雄对待，一两个月之后恢复了体力，又要回到这个终身的工作岗位。他们劈山开道，将一段段墙和一座座烽火台连接成越来越长的万里长城。

现代北京的建设大军一般会在辛勤劳作一年之后，放下手中的工具，扛上行囊回家过年。在回乡的路上，在大巴上，在火车上，他们到处可以看到内容相似的大广告牌——"新北京，新奥运""我的中国梦"。在家"充电"几周之后，又该返程了……

卡夫卡是这样描写民工们在家乡的情景的：

> "他们在家乡住上一段时间，那里安静的生活使他们恢复了体力。所有修城工人享有的威望，人们聆听他们报告时所表现出来的笃信和恭敬，普通安分的百姓对长城终会完工怀有的信任，所有这一切又绷紧了他们的心灵之弦。于是，像永远希冀着的孩子那样，他们向故乡告别，重新投身全民工程的心情已是急不可待。他们假期未满便提前返回，半个村子的乡亲远远地送他们上路。一路上，到处都是人群、彩旗。在这之前他们从未看到过他们的国家是这样的辽阔、富饶、美丽和可爱。每一个同胞都是兄弟，修一道防御的长城就是为了他们，而他们则尽其所有，以自己的全身心终生感谢。统一！统一！胸贴胸，跳起民众的轮舞，热血不再被禁锢在每个人微不足道的躯壳内，而是甜甜地奔流

着，却又是反反复复地循环在广阔无垠的中国大地上。"

（摘自《中国长城建造时》，《卡夫卡小说全集》（3），

人民文学出版社，第1版）

　　正因马克斯·布劳德违背了挚友的遗志，才使得卡夫卡被世界公认为20世纪20年代表现主义文学大师。文学界还有一个专门为他创造的术语，"卡夫卡式的"（Kafkaesque）。《中国长城建造时》以一种独特的方式为读者呈现了一座"卡夫卡式的"中国长城。

48

蒙古国东部草原的神秘历史

  我的"中国境外长城"理论激怒了蒙古国学术界一些狭隘的民族主义者，拔桑教授也批评我偏袒中国，拒绝参加第二年的蒙古国东部草原探险。几个月之后，他对自己不妥的做法向我道歉，说他是在巨大的压力下才说了一些违心的话。2011 年与拔桑教授的合作是非常愉快的，但是之后的经历令人无奈，我最终还是决定与拔桑教授分道扬镳。

  查看蒙古国地图，东部草原上的"成吉思汗边墙"从蒙古国境内向东延伸到中蒙边境并没有戛然而止，而是进入了中国境内。在中国境内的这段长城被称作金界壕，在此延伸 80 千米后，它又进入了俄罗斯境内。"成吉思汗边墙"这个名称正是在 1865 年至 1866 年间，由俄罗斯地理学家彼得·克鲁泡特金（1842—1921）提出的。

  我研究了一些中文资料，认为这段长城具有两段防御历史。最早在 11 世纪由辽朝修建，后来被金朝继承和修缮。但是这些历史记载可能并不完整。在《蒙古秘史》中，成吉思汗的儿子窝阔台有这样一段话："我恐怕由天地所生的野兽跑到弟兄们那里，竟贪妄地筑起墙壁来拦堵，以致我从弟兄们 [那里] 听到烦言。"如果窝阔台的这段话是真实的，也许我真该重新考虑蒙古人修筑边墙的可能性。

  这次蒙古国东部草原探险队由 10 个人、3 辆车（两辆"陆地巡洋舰"和一台苏式面包车）组成。我们的专家向导兼司机是美国人柯克·奥尔森先生，他在蒙古国研究羚羊长达 15 年之久。此行他的蒙古妻子奥蕴托娅将担任他的助手。与一年前南戈壁探险不同，这次《华夏地理》杂志社派来了专业的摄影师陈新宇来跟拍。还有一个澳大利亚小伙子大卫，负责拍摄视频。刚步入成年的大儿子杰米仍然是我的助手，小儿子汤米也成了队伍中的一员。他不仅帮助哥哥和大卫做一些"端茶倒水"的活，自己的摄像技术也很有长进了。妻子吴琪像以往一样随时变换着角色——厨师、营地主管、摄影师、妻子、母亲。另外还有两个当地的蒙古司机。

8 月盛夏，蒙古国东北部的气候令人吃惊。一年前的 8 月炎热无比，下午 4 小时都要在汽车下面躲避阳光，可这一次我们刚离开闷热的北京，飞行 90 分钟后，却降落到另一个季节里。这里雷电交加、倾盆大雨，第一天晚上的气温降到 4 摄氏度。"这是夏天还是冬天？"我问一个来到我们营地探视的牧民。

我们一行车辆在被雨水浸泡的草原上艰难前行。第二天晚上，尽管气温很低，天还下着蒙蒙细雨，我们也没有让这个坏天气影响心情，因为这一天是摄影师陈新宇的生日。陈新宇是《华夏地理》杂志的签约摄影师，他极其敬业，我给他取了一个绰号——"不停歇的咔嚓"摄影师，他拍摄起来如同用机关枪连续不断地射击。

肯特郡是一块宝地，也是成吉思汗的出生地。1206 年铁木真就在这里召开了至关重要的"大忽里勒台"，即诸王大会。在这次朝会中他得到了周边部落的支持，成为"成吉思汗"。我们 10 个人围站在篝火边，每个人装扮得奇奇怪怪，有的裹着睡袋取暖，有的顶着防潮垫挡雨，有的用袜子当手套。汽车围在四周阻挡风雨。

生日晚餐很丰盛，有土豆金枪鱼沙拉、意大利通心粉、野韭菜炒鸡蛋、木耳炖鸡、酸辣圆白菜，当然也少不了成吉思汗牌的伏特加酒。庆生没有音乐不成。蒙古司机唱起草原赞歌，吴琪和陈新宇也来一段中国民歌，我也不怕献丑，表演了罗伯特·彭斯写的苏格兰歌曲和英国甲壳虫乐队的几首经典歌曲。在生日聚会结束之前，我们为陈新宇送上了一张长城明信片，每个人都在上面签名，写上祝福语。可惜的是，后来这张明信片被雨水涂抹得字迹不清了。

第三天傍晚时分，肯特山的身影渐渐远去，我们沿着两条车辙碾出来的"路"向东挺进，进入蒙古国东方省的大草原。"道路"由曲变直，从漫无目的的蜿蜒变成一条瞄准东方某个目标的直线。车辆如同行驶在一望无际的绿色地毯上，让我产生了观光的雅兴。清凉、新鲜的空气扑面而来，眼前是一览无余的旷野美景。这里是世界上最大的温带草原，也是人口最稀少的地区，每平方千米仅有两个半人。

我期待着在这片草海中找到"成吉思汗边墙"的西部起点。当你置身于荒漠、丘陵和山峦中，视线比较容易集中在一处，你可以努力寻找目标。但这里截然不同。一片空旷之地，没有能营造景深的物体，使你无法专注。"成吉思汗边墙"展示给我们的，不是一个接一个"豁达"的惊喜，而是借着一点点的起伏和阴影，带出一种"吝啬"、细微的差异。在全无地标的地方找路，要靠观察一处处路人用石头垒起来的"敖包"。随着太阳渐渐落下，我的视线也越来越远。光线与地面的夹角在减小，地面的起伏在增加。哈！"成吉思汗边墙"的身影就在眼前！它就在路边！

此时不知从哪里冒出十几匹马来，在一匹漂亮的灰马带领下齐往边墙的方向奔驰而来。这些没有马鞍约束的勇士肩并着肩，步履整齐地逼近边墙。它们越过墙边草色略深的堑壕，在墙上停了下来，气宇轩昂地环顾四周，扫动着尾巴驱赶凑上来的飞虫。我泥塑般怔立着，东方草原上的"成吉思汗边墙"为我的到来准备了一个最美的欢迎仪式！

在一马平川、没有乱石、没有河流泛滥和树枝坠落的草原上，我们可以随处安营扎寨了。但营地的选择还是有讲究的。我们虽然无法控制暴风骤雨，但至少可以尽量避免蚊虫叮咬。根据向导柯克的经验，羚羊怕蚊子。既然目前为止尚未见到蒙古羚羊的踪影，那就得考虑蚊子的存在，得多花点时间寻找合适的地方扎营。最终我们找到了一块周围有墙垣遮蔽、似乎曾经有人用过的大空地，我们叫它"大方块"。我绕着"大方块"走了一圈，每边长 52 步，可能曾经是一处小型堡垒，或者边墙守卒的营舍，或者是给那些信使和他们的马匹歇脚、补给的驿站。

第二天，我们沿着成吉思汗路继续向东北方向行驶。边墙始终在我们右侧。有了之前的历练，即使在正午阳光的垂直照射下，我也可以轻而易举地分辨出路与墙体之间被花草掩盖的浅浅壕沟和略微凸起的墙体了。花草繁盛的壕沟中常见一片片湿度较大的土壤，墙体凸起部分则长着偏棕黄色、稀疏一些的干草。从整个横截面上看，车辙路、壕沟和墙体的宽度大约都在 12—14 米之间，墙顶高于路面 60—110 厘米。我猜想，若干个世纪前，壕沟比现在深，墙体比现在高，甚至很可能还用削尖的木头做了拒马，像篱笆一样摆在墙头，从而提高屏障功能。

在蒙古国，如果你安营扎寨，总会引起附近蒙古人的好奇。他们常常借给你送牛奶之际，来一探究竟。但是东部草原却是一个例外，因为这里没有人。我们一路自带"粮草"，如果需要加水，就得在草原上开车十几千米寻找蒙古包。

虽然我们沿着成吉思汗路向前开，但两天里没有遇到任何其他行驶的车辆，唯一见到的是一辆烧得只剩下框架的废车。柯克解释说，8 月正值草原盛夏，大部分草是褐色的，非常干燥。在行驶的路上，车辙中间的长草会被刮断，被车底的气流卷到底盘上，在排气管和消声器上形成多余的隔热层，这样就非常危险。这会儿，我们也闻到了一点烧焦的气味，结果是我们的车子底盘卷上了干草，正在悄悄燃烧！定时清理这些草成了生存的必要。我们每隔 20 分钟就要折腾一次。

"右侧 3 点方向有大群羚羊！"手台突然响了起来。

大约在 1 千米远的地方，我模模糊糊看到草原上有一大团蹦动着的东西。我停下来用望远镜观察，跟随着它们急行军般的步伐，扫过了一片至少 3 千米远的草原，上面全是羚羊！足有几千只，说不定超过 1 万只！

羚羊群在我们眼前鱼贯而过，它们穿过边墙、壕沟和车辙路，连跑带跳，肆无忌惮地炫耀它们的体能和一种令人赞叹的生存意志。此时此刻羚羊在告诉我们，以它们惊人的奔驰和跳跃能力，仅以壕沟和边墙构成的建筑是无力阻挡它们去路的。不过反过来也可以想象，如果窝阔台的确使用了尖桩筑起篱笆，那会对动物造成多大的麻烦，甚至可能是骇人的屠杀！

这里是世界上最大的羚羊活动区域，但柯克·奥尔森向我们解释，看到"超大羚羊群"在某种程度上表明这种动物遇到了不测。他回忆起 2007 年秋天为了监测该物种的状况而做过一次考察，当时他目睹了迄今为止见过最大的一个羚羊群，大约 25 万只。用奥尔森的话说，"它们覆盖了整个地平线。"

羚羊的急速聚集与罕见、极端的环境状况有关。"那一年有严重的干旱，我估计整个东草原上出现了许多'大型群'，它们吃光了优质的草，本能地开始寻找其他草场。"奥尔森说，"那个巨型羚羊群是在干涸草原的一块绿洲里现身的，两周前这里曾下了一场滂沱大雨，使那里成为羚羊的避难所。但是它们能找到多少这样的避难所呢？"

接着奥尔森问起我在中国是否看到过羚羊。很惭愧，我在内蒙古几乎没见过羚羊。

奥尔森说："东方草原是蒙古羚羊的最后一处栖息地，但是面积也在缩小，羚羊的数量也会随之减少。成吉思汗时期约有 1500 万只，现在已经不到 100 万，每年还以 10% 的速度继续下降。"除了非法猎杀，威胁还来自阻碍羚羊迁徙的防护栏、篱笆等物体。

奥尔森接着说："我们对羚羊的 GPS 跟踪显示，它们的迁徙没有固定规律，永远在移动途中。边境地区沿着蒙古纵贯铁路修建的防护栏是一道很严密的障碍，会挡住羚羊群迁徙的道路。更可怕的是，现在已经有大矿业公司开始在这片羚羊的'避难地'进行勘测了。"营地周围吃草的羚羊发出忧心忡忡的叫声，仿佛一种温顺而无助的啜泣。

我本想一睹"成吉思汗边墙"的全貌，同时弄清是谁修建了这段长城。但看着这些在偏远的栖息地上艰难生存的羚羊群，我感觉自己寻找"成吉思汗边墙"的行动那么苍白，微不足道。我认为，当务之急是要保护这片土地，保护蒙古羚羊，然后才是关注此地的边墙。那时我们几乎快到"成吉思汗路"的尽头了。在这400多千米的车辙路上，旁边始终有一条壕沟和一道墙体陪伴。

2011年我在南戈壁省探险那里的"成吉思汗边墙"时，曾通过GPS定位和蒙古边防军人在约定地点会面。这一次我们事先办理了去东方省边境的许可证，并被告知在接近边界警戒区域时会有军人主动拦截我们。随着目的地越来越近，每个人的眼睛都盯着东方的天际线和手中的手机，等待着跨越一条"现代边防线"。果不其然，一阵"叮叮当当"的声音此起彼伏，在东方大草原上与世隔绝了整整一周之后，中国移动提供的强大通信信号，立马把我们与"文明世界"联通在一起，上千封电子邮件飞过边境线，涌入我的手机邮箱。

"他们过来查我们了！"司机喊道。随着突突的声响，一辆载着两名士兵的摩托车朝我们开来。他们身穿迷彩服，似乎没有随身携带武器。我们的司机马上下车，迎了过去。双方有说有笑。我却紧张万分，脚不自觉地踢着"陆地巡洋舰"的轮胎，想让自己放松下来。

其中一个士兵缓缓向我们走来，做了个拍照的动作，然后面色严峻地把双臂交叉起来，显然这是警告我们在边境不要拍照。"他们说我们要在这里等一个中士过来核查我们的文书。"奥尔森说。

几分钟后响起一阵汽车引擎声，一听就是那种在蒙古很出名的苏制吉普，正高速向我们驶来。中士也做出同样的"禁止拍摄"手势，奥尔森翻译道："中士说边防长官要求我们去边防营地一趟。"

我们往北开了约 15 千米，有十几个人从营房里出来迎接我们。我们被领到一座低矮的房子里，有一个看上去精明而敬业的军人微笑着和我们握手（他的手很有劲儿），热情地招呼我们坐下来吃东西。

一个女人端着热茶和一盘热腾腾的蒙古包子进来了，这立刻引起了我们的食欲。众人品尝后交口称赞。"嗯，太棒了，吃起来像是牛肉馅。"我评价道。

"是羚羊肉。"奥尔森低声说。

"对，羚羊，very good。"军官说。

"艾拉格"上来了，这是一种马奶酒，我和军官各喝了一杯。为了解释此行的目的，我给军官看了一套十张的长城明信片，是我在北京周边拍摄的明长城，是保存最好的那几段。我说："这是历史上防御蒙古人的。"那位长官笑了。

最后的 100 米我是徒步完成的。前方矗立着一块界碑，碑身后横着一道望不到头的铁栅栏。栅栏边有大约 100 米宽的防火带，光秃秃的土地，有犁过的痕迹。之后又是一望无际的草原。10 千米开外的地平线上隆起一些小山丘，一堆大锅状的卫星接收器和天线在其中一座山丘上清晰可见。

在考察结束之前，我最后目睹了"成吉思汗边墙"穿越中蒙边境的景况。此刻我被挡在这块安置在水泥基座的界碑前，"成吉思汗边墙"却没有任何阻碍地直接从铁栅栏下面钻了过去，进入那个将它称为"长城"的国度。这里已经到了边界的极限，我不能再向前挪动一步。尽管我在"长城"国度里居住了 20 多年，但从未有机会在边境区域接近过这座建筑。

"蒙古"二字用西里尔文铭刻在界碑上，下面还有一个数字"2002"。蒙古国边防军长官警告我不要越界，但是我实在太渴望看到界碑后面的文字了。我把身体前倾，探过头去，我的脚没有越界，只是头部短暂"侵入"了对方的领空。看清了！上面刻有两个鲜红的汉字"中国"。

下午4点，我们离开了中蒙边境，马不停蹄地往回赶路。因为第二天一早，我们所有人将要在乔巴山参加柯克和奥蕴托娅蒙西合璧的婚礼。

49

长城上的涂鸦

在我第二次前往蒙古国寻找"成吉思汗边墙"的探险活动前后，发生了两件事。第一件事是，我应北京市文物局的邀请撰写的《万里长城 百题问答》（英文版）终于出版了。我从学术层面总结了以往对长城的理解，并用"科普"的方式传递出来。第二件事是，在 2012 年 12 月，我荣获了中国公安部颁发的外国人永久居留证，这代表中国政府对我 22 年来为中国作出贡献的认可。中国成了我的第二故乡，我不再需要办理签证。虽然这两件事间隔 6 个月，但它们有着密切的关联。

自从 1987 年以来，我成了外国媒体有关长城问题的重要信息来源。因为我专门研究长城，还用英文写作。我最忙于解释有关长城的问题的两个时间段是在 2009 年 4 月和 2012 年 6 月。因为 2009 年，国家文物局公布了明长城的总长度为 8851 千米，2012 年公布了其他长城为 12345 千米，所以中国境内的长城总长度为 21196 千米。在这两次长城测绘数据公布后，外国媒体记者把新公布的数据与之前的数据对比，发现它们相互矛盾，所以觉得这是一个能写出好文章的机会。长久以来，在外媒的认知中，明长城长度被认为是 6700 千米，所有长城的综合长度为 5 万千米。实际上，修建长城的朝代不止一个，长城也不止一条。但新闻记者们依旧习惯使用"The Great Wall"，而不是"The Creat Walls"来指称长城。另外，由于外媒得不到详细的信息，他们写出的文章也就会误导读者，诸如这些夸张的标题：《被拉长了的中国长城》《中国的万里长城仅剩一半》《万里长城的大部分已经消失殆尽》等。

在《万里长城 百年问答》这本书的开头，我列出了一些经常被问及的问题，如"什么是长城？""长城到底有多长？""长城两边的冲突是如何形成的？""多少个朝代修建过长城？""长城是否可以'重复'利用？"等。我将不同的问题分类作答，并绘制了地图、图表等作辅助说明。另外，我将长城在每个朝代修建的时间与另一边游牧民族的历史年表相对应，使读者同时了解到长城两边的故事。我还参考了国家文物局和国家测绘局公布的相关数据，结合长城的实地现状加以分析、阐述。在最后一章，我又一次提到了保护长城的重要性。

我很高兴与设计师闫志杰再度合作。这次我们一起"跳出盒子"，想出了一个全新的封面设计方案。在全部由长城砖覆盖的封面上，没有书名、作者署名和出版社的名称；在封底上，没有图书介绍和名人荐语，甚至连价格和商品条形码都没有！我们用腰封的形式展现了上述所有信息，还在上面加了一个国际通用的、八角形 Stop（禁止）标识，表示禁止在长城上面涂鸦。图书出版人荆孝敏女士非常喜欢这个封面设计，尽管他们不得不增加设计和印刷费用的投入。

我没想到这本书的问世很快产生了一些实际的影响。慕田峪长城景区在一座敌楼里设置了"涂鸦楼"，允许游客在这里"涂鸦"。那个涂鸦敌楼里的墙壁上挂着白棉布，还有给游客提供的记号笔。他们的逻辑是，最好给游客提供一个表达思绪的地方，否则他们免不了还是会在长城其他地方乱涂鸦。而我认为这种做法简直是荒诞至极。一次，有位导游带着客人从我身边经过，我听到他对客人说，这位老外是长城保护的先锋。还有一次，当我给自己的客人在慕田峪长城上讲解的同时，我听到了自己写的句子从别人口中说出。那人也是个导游，他把我书里的话整段背诵下来，转述给他的客人。我不知道这是否有侵权的嫌疑。而听他介绍完慕田峪长城，以一句"这里是长城景区，那边是野长城。"收尾时，我不知道该喜还是忧。总之，至少我的努力还算结出了一些果实。

当长城上的垃圾和涂鸦日渐增多，我间接地向相关政府部门提出建议，是时候管理这些不文明的行为了。制度的约束在长城景区还可以起到作用，但在野长城上就很困难了。一天清晨，我走在离家比较近的"西大墙"上，仅在300米内就看到了20处长城砖上的红色喷漆大字"畅野户外"，这是一个户外爱好者俱乐部的名称。自2015年以后，徒步野长城的团体越来越多，大都是以俱乐部的形式招募的。由于徒步者的身体状况和徒步经验参差不齐，一个队伍往往战线拉得很长。为了防止人员掉队，他们经常采用的一个办法就是在山间小路旁的树枝上系上红色布条作为引路指南。有的队伍里的队员跟上来后，会解下这些布条，但有的则留下不管。仅在2016年这一年，我就收集了1500多个这样的布条。除了垃圾和涂鸦，这种引路红布条是第三种垃圾。而现在我又在距今已有440多年历史的西大墙长城砖上发现了喷漆！一气之下，我写了一篇短文，发在了微信公众号上。一位长城爱好者在网上帮助搜索，找到了这个户外组织（有两个组织同名，一个在北京，一个在宁波。做错事的是北京的），并与组织的负责人通了电话。他们承认来过箭扣长城，但不承认曾在长城砖上喷涂。接着我们把这个事件报告给了北京市文物局，没过几天怀柔区的文物管理人员和警察来到现场勘查，虽然这些喷涂的红字已经被刮掉，但还是留下了痕迹。文物部门最后认定：第一，没有抓到现行；第二，肇事者已经知错改错，所以他们也决定不再追究责任了。几个月之后，我获得了来自官方的书面奖励，但是我真正想要的并不是这种奖励，而是在报刊的头版头条上对这种破坏行为刊登批评公告。只有这样，才能有效防止类似问题再次发生。

因为我对长城保护有贡献，经过北京市文物局推荐，我荣获了公安部颁发的中国绿卡——外国人永久居留证。据公安部的解释，到目前为止只有 4000 位外籍人士获此殊荣，而且其中大多数是回国投资建厂的海归人士，像我这样地道的"老外"少之又少。

现在，我不但能够在中国长期居住，而且不用再为签证发愁了。对我来说，持有这种绿卡既实用，也是一种荣誉。像获得大英帝国勋章一样，也是我从未预想过的。在中国居住的早年间，我总觉得，为了孩子们今后也能在英国接受教育，我们早晚得回去。然而，万里长城的魅力在我心中从未减弱，反而逐渐增强。与吴琪结婚，目睹中国快速发展，使我们决定定居于此。我们的未来在中国，我们的孩子们的未来也在中国。我常说，是长城把我指引到这里，是长城把我留在了这里，而且我会为了长城永远留在这里。奇怪的是，在我拿到绿卡的两周之后，也就是在 2013 年 1 月中旬，我又开始犹豫。

北京地区一到冬天空气质量都不好，原因在于取暖要依靠燃烧煤炭。人们常常大声清嗓子，咳痰。对我的惩罚便是使我得上了急性支气管炎，还有一次严重到转为肺炎。2012 年，美国驻华使馆最早开始使用空气质量检测仪检测北京空气中的 PM10 和 PM2.5 数值。后来我们才知道，PM2.5 数值达到 500 就已经非常危险，而在 2013 年 1 月有连续 9 天北京的 PM2.5 数值都在 800 左右。这时中国政府也开始意识到"雾霾"的危害。考虑到一家大小的健康问题，我们开始思考是否要继续留在北京。除非这种情况尽快改善。

作为绿色长城提倡者，我们国际长城之友协会从 1998 年开始，已经做了 15 年环保活动。我保护长城环境的理念的范围变得更宽泛了。从 2013 年起，中国媒体采访我时，问得更多的是中国环境问题，而不仅仅是长城环境问题。

我开始留心观察身边的北京市民，有时会当面劝阻一些破坏环境的行为。他们很惊讶，自己随手扔个垃圾竟能招来一个外国人的指责。

在人群中被围观用英语发表这类言论并不是一件容易的事，也不是一件令人愉快的事。记得有一次，我乘地铁去北京大学，刚出地铁站就赶上了雷阵雨，50来个人挤在一起躲雨，很快过来了一个小商贩售卖一次性雨衣。有一家四口每人买了一件，他们打开包装袋并随手扔在了原地。我忍不住开始给他们"上课"。

"打扰一下，"我说，"我们都知道，北京的雾霾严重，城市环境差，你们知道这是为什么吗？就是因为像你们这样不关心环境的人太多了，好像保护环境只是别人的工作、政府的工作，而与自己无关。但请想想看，如果我们自己认识不到，也不教育孩子们要爱护环境，那我们怎么能指望他们长大后会管理好一个工厂呢？他们会只关心利润而不惜破坏环境。所有的事情都是息息相关的，你们想看到周围的环境越来越差吗？"

我完全调整了环保活动的方向。长城环境问题只是中国环境问题冰山上的一角。在以后的活动中，当我每次把长城上的垃圾捡起并塞进袋子时都会想到，如果人们还在伟大的长城上扔垃圾，那么他们又肯在哪些地方住手呢？

50

鸟瞰万里长城

2014 年 9 月我在山路上跑步时，膝盖受了重伤。正像 2006 年我的颈椎出问题时一样，这次我又完全无法继续做"野长城周末"了，这又给了两个儿子接班的机会。9 个月之后，我依旧只能帮些小忙。这次膝盖受伤，彻底终结了我的长跑生涯。为了确保膝盖痊愈，我还放弃了再次去蒙古国西部寻找"成吉思汗边墙"的计划。闷热的夏季到来，我们一家决定回山里住几天。

孩子们央求我给他们买无人机。我已经习惯了他们经常向我提出购买相机一类设备的请求，偶尔会犹豫一下，但最终都会满足他们，尽管我们家苹果、佳能、莱卡等牌子的设备已经不少。也许你会认为我们宠坏了孩子，但实际上，这事儿我和吴琪在几年前就商定了。我们认为，孩子们对手机、电脑、相机一类高科技产品的兴趣是阻拦不住的。他们未来也离不开这些工具。所以我们不但允许，而且尽力为他们提供最先进的这类设备。一方面引导他们将其用于正途，另一方面我们也要学习使用它们，与孩子们一起跟上科技的步伐。

我在孩提时代就喜欢玩弄相机。我 10 岁时有了一架柯达 Brownie，几年后又买了 Instamatic，我 21 岁的生日礼物是一架奥林巴斯 35RC 相机。时至今日，我依然保存着这些照相设备。有其父必有其子。我的孩子们也都是"快门虫"。杰米 21 岁生日的时候，我送给他的礼物就是莱卡 M 相机和两个我用过的莱卡 M 镜头。后来，他的摄影技术有了很大长进，不少作品被选入杂志、展览中。他在北京大学历史系读本科时，参加摄影比赛还获了奖。他还成立了自己的影像公司，创建了"depictograph"品牌。弟弟汤米更擅长拍摄视频。他在 12 岁时就拍摄并剪辑出一个 20 分钟的纪录片《林赛一家人在意大利（2014 年）》。影片中，我作为主持人，带领观众参观古罗马市场、斗兽场和庞贝古城。多年来，他积攒了很多拍摄素材，以及拍摄和剪辑的经验。一位影视界的朋友对我说，他还没有见过年龄这样小却已经了解那么多剪辑规则的人。孩子们说，就像智能手机彻底改变了摄影方式一样，无人机将会把纪录片制作引入新的时代。"爸爸，你想一下，有了无人机，我们就能制作自己的飞跃长城的纪录片了！"杰米一语中的。

　　我总告诉孩子们要有梦想。从空中看长城，就是我自己的梦想，或许是我最大的梦想之一，虽然它难以实现。在长城探险早期，有时我走累了，就躺在地上仰望天空，看着飘动的白云或者飞翔的老鹰，想象着它们看长城的视角。我等了 24 年，终于在 2010 年为美国国家地理频道拍摄纪录片时，坐上了超轻型飞机在嘉峪关上空飞行。对我这样一个地理学者来说，这是一个全新的视角。在 300 米上空俯瞰嘉峪关，其战略地位一目了然。关城的一边伸向祁连峡谷，另一边爬上马鬃山，将河西走廊封锁得严严实实。但想在空中看到嘉峪关以外更远地段的长城就不容易了，不是禁飞区，就是成本太高。我的一个朋友，香港 Airphoto International 有限公司创始人白礼士先生曾邀请我合作出版一本航拍长城的画册，但我告诉他，除非你能获得银行的资助，否则很难实现。他成功地航拍了香港，并多次再版《鸟瞰香港》（Over Hong Kong）画册。他用租赁来的直升机，在晴空万里的上空航拍香港。但若想以此法航拍整个长城，除了需要得到官方允许之外，整个项目需要耗费的资金至少也得数千万美元。

相比之下，无人机价格就低得多，但也有着"一去不回"的风险。即便是国产品牌的无人机，加上零部件的费用，也得花掉我1500美元，还不知道它能在天上飞多久、自带的小相机拍摄出来的画面清晰度怎么样。优酷上有不少无人机飞行的视频，有的像无头苍蝇一样，不是撞在烟囱上，就是扎进树丛里，要不就像风筝那样挂在了电线上。至于那些有几十万人次观看量的所谓"惊艳的长城"的航拍视频，画面看上去也是摇摇晃晃、模模糊糊的。

孩子们5分钟的软磨硬泡，我就屈服了。"好了，这个暑假无法外出，买一架无人机，就算给你俩的补偿吧。"他们的首飞是在我们租的学校的院子里，当时的情景让人揪心。一个红色小炕桌放在院子中央，用来做无人机的起降"机场"。无人机上与玩具飞机上没什么两样的四个螺旋桨嗡嗡旋转起来了，然后直愣愣地冲向空中，还不时地左右摇摆，如同一只小帆船在波涛汹涌的大海上漂浮。突然，无人机猛地下坠，吓得吴琪捂住眼睛发出尖叫。这家伙没能准确降落在桌子上，而是直接掉到了地上。"如果有更大的空间，我们一定掌控得更好。"杰米信心满满地说。

第二天，"二米"兴冲冲地登长城飞无人机去了。几个小时过去，我预计他俩会吊着脸，无功而返，谁知他俩兴高采烈地回来了。"真是太棒了，爸爸！我们可以用手机监视和操控无人机。"虽然拍摄素材花了很长时间才下载下来，但我终于看到了自己向往已久的画面。的确非常震撼人心！他们拍摄的长城画面平稳而流畅，而且画质相当清晰。真的就像鸟的视角！欣赏过更多航拍素材后，我的心中产生了一个更大的计划。

"你们知道吧，明年夏天就是我来中国独步长城30周年的纪念，我想……也许我们可以搞一个'飞跃长城'的旅行来庆祝一下……"我满怀激情地提议。

我看到了孩子们眼神里的期待，而吴琪却是一脸怀疑。但我知道这是她表示赞同的信号，她只是在考虑如何解决经费、车辆等实际问题。我继续畅想着，航拍整个长城，或者这将是另一个林赛首创！多么好的故事线啊，另一种今昔对比……1986 年我独自带着奥林巴斯 OM2 徒步，穿越对不外开放的区域……今天仍是我在地上徒步，而孩子们操控着空中的航拍……这是新一代人的故事！是新中国的故事！

"威廉，别忘了你的膝盖不行，走路还一拐一拐的……"吴琪提醒我。"车到山前必有路。到时候就好了。"我回答。"我们还需要车辆……食物和住处……司机和助理……特别是如果需要露营，我们需要户外装备……还要给与我们同行的人支付费用，尽管都是多年来一起探索长城的老朋友……"吴琪考虑事情总是很细致。

整个暑假生活有了新的目标。孩子们早早起床，出去练习操控飞无人机，回来后又忙着充电、下载素材。汤米剪辑出一个两分钟的样片，画面精美，加上怀旧的背景音乐和动人的解说，一切都那么美妙。我们已经急不可耐了，恨不得下周就可以出发。与此同时，我们还获得了一个与公众分享我们的镜头的机会。

我的新书《50 件长城文物》（英文版）由企鹅出版社出版了。2015 年正值中英文化交流年，新上任的英国驻华大使吴百纳女爵士认为这本书是促进中英文化交流的绝佳载体，她愿意在 11 月份于使馆官邸为这本书举办首发式。对我来说，这当然是一件非常荣幸的事情。面对现场 50 多位嘉宾，我发表了一段准备好的演讲：

> 如果有可能请所有与这本书相关的人来参加这个首发
> 式，那么我们也将会与 50 件长城文物的制作者相聚一堂。
> 最久远的莫过于 2700 年前，一位生活在蒙古草原上的无名
> 人士。他见证了草原骑士之间的争斗，并在一个青铜镜的
> 背面镌刻了这一场景。如果所有人都能到场，他们会是一

群来自 4 个不同的千年、15 个不同的世纪、10 种不同的语言、35 种不同的职业的客人。

文物不同于书写记录，它们是有形的，可以触摸和观察的。我们应该感谢收藏和保护这些文物的人。今天，我们请来了第 10 代和第 11 代"聚元号"传统弓箭制作手艺人、非物质文化遗产传承人杨福喜和他的儿子杨燚，我在这本书里讲了他们的故事。正是他们通过制作传统弓箭，保存了这门手艺。这些知识和智慧如同一束光引导我们回过头来，看清过去。

现在，请大家欣赏一个由我两个儿子拍摄和制作的短片。

到场的观众被样片里的长城航拍景色震撼。吴琪开始了寻找赞助商的工作，而我则开始为明年夏天的制片事宜进行筹划。

我曾经在参与拍摄和制作纪录片《两个威廉与长城的故事》的过程中经历了长达 3 年、以失望告终的经历。这件事一开始就非常奇怪。在事先没有跟我联系过的情况下，一个中国影视编导通过网上搜索的信息编成了一个关于"我的"故事梗概，并拿到广州国际纪录片节上去寻找合作伙伴。他对该片的介绍吸引了一位来自英国的纪录片编导埃里克·哈伍德先生的兴趣。之后埃里克主动就"我的片子"直接与我联系。他亲自到北京登门拜访，想从我这里直接得到信息，并对我们合作拍片抱有很大希望。但是无论是那位中国编导还是埃里克都未能与影片发行方谈妥合作方案，所以这个主意就暂时被搁浅了。

当时，我遇到了一个名叫大卫·沃森的澳大利亚年轻人。他大学的专业就是纪录片拍摄和制作，而且他和我一样也是户外狂人。我俩一见如故，后来他还参加了我 2012 年的蒙古国东部草原的探险活动。我们决定合作拍摄这部纪录片。要想制作出我们想要的片子，包括重现当年老威廉探索长城的情景，就需要找演员来演威廉·盖洛，需要比较雄厚的资金支撑。我们和一位从新加坡来到北京办公的市场营销专家艾莱娜女士合作，她精明能干，为我们做了市场策划。我和大卫修改剧本，并重新与埃里克联系。这次总算收到了一封"有兴趣播出该片"的信函——这是寻找赞助商最基本的文件。艾莱娜女士向韩国三星公司递上了100万美元的赞助申请，用来为美国国家地理频道制一个上下两集、总长90分钟的纪录片。但是，伦敦方面又告诉我们，这个计划还需要经过他们驻香港广告公司的同意。这时我们才了解到这个频道是如何运转的。他们要通过播放纪录片来插入自己广告公司的广告，还要求制片方购买他们的广告，并在片头、片中、片尾为他们的广告、广告商名单留出位置。他们狮子大开口，要求我们的赞助商花100万美元购买他们的广告。我们很气愤，大家费了九牛二虎之力为他们频道制作出来的片子，却成了他们企图以此谋求暴利的工具。

尽管纪录片拍摄以失败告终，但我和大卫、埃里克还是结成了好朋友。大卫被迫放弃了他在影视界发展的梦想，凭着优秀的身体素质和探险精神，转身投到了著名的斯巴达障碍赛训练中。我很欣赏斯巴达赛事公司创始人乔·德·塞纳先生的哲学理念："如果你不累，说明你没有在训练中竭尽全力；如果你不饿，说明你吃得太多；如果你不冷，说明你穿得过厚。"大卫和我终结了合作拍摄记录片的梦想，但又开启了我们一起进行户外运动的情谊，后来我们一起策划并组织了两次斯巴达 Agoge 耐力赛。

到 2016 年，我在影视界剩下唯一的朋友就是埃里克了，于是我把航拍整个长城的想法抛给了他。我最初只是问他是否愿意帮我们把拍摄的作品放到一个类似华盖创意（Getty Images）那样的图片库，没想到他对此事抱有更大的热情，他畅想道："我想来中国，拍摄你和你的家人。这将是完美的影片！万里长城，新旧时代，你的传奇故事，代代相传，新科技……"

2015 年冬季，我们一直在完善航拍计划。通过《华夏地理》杂志的朋友介绍，我们认识了人民日报社下属机构"百代旅行"平台的负责人王翔宇。这是一个刚刚启动的旅行平台，正需要大力宣传。经过吴琪良好的沟通，王翔宇为我们提供了一辆中型直播车和两辆丰田"陆地巡洋舰"，以及一笔用来支付全程各项花销的费用。另外，我还非常幸运地获得了苹果（中国）公司的赞助。他们曾邀请我在金山岭长城上接待总公司的 CEO 蒂姆·库克先生。当天的活动进行得非常顺利，库克先生听说了我为保护长城所做的工作后，建议苹果（中国）公司全力支持和帮助我。我向苹果（中国）公司的负责人递上我们的航拍计划，他们毫不犹豫地赞助了苹果笔记本电脑（用来存储拍摄素材）和最新款的智能手机（用于社交媒体的宣传）。我成了受到苹果（中国）公司支持的学者群体中的一员。

12 月中旬已经大雪纷飞，这种景象在北京不多见。为了抓住航拍雪景的机会，我和孩子们冒雪来到山里。我们讨论着拍摄雪花的技巧和航拍旅行的流程细节。夜晚室外温度低于零下 17 摄氏度，室内也接近零摄氏度。我们睡觉时，把无人机和电池都用被子盖好，以免冻坏。这种室内的"探险活动"使我想起早年与杨肖一起经历过的最冷的一次长城徒步。

天还没亮，我们就出发了。松林里寒风刺骨，黑黢黢的山道上结着厚厚的冰。幸好我们有先见之明，在登山鞋外面套上了防滑"冰爪"。我们边走边聊，孩子们喜欢用这种方式计划未来的行程。他们已经积累了 5 个月的航拍经验。炎炎盛夏，他们拍摄了漫山遍野的郁郁葱葱，隆冬时节，他们又将长城上的皑皑白雪定格在了镜头里。那么，来年夏天的航拍之旅需要多长时间？我希望用 60 天来完成。主要路线应当是从大海到沙漠的明长城，但是我们还要绕道去古老的秦长城和汉长城，还有在蒙古国那边的"边墙"，最后应当以一种令人印象深刻的方式结尾。

眼前的长城覆盖了一层厚厚的白雪，有一根美丽的羽毛飘落其上，像是从老鹰之类鸟的身上掉下来的。我本来就有捡起羽毛装饰牛仔帽的习惯，而这根羽毛似乎非常特别，它是今年第一场大雪降临时我第一眼见到的，它带给我吉祥，似乎在预祝我心想事成。我们爬上了最陡的一小段长城，站在长城顶上，将西大墙蜿蜒曲折的景色尽收眼底。从我们站立的位置平视长城，单调肃穆，但无人机拍摄到的则是另一番景象，它高低起伏、黑白分明，尽显壮美！

我们乐此不疲地做着航拍长城之旅的准备工作。60 天的行程是我独步长城 30 年以来最长的一次。Black Yak 品牌答应赞助我们 12 个队员需要的全部户外装备。我们邀请了老朋友朴铁军。还有一位新朋友叫李慧婷，她是杰米在北京大学的同学，当时俩人已经订婚。夏季，到了航拍长城启程的日子。《鸟瞰万里长城》纪录片从故事的起点蒙古国开始，飞跃万里……

　　蒙古国首都乌兰巴托，西方人眼里的世界边缘。如今拔地而起的高楼大厦，与蒙古英雄成吉思汗相映成趣。这座最新、最大的雕像，高 40 米，用 250 吨不锈钢铸成，彰显出成吉思汗开创历史上最大帝国的荣耀。然而，这尊巨像与南面 1000 千米之外为他而建的"纪念碑"相比，只能算作"迷你"型。那就是中国的万里长城。她是古代保卫大明疆域的盾牌。她从不受任何地形影响，穿过山脉和沙漠，将关城屹立在每个战略要地，由成千上万名将士于敌楼上戍守，为的就是结束一场不断重演的历史——蒙古南侵……

我们制作纪录片的过程，首先是在实地尽量多地拍摄素材，然后回到北京家里进行后期制作。我看着画面，写下对应的解说词，吴琪翻译，"二米"完成剪辑、配音和配乐等。

还没有等我们回到北京，汤米就完成了一个 3 分钟的万里长城航拍集锦。我把它注上标题《无人机航拍的万里长城》，发给了新加坡 BBC 国际新闻频道。几个星期过去了，没有收到回复。我又发了一遍，终于收到了编辑安娜的反馈。她说，很抱歉没有及时回复，因为她每天都被自称"惊艳"的视频所淹没，而她认为我们的片子真正称得上惊艳。安娜想把这个片子保留到新年特刊上，预计在 2017 年 1 月 6 日 BBC 国际新闻中播出。那天，我一睁眼就打开手机刷屏，没错！《无人机航拍的万里长城》排在了 BBC 国际频道世界新闻的前几位，而且它被列入"值得观看的好视频"名单前 10 名。

1988 年 1 月 6 日，时任中国驻英大使的冀朝铸先生，在中国驻伦敦大使馆为我成功独步长城举办了记者招待会。30 年后的今天，我们林赛一家子成为了万里长城的友好使者。《无人机航拍的万里长城》视频一整天都列在头条，还在视频播放量排行榜上保持了一整周前 10 名的记录。两年后，"二米"又剪辑制作了一个 90 分钟慢节奏的无声纪录片《慢越中国万里长城》，2019 年 2 月中国新年伊始，在 BBC 广播四台播出。另一个名叫《飞跃万里长城》的版本提供给了 40 个国家（包括央视 9 套）和地区以及多家航空公司纪录片节目系统。

收到多年前"野长城周末"客人发来的贺信时，我和吴琪感到无比欣慰。很难相信，两个当时年仅 21 岁和 16 岁的儿子能够帮助我完成梦想，并交出如此优秀的作品，他们是我们的骄傲。

跋

林赛一家子

回望我的长城之旅，最不寻常的部分就是我与吴琪的相遇。

1987 年夏天我独步长城时，在陕西榆林界内被警察抓获，审讯后他们以"多次擅自闯入不对外开放地区"的罪名，限定我在 7 日之内离开中国境内。于是我不得不中止已经走过一半的旅程。我乘火车来到北京，暂时下榻在允许外国人居住的龙潭饭店。傍晚，我在龙潭饭店前厅准备出去跑步，突然看见一位 20 岁左右的姑娘站在我身边的台阶上。为了在她身边多停留一会儿，我蹲下身去假装系鞋带，并用余光偷偷打量她。她穿着一条白色连衣裙，上面有绿黑相间的图案。一头乌黑的长发从背后垂了下来。当她转过身时，我站立起来，俩人互相直视对方的眼睛。

"你好，你在中国做什么？"她微笑着用英语问道。

"你好！我在……我在写一本书……"我有些不知失措。

"写书？书的名字是什么？"

说实在的，当时我的长城之旅只完成了一半，并无书可写。不过我灵机一动，随便编了个名字。回道："《从沙漠到海洋》。"

"我叫吴琪。"她说着把手伸过来，我握住她的手，注意到她秀美的双臂、手表，特别是她没戴婚戒的手指。

"你好，我叫威廉。"

"欢迎你来中国。"她笑靥如花。

一辆出租车开过来，她说："我要出去和朋友吃饭了。拜拜！"她轻快地跑下台阶，上了出租车。我恍恍惚惚地开始跑步，激动的心怦怦直跳。我知道，从这一刻起，我的生活将完全改变。这位姑娘或将成为我的终身伴侣，或将成为我终生的遗憾。我不禁浮想联翩，忘记了暑热，也忘记了躲避行人……吴琪，这个名字真好听！她那迷人的美貌、优雅的身姿、羞涩的笑声，真令人神魂颠倒。我们只是握了握手，相会不到一分钟，但这一刻对我来说非同寻常，我将永远不会忘记。

返回饭店时，我急不可耐地想再见到她。我满怀激情，而现实却是那样无情。那一天，我没有找到她，也没有等到她。这场邂逅或许将是我们今生唯一一次见面，我将深深记住她那会说话的双眼，记住这位美丽的"中国小姐"。

第二天，我搞到了去广州的火车票，我将从那里去往中国香港。在这趟几十个小时的火车上，一想到要放弃完成了一半的独步长城之旅，我的内心就惋惜不已。我突然想到一个办法，我可以去英国大使馆换一个新的护照，以"抹去"老护照上被驱逐出境的印章，然后继续前行。我知道这种事情需要运气，但我已经没什么可失去的了。无论如何，我都要为长城一搏。幸运的是，我真的如愿以偿了。我返回北京，又住进龙潭饭店。

我本来计划尽快重返长城，但在训练体能时遭到酷暑炙烤，看来这事儿急不得了。我依旧跑步训练，龙潭公园每天早上5点开门，我沿着湖边跑，结束后返回饭店冲澡，然后享受可口的早餐。一天早上，当我走进餐厅，发现只有一个人在那里用餐。我定睛一看，竟是我的"中国小姐"！

"你好！你还记得我吗？两个星期前我们见过面……我叫威廉，我从香港回来了……"

"记得！"她说，"我叫……"

"吴琪！"我们异口同声地说，又大声笑了起来。

"你记得我？"她说。

"当然，永远……"

"是吗？"她用汉语说。

吴琪穿的还是那条白绿黑相间的连衣裙，只是看上去更加水灵了。用完餐后，她似乎准备去上班。

"你要去上班？"我问。

"是的，我是一个公司的秘书。"她答道。

"你在哪里上班？"

"建国门外的国际大厦，你知道吗？"

国际大厦就是 CITIC 大厦，我当时的赞助商米特兰银行代表处就在那里。

"是，我朋友的公司……是个银行，就在那座楼里，11 层。"我说。

"我在日本大和证券上班，在 27 层……"

"或许哪天我会路过那里，我去找你……"

"好。哇，我要走了，要迟到了！我去骑自行车了。"

我们握手说再见，我真希望再见到她，再多了解她，我必须大胆，但也要谨慎。我不清楚直接约他出去吃饭是否合适，也不知道该如何向她表白。

第二天，我去了北京饭店的理发沙龙，花 10 元外汇券修理了我的头发，然后沿着长安街走进国际大厦。我登上电梯，没有按 11 层，而是直接按到了 27 层，内心既兴奋不已，又惴惴不安。27 层到了，我的心快要跳出嗓子眼儿了。大和证券公司的门紧闭着，我，一个英国人即将敲开这扇门，邀请一位中国姑娘出去吃饭！

我轻轻敲了几下，一个小个子的日本人站在门口，朝我鞠躬，问我找谁。这时吴琪探头走来。

"我刚才来赞助商的办公室办事，想知道你是否愿意和我一起出去吃饭。"

"吃饭？对不起，我很忙，改日吧。"

"周四怎么样？"

"对不起，我有事。"

"下周一？"

"好吧。我 6 点下班，我在西门等你。"

"太好了，到时候见！"

终于能和我的梦中情人约会了！她具有不可抗拒的魅力和无与伦比的异国情调，而且还会讲英语！时间过得很慢。终于等到了周一下午 6 点，我来到国际大厦西门，看到一群白领陆续走出电梯。他们可不是普通的白领，在那个时候，这座大厦是北京唯一的国际办公大厦，十分有派头，就好像今天的 CBD。白领们穿戴讲究，头发一丝不乱，满面春风，气质不凡。

我在电梯口与西门之间来回踱步，两眼紧盯着来往的人群。一回头，发现吴琪正站在我身边。"你好，威廉先生。我把字典带上，一会儿有不会的英文词随时查一查。"她略略笑道，似乎有点紧张。我俩注视着彼此的眼睛，都很兴奋。

我们边走边聊，从建国门外大街向东来到建国饭店。一路上，我又成为路人关注的焦点。平时我对此早已习惯，但今天身边有一位美丽的中国姑娘同行，路人的眼光明显更加明亮。"他们认为我是你的翻译。"吴琪乐呵呵地说。

建国饭店是北京第一家中外合资的五星级酒店，拥有一套完整的现代化设施，外观十足气派，大厅内有空调送爽。自然光线透过玻璃天窗照射进来，在长长的接待台后面，一幅万里长江壁画熠熠生辉。一位女钢琴师正在演奏，时而是优雅动听的古典乐曲，时而是新近流行的爱情曲调。氛围和情调都恰到好处，我点了两瓶冰镇的青岛啤酒。

我们谈论起名字的话题，我告诉她，威廉是我的名字，林赛是我家族的姓氏。我还告诉她我家有几口人。

"我叫吴琪。琪是一种玉的名字。你会写汉字吗？"

"我会讲几句汉语，但不大会写汉字。"

"那你现在就说汉语，让我听听你说汉语！"

我把我会说的汉语一股脑儿地倒出来："我是英国人，我一个人走万里长城，从嘉峪关到山海关……我还没有结婚……我饿了，我渴了，我累了……长城在哪儿？多少千米？东南西北……听不懂！"

"你说得挺好！我来教你写我的名字……"她抽出杯子下的小纸垫，开始认真地在上边写起来，嘴里还数着笔画。她一会儿拿出词典，一会儿又教我汉字笔画和顺序。写完之后，她把杯垫递给了我。

"谢谢！我会留着它，学着写你的名字。我能称呼你'琪'吗？"

"不，那可不行。中国人有规矩，只有和你有特殊关系的人，才能只呼你的名而不带你的姓。"

随着交往加深，我们俩开始恋爱了。在那个年代，这种中外结合的男女关系是不受欢迎的。但是，我们爱得那么纯真而美好，又仿佛是天造地设的一对。我大胆向吴琪求婚，第一次，她满脸惊讶，说这是不可能的，因为我是外国人；第二次，她说她的母亲一定会阻拦，因为在她母亲眼里，所有外国人都是"间谍"；第三次，她终于说："好吧，让我们试一试吧。"从那时起，1987 年的 8 月，吴琪就成为了我与中国和万里长城之间剪不断的联系。长城和"美玉"，简直绝配！

许多朋友说，夫妻之间无法在一起工作。但我无法想象，除了吴琪，谁还能成为我更亲密的工作伙伴。几十年来，她帮我出谋划策、寻找赞助、组织活动、做翻译、安排媒体采访，督促各项工作落实。她与我共享收获成功时的喜悦，更陪我度过遭遇挫折时的痛苦。在家里，她又是一位极其称职的妻子和母亲。

父亲去世后，我的两个哥哥整理了我存放在父亲家的个人物品，装进 11 个塑料箱子寄到了北京。这些箱子一直放在我家地下室里，从来没有打开过。2015 年春季的一天，我到地下室取洗衣机里的衣物，还得等几分钟脱水，就随手翻开了其中一个箱子。一个大牛皮纸信封引起了我的注意，里面装着一些手稿和绘画。这是 22 年前我为即将出生的宝宝——杰米准备的"见面礼"，一个绘本故事，当时我就想把它做成立体书。文字读起来十分生动，绘画是我当时的一名学生张达画的，原稿色彩依旧鲜艳。我希望早晚能够将它出版。

之所以会产生为孩子写书的冲动，一方面是出于对自己新生宝宝的期待，另一方面是因为我希望能有更多的孩子了解长城。在参加有关长城的研讨会时，我经常看到很多头发花白的老人，年轻人却很少。而我坚信，长城的未来应当掌握在年轻一代的手里，所以应当从孩提时代就开始培养他们对长城的兴趣。我的建议没有被置若罔闻。吴琪收到了中国少儿出版社的邮件，问我能否为儿童写一本有关长城的故事书，我们欣然答应，并交出了刚刚重新发现的宝贝。2018 年，这本迟到的立体儿童绘本《小威廉长城历险记》终于出版了。"六一"儿童节当天，图书首发式在英国使馆官邸进行，我们邀请了 61 位儿童来到现场，其中大部分来自北京芳草地国际学校，那也是杰米和汤米上过的小学。两个孩子从小在长城脚下长大，他们参与了长城探险、长城徒步、长城文化宣传和保护的各项活动，早已成为守护长城的接力者。

我很喜欢黑色拉布拉多宠物犬，从小就想养一只，但一直没能实现。我想在 60 岁时把它作为生日礼物送给自己，但吴琪总是反对养狗，理由是那样会限制我们出游。汤米建议，我们出行期间可以暂时把狗寄养在山里的朋友林妹家。于是，我和汤米造访了一家饲养场，看到一窝可爱至极的黑色拉布拉多幼崽，其中一只跳出来咬了汤米的鞋带，我们马上决定收养它。饲养员让我们在幼崽满 50 天的时候再来领，我们便开始满怀期待地为这名新的家庭成员想名字。我本想给它取名"达西"，因为斯坦因的几条探险犬都叫这个名字。但汤米喜欢的名字是 Hadrian（罗马皇帝哈德良的名字，他曾命令修建哈德良长城），这个名字的中文谐音也很美——"黑君"，黑色的君子！

对我们一家来说，为长城所做的这一切是否值得？我想每个人的答案都是肯定的。在过往的岁月中，我写过几本书、办过几次展、组织过几十场公益活动、进行过无数场公开演讲，看到有越来越多的人受到启发、受到影响、爱上长城，甚至主动投身到长城宣传和保护的行列中来，我甚感欣慰。我的辛劳没有白费，我的努力也不会停下……

致谢

在与长城有关的朋友中，我最珍视那些曾陪伴我一起前往实地考察的人。开始有斯科特·厄本、布瑞斯·敏尼斯、查林·霍波斯玛、约翰·麦克唐纳、乔治·格兰姆森教授、杨肖、朴铁军、王宝山。后来又有科克·奥尔森和他的妻子托亚·奥尔森、爱丽丝·维尼、维姆·维尼、陈新宇、大卫·沃尔森、拔桑教授和威泽弗德教授等。

英国驻华大使馆总是积极鼓励我为促进中英文化交流作贡献，克里斯朵夫·胡恩爵士、威廉·厄尔曼爵士和吴百纳女爵士三位大使都曾给予我很多帮助。北京市文物局长期以来对我大力支持，梅宁华局长、孔繁峙副局长、范军处长和李一雪女士，都曾热情地为我开展长城研究项目贡献力量。衷心感谢新华社的三位故交李竹润、张丹和孙笑天，他们曾在百忙之中抽出时间帮我做口译、笔译和举办展览之前的准备工作。

我最早、最忠实的长城保护合作伙伴是挪威海德鲁（中国）公司北京代表处总代表石丹华先生，他的远见卓识与慷慨资助为国际长城之友协会早期的创建和工作打下了基础。荷兰皇家壳牌（中国）集团、澳大利亚必和必拓（北京）公司都曾为协会举办公益活动出资赞助。腾讯慈善公益基金会负责人郭凯天先生和马尧先生是我遇过的对长城保护性修缮工作出力最大的公益人。韩国户外品牌 Black Yak 在中国的子公司为我提供了长达 20 年的装备支持。

感谢像我一样专注于长城文化宣传和保护工作的同道之友。嘉峪关的李晓峰先生、王金先生，山海关的王雪农先生，陕北定边的李生程先生和榆林的高秋燕女士很早便与我结下了深厚的友谊。罗哲文先生（已逝）和成大林老师教会了我许多专业知识。还有祁飞、高旸、殷峻，他们都是国际长城之友协会中最活跃的成员。

感谢天津著名画家孙芳为本书前环衬页上的《从北京出发通往长城之路》素描地图添加了精彩的小插画。瑞纳·肖恩先生在英国帮我整理了一部分英文原稿，王国红女士帮我核校了一部分历史引述。这是我与五洲传播出版社合作的第三本书，感谢所有为此书付出辛劳的编辑出版人员。这也是我与设计师闫志杰的第三次合作，他富有创意、理解力，与他合作非常愉快。

最后，感谢我的哥哥大卫、尼克和姐姐多莉，他们不断地给予我温暖的关怀与鼓励。姐夫龙小军在陪我探险的路上帮了许多忙。我也想对 35 年来遇到的所有中国朋友们道一声感谢！无论在旅途中还是在日常生活里，你们对我的友好和信任支撑了我的长城事业。